Lá vem todo mundo

Clay Shirky

Lá vem todo mundo

O poder de organizar sem organizações

Tradução:
Maria Luiza X. de A. Borges

ZAHAR

Para Almaz

Título original:
Here Comes Everybody
(*The Power of Organizing without Organizations*)

Tradução autorizada da segunda edição americana, publicada em 2009 por Penguin Books, de Nova York, Estados Unidos

Jorge Zahar Editor Ltda.
rua Marquês de S. Vicente 99 – 1º andar | 22451-041 Rio de Janeiro, RJ
tel (21) 2529-4750 | fax (21) 2529-4787
editora@zahar.com.br | www.zahar.com.br

Grafia atualizada respeitando o novo Acordo Ortográfico da Língua Portuguesa

Preparação: Leo Alves | Revisão: Tamara Sender, Sandra Mager
Indexação: Nelly Praça | Capa: Bruna Benvegnù
Foto da capa: © Ryan McVay/Getty Images

CIP-Brasil. Catalogação na fonte
Sindicato Nacional dos Editores de Livros, RJ

Shirky, Clay

S561 Lá vem todo mundo: o poder de organizar sem organizações / Clay Shirky; tradução Maria Luiza X. de A. Borges. – Rio de Janeiro: Zahar, 2012.

il.

Tradução de: Here comes everybody: the power of organizing without organizations

Inclui bibliografia e índice

ISBN 978-85-378-0792-7

1. Tecnologia da informação – Aspectos sociais. 2. Redes de computadores – Aspectos sociais. 3. Internet – Aspectos sociais. 4. Redes sociais on-line. I. Título.

CDD: 303.4833

11-6456 CDU: 316.422

Sumário

1. É preciso uma aldeia para encontrar um telefone celular

Numa tarde do fim de maio de 2006, uma mulher chamada Ivanna deixou seu telefone celular no banco de trás de um táxi em Nova York. Até aí, nenhuma novidade; todo ano, centenas de aparelhos vão parar nos escritórios da New York Taxi and Limousine Commission, e um número maior é perdido, já que uma quantidade desconhecida é simplesmente levada pelo passageiro seguinte. Esse foi o destino do celular de Ivanna, uma versão multifuncional relativamente cara chamada Sidekick, dotada de tela, teclado e câmera fotográfica embutida. Para azar da moça, o Sidekick era o único lugar onde ela guardava grande parte das informações sobre seu casamento, a ser realizado em breve, desde os contatos de empresas de bufê até a lista de convidados.

Quando se deu conta da perda, Ivanna pediu a Evan Guttman, um amigo que trabalhava como programador no mercado financeiro, para enviar um e-mail, que apareceria no telefone, oferecendo uma recompensa por sua devolução. Uns dois dias depois, não tendo recebido resposta, ela desembolsou mais de trezentos dólares na compra de um novo aparelho. A companhia telefônica de Ivanna havia armazenado cópias das informações de seu antigo celular e as transferiu para o novo. Após a transferência, ela descobriu que o aparelho anterior acabara nas mãos de uma moça no Queens. Ela ficou sabendo disso porque a moça o estava usando para tirar fotos de si mesma e dos amigos e enviá-las por e-mail; as fotos tiradas pelo aparelho antigo também haviam sido transferidas para o novo. Ivanna e Evan não podiam saber ao certo quem pegara o telefone no táxi, mas sabiam com quem ele estava agora, ou melhor, tinham a foto e o e-mail dessa pessoa, Sashacristal8905@aol.com (desde então desativado, por motivos que serão evidenciados).

Evan enviou na mesma hora um e-mail para Sasha, explicando a situação e pedindo o retorno do celular. Sasha respondeu que não era idiota a ponto de devolvê-lo, e recheou essa resposta com hostilidade racial, dizendo que Evan "branquelo" não o merecia de volta. (Ela, que é hispânica, inferiu a raça de Evan e Ivanna pelas fotos contidas no aparelho.) O vaivém de e-mails prolongou-se por algum tempo. Durante a conversa, Sasha disse que o irmão encontrara o celular num táxi e o dera para ela. Evan continuou a pedi-lo de volta, dizendo que Sasha sabia quem era a legítima dona do aparelho. Por fim, Sasha comunicou que ela e o namorado aceitavam se encontrar com Evan, dizendo, na ortografia estropiada dos e-mails informais: "partiu meu endereço eh av corona 108 20 37 vem queu vou t acertar c ese sidekick."

Evan decidiu não ir ao endereço indicado, tanto por supor que era falso (e era mesmo) quanto por causa da ameaça de violência. Em vez disso, decidiu levar a história a público. Criou uma página simples na internet com fotos de Sasha e uma breve descrição do que acontecera até então, declarando o objetivo de dar uma lição sobre "a etiqueta da devolução de pertences alheios perdidos". Intitulou a página de StolenSidekick, acrescentou-a a seu site pessoal, EvanWasHere.com, e começou a contar o caso aos amigos.

A página original foi lançada no dia 6 de junho, e logo nas primeiras horas os amigos de Evan, e os amigos deles, espalharam o endereço pela internet, atraindo cada vez mais atenção. Na primeira atualização da página, mais tarde naquele mesmo dia, Evan observou que seus amigos haviam feito uma investigação pela rede e descoberto uma página no MySpace, o site de relacionamento, que tinha fotos de Sasha e de um homem que eles supunham ser seu namorado. A segunda atualização forneceu mais informações sobre como o telefone fora perdido e quem o detinha agora. A terceira, algum tempo depois naquela tarde, relatou que um policial do Departamento de Polícia de Nova York (NYPD) tinha lido a história e escrito explicando como registrar uma queixa.

Naquela noite, duas coisas aconteceram. Primeiro, um homem chamado Luis enviou um e-mail a Evan, dizendo-se irmão de Sasha e membro da Polícia do Exército. Afirmou que Sasha havia comprado o aparelho de um motorista de táxi. (Esta história, como Evan salientou no site, contradizia diretamente aquela contada antes por Sasha de que o irmão achara o celular.) Luis também disse a Evan que parasse de importunar Sasha e fez uma ameaça velada de violência caso ele não a deixasse em paz. O outro incidente da noite foi que o caso de Evan apareceu no Digg. Digg é um site colaborativo de notícias: usuários postam matérias e as classificam com polegares para cima ou para baixo. A página inicial do Digg, como a de todos os jornais, é composta por notícias ao mesmo tempo oportunas e importantes, com a diferença de que no Digg os critérios para isso são, respectivamente, o quanto a inclusão da notícia é recente e, em vez do juízo de editores, quantos votos ela recebe dos usuários. Milhões de pessoas leem essa página inicial por dia, e muitos deles deram uma olhada na página StolenSidekick.

Sem dúvida a história tocou um ponto sensível. Evan estava recebendo dez e-mails *por minuto* de pessoas perguntando sobre o telefone, oferecendo apoio ou dispondo-se a ajudar. Todo mundo que já perdeu alguma coisa sente uma raiva difusa de quem quer que a tenha encontrado e mantido para si, mas dessa vez a questão era pessoal, pois Evan e todos os que liam StolenSidekick sabiam quem estava com o aparelho e tinham visto as recusas insultuosas dessa pessoa a devolvê-lo. Quando há muitos empecilhos à devolução de alguma coisa, nós nos conformamos com um "achado não é roubado", mas, quando devolver se torna mais fácil, nossa compreensão declina. Achar uma nota de dinheiro caída na rua não é o mesmo que encontrar uma carteira com um documento de identidade dentro, e o caso do Sidekick perdido era ainda mais grave. Usar o próprio telefone de uma pessoa para dizer que se recusa a devolvê-lo ultrapassava certo limiar de aceitabilidade aos olhos de muitos que acompanhavam a saga, e as provocações e ameaças de Sasha, seus amigos e familiares só acrescentavam insulto ao dano.

Evan, claramente estimulado pela reação de seu crescente público leitor, continuou a postar sucessivos comentários em seu site. Publicou quarenta atualizações em dez dias, acompanhadas por um alvoroço cada vez maior tanto na mídia local quanto na nacional. Havia muita informação para atualizar: ele e as pessoas acompanhando o site postaram mais perfis do MySpace de Sasha, do namorado Gordo e do irmão dela. Um leitor do StolenSidekick conseguiu descobrir o nome completo de Sasha, e em seguida seu endereço, e passou de carro em frente à casa da moça, postando depois o vídeo na internet para todos verem. Membros da unidade de Luis na Polícia do Exército escreveram para indagar sobre alegações de que um deles estava ameaçando um civil e prometeram investigar o assunto.

Evan também criou um fórum de discussão para seus leitores, um lugar on-line onde eles pudessem se comunicar sobre as tentativas de recuperar o telefone de Ivanna. Ou melhor, Evan tentou criá-lo, mas o primeiro fórum que ele escolheu simplesmente não suportou a onda de tantos usuários entusiasmados tentando conectar-se ao mesmo tempo. Diante disso, ele optou por um segundo serviço de fórum de discussão, mas esse também travou com o súbito choque de demanda, e o mesmo aconteceu com um terceiro. (Fracassos como esses, por vezes chamados de "crises de sucesso", fazem lembrar o famoso comentário de Yogi Berra sobre um restaurante de Nova York: "Ninguém mais vai lá. É cheio demais.") Por fim ele encontrou um serviço capaz de acomodar os milhares de pessoas que acompanhavam a saga do Sidekick, e esses leitores instalaram-se, discutindo todos os aspectos dos acontecimentos, desde especulações gerais sobre os princípios morais de Sasha até um tópico convidando membros das forças armadas a falar sobre Luis, o policial, e sua participação nos eventos. (Como de costume nesse tipo de comunidade, grande parte da conversa desviava-se do assunto; a seção militar do fórum incluía uma conversa sobre se Luis estava tomando o devido cuidado com a farda que usava nas fotografias tiradas por Sasha.)

Durante esse período, parentes e amigos de Sasha continuaram a se comunicar com Evan sobre o celular, contando várias histórias incongruentes: a mãe dela havia comprado o telefone de alguém; Sasha não estava mais com o aparelho; ela o vendera; estava disposta a vendê-lo de volta para Evan por cem dólares. Luis anunciou que eles iriam processar Evan por assédio; os amigos da moça contribuíram com mais e-mails ameaçadores. Evan e Ivanna registraram um boletim de ocorrência na polícia, que classificou o telefone como propriedade perdida, não furtada, o que significava que não tomariam medidas. Várias pessoas do governo da cidade de Nova York escreveram oferecendo ajuda para providenciar a revisão da queixa, incluindo um policial que forneceu documentos internos do NYPD e explicou como a queixa deveria ter sido tratada. (Mais tarde, quando tentou reclassificar a queixa, Evan quase foi preso por estar de posse desses documentos.) A essa altura, milhões de leitores acompanhavam o caso, e dezenas de órgãos da mídia convencional tinham coberto a história. A difusão da recusa do NYPD a tratar o caso como furto gerou tanta reclamação pública que mais tarde a polícia mudou a decisão e, após enviar dois detetives para conversar com Ivanna, concordou em considerar o celular objeto furtado e não perdido.

Então, em 15 de junho, membros do NYPD prenderam Sasha, uma jovem de dezesseis anos de Corona, Nova York, recuperaram o Sidekick furtado e o devolveram a Ivanna, sua dona original. No dia em que a filha foi detida, a mãe de Sasha disse a um repórter uma frase memorável: "Nunca na minha vida pensei que um telefone me causaria tantos problemas." Mas não foi o telefone que causou os problemas. Foram as pessoas na outra ponta da linha, pessoas que haviam se reunido em torno da página de Evan, que encontraram os perfis no MySpace e o endereço da família e ajudaram a pressionar o departamento de polícia, tudo em dez agitados dias, e tudo conduzindo à detenção de Sasha. Tendo alcançado os objetivos declarados de desafiar Sasha em público e reaver o celular, Evan e Ivanna abstiveram-se de registrar queixa-crime, e Sasha foi solta. O casamento de Ivanna realizou-se sem percalços, e Evan, à luz de sua capacidade de reunir uma multidão, começou a fazer trabalhos de relações públicas como *freelancer*.

"Dê-me um ponto de apoio e eu moverei o mundo"

A perda e recuperação do Sidekick é uma história sobre muitas coisas – as tendências obsessivas de Evan, a sorte de Ivanna por tê-lo como amigo, o alto preço que os celulares alcançaram –, mas um dos temas que perpassam todo o caso é o poder da ação grupal, usando-se as ferramentas certas. Apesar de seus esforços heroicos, Evan poderia não ter conseguido recobrar o telefone se tivesse trabalhado sozinho. Ele usou a rede social que já possuía para divulgar a notícia, e ela, por sua vez, o ajudou a encontrar um enorme público para o problema de Ivanna, um público disposto a fazer mais do que apenas assistir da plateia. Esse público deu a Evan uma vantagem extraordinária para lidar com Sasha, e também com o NYPD, uma vantagem que ele não teria obtido sem o apoio de um grupo tão empenhado. Na verdade, a natureza desse empenho situa muitos dos visitantes da página de Evan em uma categoria que Dan Gillmor, jornalista e autor de *We the Media*, chama de "antigo público", aquelas pessoas que reagem a uma história, participam dela e até a alteram enquanto ela se desdobra.

Consideremos o caso do ponto de vista de Sasha. Ela é uma adolescente numa cultura saturada de mídia; obtém um celular muito caro, muito bacana, que alguém encontrou num táxi, e decide ficar com ele em vez de tentar localizar o dono. Não é o comportamento mais ético do mundo, mas também não se trata de furto premeditado, e, de todo modo, o que poderia dar errado? Conta com o apoio de seus amigos e familiares e supõe, com razão, que Evan não tem nenhuma pressa de se deslocar até Corona. Diante de tudo isso, a combinação de histórias e ameaças da parte de Sasha, seus amigos e sua família devia ter funcionado. Afinal, o telefone era caro, mas nem tanto, e com trezentos dólares Evan não poderia obter muita ajuda. Se o que ele queria era poupar Ivanna de pagar o preço do celular, gastar mais de trezentos dólares para recuperá-lo não faria sentido algum.

Mas Evan não estava sendo movido pelo dinheiro. O que ele queria era satisfazer seu senso de justiça. Como seu compromisso com a tarefa era emocional e não financeiro, e como estava razoavelmente bem de vida, teve condições de investir no esforço para recuperar o telefone muito mais do que ele valia de fato. Sua decisão de expor essas motivações em público também ajudou a atrair pessoas: "Esta não é uma iniciativa religiosa ou moral. ... [sic] esta é uma iniciativa de HUMANIDADE", escreveu ele em certo momento. A história da correção de um erro é poderosa, e o ajudou a gerar o envolvimento de outros que conduziu por fim à recuperação do telefone.

Sasha e seus amigos não apenas queriam que Evan fracassasse – eles presumiram que ele fracassaria. Havia certo tom de desafio nas ameaças de Luis e Gordo, como se perguntassem "você e mais quantos?", porque estavam convencidos de que a polícia não iria se envolver. (Luis afirmou justamente isso em sua primeira mensagem a Evan: "não me venha com aquele lero de que vão chamar a polícia por causa de um celular perdido o nypd tem mais o que fazer do que se preocupar com o telefone que a sua amiga perdeu" [sic].) A guinada no empreendimento de Evan ocorreu no momento em que a polícia concordou em alterar a queixa de "propriedade perdida" (a respeito da qual nada teriam feito) para "propriedade furtada" (que levou à prisão de Sasha). Embora o NYPD não seja uma organização que se intimide facilmente, dias depois de terem tentado encerrar o caso, lá estavam eles, mandando dois detetives para passar meia hora com Ivanna discutindo o assunto, e depois mandando mais policiais até Corona para deter Sasha e recuperar o Sidekick. Imagine o espanto de Sasha ao descobrir que a dona do telefone tinha mesmo outros tantos com ela, incluindo advogados, policiais e um público internacional de milhões.

Graças à internet, o custo da divulgação global despencou. A capacidade bruta de divulgação, os contatos sociais de Evan, a natureza inusitada de sua história e o fato de o público ter sido capaz de encontrar a página de Sasha no MySpace combinaram-se para criar uma espécie de reforço positivo de atenção. As pessoas interessaram-se pelo caso e o encaminharam para amigos e colegas, que por sua vez se interessaram e o encaminharam para mais pessoas ainda. Esse padrão de crescimento foi ao mesmo tempo causa e efeito do envolvimento da mídia convencional – era improvável que o *New York Times* ou a CNN cobrissem o caso de um celular perdido, mas, quando ele foi embrulhado na história mais ampla de atenção nacional e até global, eles lhe deram atenção, o que levou ainda mais visitantes ao site de Evan e fez ainda mais veículos entrarem no circuito. O caso acabou em mais de sessenta jornais, estações de rádio e canais de TV e mais de duzentos blogs. A partir do começo humilde do apelo de Ivanna e de um punhado de fotos de Sasha e seus amigos, a página StolenSidekick recebeu mais de 1 milhão de visitantes.

Receber atenção desse público mudou as condições da relação de Evan com a polícia, e ele sabia disso. De fato, em uma de suas atualizações ele chegou a dizer que a função da página StolenSidekick era pressionar o NYPD. Essa atenção também o encorajou. Quando foi ao 9º Distrito para tentar alterar a queixa de propriedade perdida para furtada, Evan foi barrado pelo policial que estava na recepção, que lhe disse em termos categóricos que cabia ao NYPD determinar o que era crime e o que não era. Na atualização que Evan fez mais tarde nesse dia, lia-se: "A única coisa que quero é denunciar um crime. Isso é absurdo. Mas não temam. Tenho muitas surpresas para o NYPD amanhã. Eles VÃO dar ouvidos a mim e aos milhares de vocês que me escreveram e aos milhões que estão lendo esta página." A surpresa que ele sabia estar chegando era a publicação do caso no *New York Times* na manhã seguinte. Depois, quando a polícia manifestou disposição de levar o caso adiante, Evan postou um pedido explícito no site: "Peço a TODOS que voltem a visitar esta página para conferir as atualizações, de modo a assegurarmos que o NYPD cumpra sua palavra." Confrontado com a opacidade da burocracia do NYPD, Evan tinha o equivalente, na era da informação, à capacidade de enxergar através das paredes: recebia conselhos de gente de dentro da polícia, e pôde encarar um policial de Nova York sabendo que o assunto seria notícia de primeira página na manhã seguinte.

Podemos ver Evan aceitando sua parte no trato com seus usuários – eles forneceriam a atenção que lhe permitiria avançar e tornariam o caso atraente para a mídia convencional, e ele canalizaria essa atenção, relatando cada movimento seu. Muitos dos que visitavam a página StolenSidekick não eram apenas leitores, mas operavam como veículos individuais de comunicação, membros do antigo público, e debatiam a situação em blogs, fóruns e vários grupos eletrônicos de discussão que Evan criou. Ele tinha advogados, policiais, detetives on-line, jornalistas e até seu próprio grupo de pressão *ad hoc* trabalhando a seu favor, sem pertencer a nenhuma organização responsável por exercer essas funções.

As atualizações de Evan incluíam menção aos constantes estímulos e oferecimentos de ajuda por parte de mais pessoas da administração pública, que consideravam injusta a maneira como o NYPD o estava tratando. Horas depois que ele publicou a primeira versão da página, um policial do NYPD entrou em contato com ele para explicar como registrar uma queixa. Quatro dias depois, outro policial escreveu querendo encontrar-se com Evan; então, o policial deu-lhe cópias de documentos internos do NYPD para lhe mostrar que tipo de formulário deveria usar para que o caso fosse tratado como furto. Por fim, quando a família de Sasha começou a ameaçá-lo com uma ação legal, alguém da Legalmatch.org, um site de aconselhamento jurídico, ofereceu-se para ajudar Evan a obter orientação gratuita.

É óbvio que grande parte dessa história é irrepetível. Não se produz um evento de mídia de amplitude mundial cada vez que alguém perde um telefone celular. O caráter insólito do caso, porém, dá maior relevo à diferença entre o passado e o presente. Evan provavelmente não teria conseguido fazer o que fez apenas cinco anos atrás, e teria sido impossível fazê-lo dez anos atrás, porque nem as ferramentas que usou nem as estruturas sociais com que contou existiam então. Também é óbvio que muita coisa nessa história depende do ângulo pelo qual a consideramos. Para Ivanna, a história é sobretudo boa. A moça beneficiou-se do comportamento obsessivo de Evan e do modo como esse comportamento foi estimulado pela atenção recebida, e ela precisou despender pouco esforço para recuperar seu telefone. Para o próprio Evan, o entusiasmo da luta pelo que ele considerava certo foi contrabalançado pelo investimento de tempo e dinheiro. E para Sasha, é claro, a história foi sobretudo ruim. De todos os celulares de todas as cidades do mundo inteiro, o que ela arranjou tinha 1 milhão de pessoas no outro lado da linha.

E quanto a nós? E quanto à sociedade em que esse cabo de guerra estava acontecendo? Para nós, o quadro não é tão claro. Todo o episódio demonstra o grau impressionante em que nos tornamos conectados uns aos outros. Demonstra como a informação que fornecemos sobre nós mesmos, em fotos, e-mails, páginas no MySpace e assim por diante, aumentou tremendamente nossa visibilidade social e facilitou o ato de encontrarmos uns aos outros, mas também o de sermos submetidos a escrutínio público.

Demonstra que os antigos limites da mídia foram reduzidos radicalmente, conferindo-se muito poder ao antigo público. Demonstra como uma história pode se converter de local em global em um segundo. E demonstra a facilidade e a rapidez com que um grupo pode ser mobilizado para o tipo certo de causa.

Mas quem define que tipo de causa é certo? A capacidade de Evan para obter ajuda pode ser atribuída tanto a um forte sentimento de injustiça quanto a uma relutância mesquinha em perder uma briga, por trivial que ela seja e por mais que custe ao adversário. E, apesar de toda a agressividade das provocações de Sasha, raça e classe têm importância. Evan é um adulto cujo trabalho lhe permite inúmeras horas de liberdade para se dedicar à recuperação de um telefone. Sasha é uma mãe solteira adolescente. A devolução do telefone não foi a única perda que ela sofreu – o fórum de discussão de Evan logo virou um mural contendo mensagens públicas depreciando Sasha, seu namorado e amigos, mães solteiras e porto-riquenhos como um todo. Uma conversa encabeçada pelo título "Faça alguma coisa!" observava que outras pessoas que acompanhavam o caso já haviam descoberto o endereço dela e defendia uma confrontação física (embora o autor da proposta não se tenha oferecido para participar). Em outro tópico, com o encantador título "Você pegaria?", participantes do sexo masculino debatiam se Sasha era atraente o bastante para se dormir com ela.

Poderíamos censurar Evan por permitir que esses tipos de conversa racistas e sexistas ocorressem, mas o número de pessoas interessadas em falar sobre o telefone furtado (como evidencia o fato de a maioria dos softwares ter sido incapaz de suportar o volume de usuários) e o anonimato característico dos usuários de internet tornavam o policiamento das conversas impraticável. Além disso, embora claramente estivesse se beneficiando de toda a atenção, Evan não tinha pleno controle sobre ela – o acordo que estabelecera com seus usuários o obrigava a encenar a história que eles queriam ver. Se tivesse desativado os fóruns de discussão ou mesmo editado as conversas, estaria violando sua parte do que logo se tornou uma expectativa mútua. (Se ele *deveria* ter tomado essa medida é uma questão de opinião; o que interessa é que, depois que um grupo se reúne, problemas de controle comunitário como esse não são simples. Qualquer atitude que Evan tomasse, fosse deixar a conversa correr ou reprimi-la, teria gerado efeitos colaterais complicados.)

Uma questão mais ampla transcende os eventos individuais. Queremos um mundo em que um adulto em boa situação financeira possa usar esse tipo de vantagem para fazer com que uma adolescente seja detida, além de citada e humilhada em uma plataforma global, pelo que foi uma infração relativamente banal? A resposta é sim e não. É óbvio que milhões de pessoas quiseram acompanhar o caso, em parte por sua mistura de luta moral e visceral. Além disso, o que Sasha fez foi errado, e queremos que más ações sejam punidas. Ao mesmo tempo, porém, queremos que a punição corresponda ao crime. É bastante fácil dizer que Sasha não deveria ter ficado impune só porque outras pessoas apossam-se de objetos perdidos e não os devolvem, mas essa lógica começaria a ter outro aspecto se imaginássemos uma inversão de papéis. Pessoas pobres também perdem telefones, e a perda as atinge de maneira muito mais dura; por que deveria Evan ser capaz de compelir a NYPD a prestar atenção logo a esse, entre todos os objetos perdidos?

Alguns anos atrás, Evan também não teria sido capaz de se fazer ouvir. Antes que a web se tornasse onipresente, ele não teria conseguido atrair um público, muito menos um público de milhões de pessoas, e sem isso ele não teria sido capaz de forçar a polícia a mudar a queixa. Dado o tempo de nossas vidas que perdemos às voltas com burocracias indiferentes, a vitória de Evan parece um sucesso maravilhoso, mas ela teve um preço. O tempo da polícia é finito, ao passo que a disposição do ser humano a se sentir injustiçado é infinita. Queremos também um mundo em que, sempre que alguém com esse tipo de vantagem se irrita, seja possível alterar de modo unilateral as prioridades do departamento de polícia local?

Perguntas assim são retóricas, uma vez que esse já é o mundo que temos. A verdadeira questão é: o que vai acontecer em seguida? O caso do Sidekick perdido ilustra os tipos de mudança – algumas boas, algumas ruins, a maioria complexa demais para ser rotulada – que estão afetando o modo como grupos se formam e cooperam. Essas mudanças são profundas porque estão ampliando ou estendendo nossas habilidades sociais elementares, e também nossas deficiências sociais características.

Nova eficácia para velhos comportamentos

Os seres humanos são criaturas sociais – não de vez em quando ou por acidente, mas sempre. A sociabilidade é uma de nossas capacidades fundamentais e revela-se tanto como causa quanto como efeito em quase todos os aspectos de nossas vidas. A sociedade não é apenas o produto de seus membros individuais; é também o produto dos grupos que a constituem. A combinação das relações entre indivíduos e grupos, entre indivíduos dentro de grupos e entre grupos forma uma rede de assombrosa complexidade. Sempre dependemos de esforço grupal para a sobrevivência; mesmo antes da invenção da agricultura, a caça e a coleta exigiam esforço coordenado e divisão do trabalho. Pode-se ver um eco de nosso talento para a sociabilidade no vocabulário que usamos para grupos: como uma versão do mundo real para as míticas dezessete palavras que os esquimós usam para designar a neve, possuímos um vocabulário incrivelmente rico para descrever as associações humanas. Somos capazes de estabelecer distinções refinadas entre uma corporação e uma congregação, um bando e um clube, uma multidão e uma corja. Compreendemos com facilidade a diferença entre rótulos transitivos como "o filho do amigo da minha mulher" e "a mulher do amigo do meu filho", e essa sutileza relacional permeia as nossas vidas. Nossa natureza social manifesta-se até na negação. Uma das punições mais severas que se pode infligir a um prisioneiro é o confinamento solitário; mesmo em um ambiente social tão rígido e limitado como a prisão, a completa privação do contato humano é ainda mais rígida.

Nossa vida social é literalmente primal, no sentido de que chimpanzés e gorilas, nossos parentes mais próximos dentre os primatas, são também sociais. (Na verdade, os projetistas de software para uso em grupo costumam brincar que os instintos sociais humanos são como a mentalidade do macaco.) Mas nós, seres humanos, vamos mais longe que todos os nossos primos primatas: formamos grupos maiores, mais complexos, ordenados e duradouros e que, principalmente, transcendem laços de família para incluir categorias como amigos, vizinhos, colegas e por vezes até estranhos. Nossas habilidades sociais são também acompanhadas por grande inteligência individual. Nem as seitas, o ápice da renúncia à individualidade em favor do grupo, chegam aos pés de uma colmeia em termos de integração social absoluta; isso nos torna diferentes de criaturas cuja sociabilidade é mais envolvente que a nossa.

Essa combinação de inteligência pessoal e intuição social faz de nós os campeões incontestáveis do reino animal em matéria de flexibilidade de associação coletiva. Agimos de comum acordo em todas as partes, seja em tarefas como organizar uma festa de aniversário (o que é um exercício surpreendentemente complicado) ou administrar uma organização com milhares ou até milhões de membros. Essa habilidade permite que grupos enfrentem tarefas maiores, mais complexas, mais dispersas e de duração maior que aquelas que qualquer pessoa poderia enfrentar sozinha. Construir um avião ou uma catedral, executar uma sinfonia ou uma cirurgia cardíaca, erguer um celeiro ou destruir uma fortaleza – tudo isso requer a distribuição, especialização e coordenação de muitas tarefas entre muitos indivíduos, às vezes desdobrando-se ao longo de anos ou décadas e abrangendo continentes.

Temos tamanha aptidão inata para esforços em grupo que costumamos desconsiderar os grupos em nosso pensamento sobre o mundo. Muitos trabalhos que atribuímos a uma única mente requerem na verdade uma multidão. Michelangelo colocou assistentes para pintar parte do teto da Capela Sistina. Thomas Edison, que registrou mais de mil patentes em seu nome, administrava uma equipe de cerca de vinte pessoas. Até a escrita de um livro, um empreendimento notoriamente solitário, envolve o trabalho de preparadores de originais, editores e designers; para que este livro particular chegasse às suas mãos, foi necessária ainda uma coordenação entre impressores, administradores de depósitos, motoristas de caminhão e várias outras pessoas na rede que se estende entre mim e você. Mesmo se excluirmos grupos que são meros rótulos para características compartilhadas (as pessoas altas, os ruivos), quase todo mundo pertence a diversos grupos baseados em família, amigos, trabalho, filiação religiosa e assim por diante. A centralidade do esforço em grupo para a vida humana significa que qualquer coisa que mude o modo como os grupos funcionam terá profundas consequências para tudo, do comércio e o governo até a mídia e a religião.

Uma lição óbvia é que novas tecnologias permitem novos tipos de formação de grupo. As ferramentas a que Evan Guttman recorreu eram bastante simples – o próprio telefone, e-mails, uma página de internet, um fórum de discussão –, mas sem elas o celular não teria sido recuperado. Em cada etapa ele pôde escapar das limitações normais da vida privada e se valer de recursos antes reservados a profissionais: usou seu site para contar a história sem ser jornalista, encontrou informação sobre Sasha sem ser detetive e assim por diante. A transferência desses recursos de várias categorias profissionais para o público geral é um fenômeno de extrema importância, fundamentado pelo que o editor Tim O'Reilly chama de "arquitetura de participação".

Quando mudamos a maneira de nos comunicarmos, mudamos a sociedade. As ferramentas que uma sociedade usa para se criar e se manter são tão centrais para a vida humana quanto uma colmeia é para a vida das abelhas. Embora a colmeia não seja parte de nenhuma abelha individual, é parte da colônia e ao mesmo tempo molda e é moldada pelas vidas de seus habitantes. A colmeia é um dispositivo social, uma peça de tecnologia da informação das abelhas que fornece uma plataforma, literalmente, para a comunicação e a coordenação que tornam a colônia viável. Não é possível compreender abelhas individuais à parte da colônia ou do ambiente que compartilham e criaram em conjunto. Dá-se o mesmo com as redes humanas: abelhas fazem colmeias, nós fazemos telefones celulares.

Mas meras ferramentas não bastam. Elas são apenas uma maneira de canalizar a motivação já existente. Evan tinha determinação, recursos e, infelizmente para Sasha, muita raiva. Se ele tivesse apresentado sua missão em termos completamente egoístas ("Ajudem minha amiga a poupar trezentos dólares!") ou em termos gerais e inatingíveis ("Vamos combater todos os roubos!"), as ferramentas que escolheu não teriam importado. O que ele fez foi produzir uma mensagem formulada em termos elevados o bastante para inspirar interesse, mas com uma meta atingível o bastante para inspirar confiança. (Esse ponto ideal é o que Eric Raymond, o teórico do software de código aberto, chama de "promessa plausível".) Sem uma promessa plausível, toda a tecnologia do mundo não seria nada mais que toda a tecnologia do mundo.

Como vimos na saga do Sidekick perdido, obter a participação livre e voluntária de um grupo grande e disperso, com uma variedade de competências – trabalho investigativo, aconselhamento jurídico, informações privilegiadas da polícia e até do Exército –, passou de impossível a simples. Há muitas pequenas razões para isso, tanto tecnológicas quanto sociais, mas a combinação de todas elas resulta em uma grande mudança: formar grupos tornou-se muito mais fácil. Para exprimir isso em termos econômicos, os custos da criação de um novo grupo ou do ingresso em um já existente caíram nos últimos anos, e não apenas um pouquinho. Eles despencaram. (Usamos "custo" aqui no sentido que o termo tem para o economista, designando qualquer gasto – de dinheiro, mas também de tempo, esforço ou atenção.) Um dos poucos princípios incontestes da economia é que as pessoas reagem a incentivos. Se lhes for dada uma boa razão para fazer alguma coisa, elas a farão mais, e caso se facilite algum gesto que elas já estão inclinadas a fazer, também o farão mais.

Mas por que a economia é importante? Na teoria, como os seres humanos têm talento para a cooperação mutuamente benéfica, deveríamos ser capazes de nos reunir sempre que necessário para empreender tarefas grandes demais para uma pessoa só. Se isso fosse verdade, tudo que exigisse esforço compartilhado – como policiamento, construção de estradas ou coleta de lixo – simplesmente surgiria das motivações de membros individuais. Na prática, as dificuldades de coordenação impedem que isso aconteça. (Por que isso ocorre é o assunto do próximo capítulo.)

Mas existem grupos grandes. A Microsoft, o Exército dos Estados Unidos e a Igreja católica são instituições enormes que funcionam. A diferença entre um grupo *ad hoc* e uma companhia como a Microsoft é a administração. Em vez de esperar que um grupo se reúna de maneira espontânea para criar softwares, a Microsoft administra o trabalho de seus funcionários. Estes trocam sua liberdade por um salário, e a companhia assume os custos de dirigir e monitorar a produção deles. Além da folha de pagamento, ela banca desde a comunicação entre o alto escalão administrativo e os trabalhadores (uma das razões de ser dos cargos de gerência) até a contratação de pessoal para o departamento de recursos humanos e a aquisição de escrivaninhas e cadeiras. Por que a Microsoft, ou de fato qualquer instituição, tolera esses custos?

Elas os toleram porque são obrigadas; a alternativa é o colapso institucional. Se quisermos organizar o trabalho, mesmo de algumas dezenas de pessoas, temos de gerenciá-las. À medida que as organizações crescem para a casa das centenas ou dos milhares de pessoas, torna-se necessário também gerenciar os gerentes e, com o tempo, os gerentes dos gerentes. Com esse tamanho, apenas para existir, uma organização tem de assumir os custos de todo esse gerenciamento. As organizações possuem muitos meios para sustentar esses custos – a Microsoft usa receita, o Exército usa impostos, a Igreja usa donativos –, mas não podem evitá-los. De certo modo, toda instituição vive uma espécie de contradição: existe para se beneficiar de esforços em grupo, mas parte de seus recursos é consumida pela direção desses esforços. Chamemos isso de dilema institucional – como as instituições despendem recursos para administrar recursos, há uma defasagem entre aquilo de que elas são capazes na teoria e na prática, e quanto maior é a instituição, maiores são esses custos.

É aqui que nosso talento inato para a ação grupal vem ao encontro de nossas novas ferramentas. Ferramentas que propiciam maneiras simples de se criar grupos levam a grupos novos, muitos grupos novos, e não só mais grupos como mais tipos de grupos. Já vimos esse efeito nas ferramentas que Evan usou – uma página de internet para se comunicar com o mundo, milhares de comentários e e-mails de seus leitores, e o próprio celular, cada vez mais capaz de enviar mensagens e fotos para grupos de pessoas, não só para um único destinatário (o padrão histórico do uso de telefones).

Se somos tão bons em vida social e esforço compartilhado, que vantagens essas ferramentas estão gerando? Uma revolução nos assuntos humanos é algo bastante grandioso para ser atribuído a um emaranhado de ferramentas como e-mail e telefones celulares. E-mails são ótimos, mas qual pode ser sua relevância no plano geral? A resposta é: "Nada de tão espetacular, tomados isoladamente." O truque é não considerá-lo isoladamente. Todas as tecnologias que vimos no caso do celular de Ivanna, os telefones e os computadores, os e-mails, os fóruns e as páginas de internet, são manifestações de uma mudança mais fundamental. Hoje temos ferramentas de comunicação flexíveis o suficiente para corresponder a nossas capacidades sociais, e estamos testemunhando a ascensão de novas maneiras de coordenar a ação que tiram partido dessa mudança. Essas ferramentas de comunicação receberam vários nomes, todos variações em torno de um tema: "software social", "mídia social", "computação social" etc. Embora haja algumas distinções entre esses rótulos, a ideia essencial é a mesma: estamos vivendo em meio a um extraordinário aumento de nossa capacidade de compartilhar, de cooperar uns com os outros e de empreender ações coletivas, tudo isso fora da estrutura de instituições e organizações tradicionais. Embora muitas dessas ferramentas sociais tenham sido adotadas primeiro por cientistas da computação e trabalhadores de indústrias da alta tecnologia, elas se espalharam para além dos meios acadêmicos e corporativos. Os efeitos serão muito mais abrangentes e significativos que a mera recuperação de celulares perdidos.

Ao facilitar a formação espontânea de grupos e a contribuição individual para os esforços em grupo sem exigência de gestão formal (e os custos operacionais que a acompanham), essas ferramentas alteraram de maneira radical os antigos limites de tamanho, sofisticação e alcance do esforço não supervisionado (os mesmos limites que criaram o dilema institucional). Elas não os eliminaram por completo; questões de complexidade ainda pesam, como veremos, mas as novas ferramentas permitem estratégias alternativas para manter essa complexidade sob controle. Como seria de se esperar, quando o desejo é grande e os custos são mínimos, o número desses grupos dispara, e os tipos de efeito que eles provocam no mundo estão se espalhando.

O deslocamento tectônico

Durante a maior parte dos tempos modernos, nossos fortes talentos e desejos para o esforço em grupo vinham sendo filtrados através de estruturas institucionais relativamente rígidas em razão da complexidade de se administrar grupos. Não tínhamos todos os grupos que queríamos, tínhamos apenas aqueles que podíamos criar. Agora os antigos limites à capacidade de grupos não gerenciados e não remunerados deixaram de operar: as dificuldades que impediam grupos espontâneos de trabalhar em conjunto estão diminuindo, o que significa que a quantidade e a variedade de coisas que grupos podem levar a cabo sem motivação financeira ou supervisão gerencial estão crescendo. A mudança atual, numa só frase, consiste nisto: a maioria das barreiras à ação grupal desmoronou, e sem elas estamos livres para explorar novas maneiras de nos reunir e fazer coisas.

George W.S. Trow, escrevendo sobre os efeitos sociais da televisão em *Within the Context of No Context*, descreveu um mundo de continuidade e descontinuidade simultâneas:

> Todo mundo sabe, ou deveria saber, que aconteceu sob nós um Deslocamento de Placa Tectônica ... os nomes dos partidos políticos ainda são os mesmos; ainda temos uma CBS, uma NBC e um *New York Times*; mas não somos a mesma nação que tinha essas coisas antes.

Algo semelhante está acontecendo hoje. Ainda teremos no próximo ano a maior parte das instituições que tínhamos no ano passado. Antes, porém, o domínio que elas exerciam sobre a vida pública era insubstituível, em parte porque não havia alternativa ao gerenciamento de esforços em grande escala. Agora que as formas tradicionais enfrentam concorrência, essas instituições continuarão existindo, mas sua influência sobre a vida moderna declinará à medida que surgirem novas alternativas para a ação grupal.

Isso não significa que corporações e governos vão desaparecer. Embora uma parcela do utopismo inicial em torno das novas ferramentas de comunicação sugerisse que estávamos rumando para uma espécie de paraíso pós-hierárquico, não é isso o que está acontecendo agora, e não é isso que vai acontecer. Nenhuma das vantagens absolutas de instituições como empresas, escolas ou governos desapareceu. O que desapareceu foram muitas de suas vantagens *relativas* – isto é, relativas ao esforço das pessoas que elas representam. Podemos ver sinais disso em muitos lugares: a indústria da música, por exemplo, ainda está abalada pela descoberta de que a reprodução e distribuição de música, antes um serviço valioso, é agora algo que seus clientes podem fazer sozinhos. O governo bielo-russo está tentando arranjar uma maneira de impedir seus jovens de gerar protestos políticos espontâneos. Pela primeira vez em sua história, a Igreja católica está enfrentando um desafio prolongado imposto espontaneamente por grupos leigos. Mas não se trata apenas de algo que está acontecendo com este ou aquele governo, empresa ou religião. Trata-se de algo que está acontecendo no mundo.

A ação grupal confere à sociedade humana seu caráter particular, e tudo que altere a maneira como grupos fazem coisas afetará a sociedade como um todo. Essa mudança não se limitará a nenhum conjunto particular de instituições ou funções. Para qualquer organização, as perguntas importantes são: "Quando a mudança ocorrerá?" e "O que mudará?". As duas únicas respostas que podemos excluir são nunca e nada. A maneira pela qual a situação de qualquer instituição será transformada vai variar, mas as diferentes mudanças locais são manifestações de uma única fonte profunda: grupos que recentemente se tornaram possíveis estão se formando, e eles trabalham sem o imperativo gerencial e fora das restrições prévias que limitavam sua eficácia. Essas mudanças transformarão o mundo onde quer que grupos de pessoas se reúnam para realizar alguma coisa. Ou seja, em toda parte.

2. O compartilhamento ancora a comunidade

Grupos de pessoas são complexos, de maneiras que dificultam sua formação e manutenção; a forma das instituições tradicionais é em grande parte uma resposta a essas dificuldades. Novas ferramentas sociais amenizam alguns desses problemas, permitindo novos tipos de criação de grupos, como o uso do simples compartilhamento para ancorar o surgimento de novos grupos.

Imagine que você está em uma fila com mais 35 pessoas e, para passar o tempo, o sujeito na sua frente propõe um jogo. Ele está disposto a apostar cinquenta dólares que não há na fila duas pessoas que façam aniversário no mesmo dia. Você toparia essa aposta?

Se você é como a maioria das pessoas, não toparia. Com 36 pessoas e 365 datas de aniversário possíveis, parece haver apenas uma chance em dez de duas pessoas terem nascido no mesmo dia, o que o deixa com 90% de chance de perder cinquenta dólares. Na verdade, você deveria topar a aposta, pois teria mais de 80% de chance de *ganhar* cinquenta dólares. Isso é chamado de Paradoxo dos Aniversários (embora não seja de fato um paradoxo, só uma surpresa) e ilustra um pouco da complexidade envolvida em grupos.

A maioria das pessoas erra o cálculo da probabilidade de uma coincidência de aniversários por duas razões. Primeiro, em situações que envolvem muitas pessoas, elas pensam em si mesmas e não no grupo. Se o sujeito na fila tivesse perguntado "Qual é a probabilidade de alguém nesta fila fazer aniversário no mesmo dia que você?", então de fato a chance seria de uma em dez, uma aposta claramente ruim. Mas em um grupo não se trata apenas da relação de outras pessoas com você; em vez de contar as pessoas, você precisa contar ligações entre pessoas. Se você estiver comparando seu aniversário com o de somente uma outra pessoa, há apenas uma comparação, o que significa apenas uma chance em 365 de acerto. Se estiver comparando em um grupo que encerra mais duas pessoas – você, Alice e Roberto, digamos –, poderia pensar que seriam duas chances em 365, mas isso seria um erro. Há três comparações a fazer: do seu aniversário com o de Alice, do seu com o de Roberto e do de Alice com o de Roberto. Com quatro pessoas, há seis comparações, metade das quais nem sequer envolve você; com cinco, há dez, e assim por diante. Quando se chega a 36 pessoas, há mais de seiscentos pares de aniversários. Todo mundo entende que a chance de quaisquer duas pessoas em um grupo fazerem aniversário no mesmo dia é baixa; o que lhes escapa é que uma contagem de "quaisquer duas pessoas" aumenta muito mais depressa que a de pessoas propriamente ditas. É assim que funciona o Paradoxo dos Aniversários.

Esse rápido aumento do número de pares é encontrado em qualquer forma de agrupamento: se você tiver um punhado de bolas de gude, o número de pares possíveis será calculado da mesma maneira. Porém, a complexidade crescente fica muito mais dramática em contextos sociais; bolas de gude não têm opinião, mas pessoas têm. Quando um grupo alcança mesmo um tamanho modesto, obter concordância universal torna-se a princípio difícil e depois impossível. Esse problema pode ser ilustrado com um cenário simples. Você e um amigo querem ir ao cinema. Antes de comprar os ingressos, terão de considerar suas preferências variadas: comédia ou romance, uma sessão à tarde ou à noite, perto do trabalho ou de casa. Tudo isso terá algum efeito na decisão mútua, mas, como vocês são apenas dois, chegar a um resultado aceitável é razoavelmente fácil.

Agora imagine que você e três amigos decidem ir ao cinema. Isso é mais complicado, porque é menos provável que as preferências do grupo coincidam perfeitamente. Dois de vocês adoram filmes de ação, dois os detestam; um quer ir à tarde, três preferem à noite, e assim por diante. Com duas pessoas, só há um acordo a fazer. Com quatro, como o cálculo do Paradoxo dos Aniversários nos mostra, são necessários seis acordos.

Tudo o mais sendo igual, coordenar qualquer coisa com um grupo de quatro pessoas é seis vezes mais difícil que fazê-lo com duas, e a dificuldade agrava-se muito quando o grupo adquire um tamanho moderadamente grande. Quando você quiser ir ao cinema em um grupo de dez, esperar por 45 acordos separados é na prática uma causa perdida. Vocês poderiam passar o dia todo discutindo as opções, sem nenhuma garantia de chegar a qualquer acordo, muito menos a tempo de ver o filme. Em vez disso, vocês fariam uma votação, ou tirariam a sorte, ou alguém simplesmente escolheria um filme específico e convidaria os outros para acompanhá-lo, sem tentar levar em conta todas as preferências possíveis. Essas dificuldades nada têm a ver especificamente com amizade ou idas ao cinema; são efeitos da lógica implacável da complexidade do grupo.

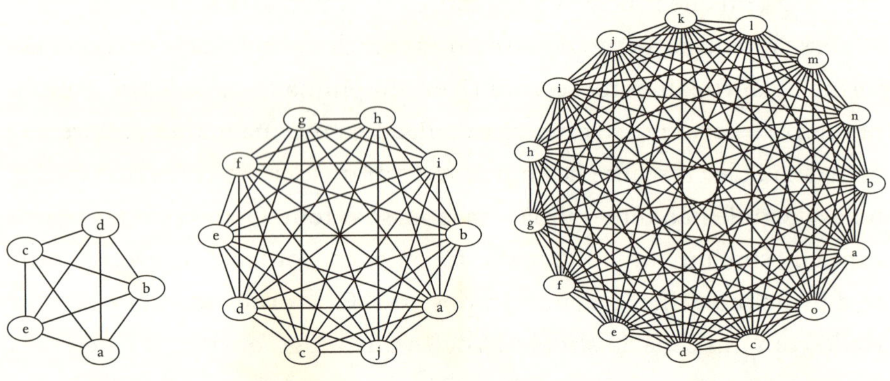

FIGURA 2-1: Três grupos, com todas as conexões traçadas. O grupo pequeno tem cinco membros e dez conexões; o mediano tem dez membros e 45 conexões, e o grande tem quinze e 105. A complexidade de um grupo cresce mais rapidamente que seu tamanho.

Essa complexidade significa, nas palavras do físico Philip Anderson, que "mais é diferente". Escrevendo na revista *Science* em 1972, ele observou que agregações de qualquer coisa, seja de átomos ou de pessoas, exibem um comportamento complexo que não pode ser previsto mediante a observação das partes que as compõem. A química não é apenas física aplicada – não se pode compreender todas as propriedades da água estudando separadamente os átomos que a constituem. Esse padrão de agregados exibindo novas propriedades também é válido para pessoas. A sociologia não é apenas psicologia aplicada a grupos; indivíduos em contextos de grupo exibem comportamentos que não poderiam ser previstos mediante o estudo de mentes individuais. Ninguém jamais foi tímido ou extrovertido quando sozinho em seu quarto, ninguém pode ser um arrivista ou um homem do povo sem referência à sociedade, e essas características existem porque os grupos não são apenas simples agregações de indivíduos.

À medida que os grupos crescem, a interação direta entre todos torna-se impossível. Se é preciso algum esforço para se manter uma conexão entre duas pessoas, quando o grupo atinge certo tamanho esse esforço torna-se insustentável. Podemos ver esse fenômeno até em situações simples, como em um brinde. Em um grupo pequeno, todos podem tocar seus copos nos dos demais; em um grupo grande, as pessoas só brindam com quem está mais próximo. De maneira semelhante, como Fred Brooks observou em seu livro *The Mythical Man-Month*, contratar mais pessoas para trabalhar em um projeto atrasado tende a fazê-lo atrasar ainda mais, porque os novos trabalhadores aumentarão os custos de coordenação do grupo. Como essa limitação é muito básica, e como o problema nunca pode ser resolvido, só administrado, todo grupo grande tem de enfrentá-lo de alguma maneira. Ao longo de toda a era moderna, a solução elementar tem sido reunir pessoas em organizações.

Usamos a palavra "organização" para designar tanto o estado de ser organizado quanto os grupos que organizam – "Nossa organização organiza a conferência anual." Usamos uma só palavra para as duas coisas porque, em certa escala, nunca fomos capazes de obter organização sem organizações; aquela parece implicar estas. A organização típica é hierárquica, com trabalhadores obedecendo a um gerente, este a um gerente de nível ainda mais elevado e assim por diante. O valor desse tipo de hierarquia é óbvio – ele simplifica imensamente a comunicação entre os funcionários. Novos funcionários precisam apenas de uma única conexão, com seu chefe, para começar a trabalhar. Isso é muito mais simples do que tentar fazer com que todos conversem com todos.

Dirigir uma organização é difícil por si só, não importa quais sejam seus objetivos. Cada transação que ela empreende – cada contrato, cada acordo, cada reunião – exige o gasto de algum recurso limitado: tempo, atenção ou dinheiro. Em razão dos custos transacionais, algumas fontes de valor são caras demais para serem proveitosas. Em consequência, nenhuma instituição pode concentrar todas as suas energias no cumprimento de sua missão; precisa despender um esforço considerável para manter a disciplina e a estrutura, apenas para continuar sendo viável. A autopreservação da instituição torna-se a tarefa número um, ao passo que seu objetivo anunciado é rebaixado à posição número dois ou ainda menor, independentemente do que diga a declaração de propósitos. Os problemas inerentes à administração desses custos estão entre as restrições básicas que moldam todo tipo de instituições.

A capacidade que a estrutura tradicional de gerenciamento possui de simplificar a coordenação ajuda a responder a uma das perguntas mais famosas da economia: se os mercados são uma ideia tão boa, para que temos organizações? Por que todas as trocas de valor não podem acontecer no mercado? Essa pergunta foi formulada pela primeira vez por Ronald Coase em 1937 em seu famoso artigo "The Nature of the Firm", no qual ele também propôs a primeira explicação coerente para o valor da organização hierárquica. Coase percebeu que os trabalhadores poderiam simplesmente estabelecer contratos uns com os outros em um mercado, ora vendendo seu trabalho, ora comprando o de outros, sem precisar de supervisão gerencial. No entanto, um mercado de trabalho completamente aberto, raciocinou ele, teria um desempenho inferior ao de empresas por causa dos custos transacionais, em particular os de descobrir as opções e estabelecer acordos e garantir seu cumprimento entre as partes. Quanto mais pessoas estão envolvidas em determinada tarefa, maior é a quantidade potencial de acordos necessária para se fazer qualquer coisa, e maiores são os custos transacionais, como no exemplo anterior do cinema.

Uma empresa é bem-sucedida quando os custos de gerir o esforço dos funcionários são menores do que os ganhos potenciais que a gestão propicia. É tentador supor que controle central é melhor do que mercados para organizar todo tipo de esforço de grupo. (De fato, durante o século XX grande parte do mundo viveu sob governos que se basearam nessa premissa.) Mas há um forte fator limitante a esse gerenciamento dirigido: o custo do próprio gerenciamento. Richard Hackman, professor de psicologia em Harvard, estudou o tamanho e a eficácia de grupos de trabalho em *Leading Teams*. Ele conta a história de um homem que dirigia uma organização sem fins lucrativos cujo conselho diretor compunha-se de quarenta pessoas. Diante da pergunta sobre o que pensava que um conselho tão grande poderia realizar, esse homem respondeu: "Nada", de uma maneira que sugeria que isso lhe agradava. Em razão das despesas gerais acarretadas pelo gerenciamento, grupos grandes podem ficar emperrados, e, sempre que os custos transacionais ficam altos demais para serem administrados dentro de uma única organização, mercados têm um desempenho melhor que empresas (e administrações centrais em geral).

Atividades cujos custos são mais altos que seu valor potencial tanto para empresas quanto para mercados simplesmente não acontecem. Aqui está mais uma vez o dilema institucional: como os custos mínimos para se constituir uma organização já são relativamente altos, certas atividades podem ter algum valor, mas não o bastante para que mereça o esforço de empreendê-las de maneira organizada. Novas ferramentas sociais estão alterando essa equação ao baixar os custos da coordenação da ação grupal. Essa mudança pode ser percebida mais facilmente em atividades difíceis demais para ser empreendidas com a gestão tradicional, mas que se tornaram possíveis com novas formas de coordenação.

Como todas essas fotos foram parar ali?

No último sábado de junho, Coney Island festeja o início do verão com a Mermaid Parade, uma espécie de desfile local para os descolados da cidade de Nova York. Centenas de pessoas comparecem à marcha em torno do famoso parque de diversões decadente do Brooklyn, usando fantasias ao mesmo tempo extravagantes e esquisitas – um gigantesco polvo vermelho, uma flotilha de sereias gingando com bambolês, alguém usando um biquíni cujo sutiã é feito de dois crânios. Milhares de pessoas aparecem para ver e fotografar as festividades, cada uma gerando desde um par de instantâneos até dezenas de imagens de alta qualidade.

Um punhado dessas fotos acaba saindo em jornais locais, mas em quase toda a história da Mermaid Parade a maioria delas foi vista apenas pelas pessoas que as tiraram e por alguns de seus amigos. O patrocinador do desfile não fornecia aos fotógrafos nenhum meio de reunir ou compartilhar suas fotos, e os próprios fotógrafos não tomavam a iniciativa de se organizar para fazê-lo. Esse é o estado normal das coisas. Dadas as complexidades do esforço em grupo, centenas de pessoas não fazem espontaneamente muita coisa de importante, e não teria feito muito sentido alguém do lado de fora despender o esforço necessário para identificar e coordenar os fotógrafos. Alguns anos atrás, no entanto, o estado normal das coisas parou de operar.

Em 2005, pela primeira vez, cerca de cem espectadores reuniram os milhares de fotos que haviam feito da Mermaid Parade e as disponibilizaram ao público na internet. Elas eram obra de todo tipo de fotógrafos, desde amadores com câmeras de celular até profissionais com teleobjetivas. O grupo era formado sobretudo por colaboradores acidentais – a maioria das pessoas postou menos de dez fotos –, mas houve um punhado de colaboradores dedicados que compartilharam mais de cem fotos cada, e um único usuário, cujo apelido na internet era czarina, contribuiu com mais de duzentas fotos. O grupo reuniu essas fotos postando-as em um serviço chamado Flickr e dando a cada qual uma etiqueta de forma livre chamada *tag*. O resultado é que hoje qualquer pessoa pode ir ao Flickr, procurar a *tag* "mermaidparade" e ver as fotos. Essa é uma cadeia de eventos simples: pessoas fazem fotos, pessoas compartilham fotos, você vê fotos. Na verdade, é tão simples que é fácil não notar o esforço considerável envolvido nos bastidores.

O Flickr é a fonte do compartilhamento, mas aqui está o que esse serviço *não* fez para promovê-lo: não identificou a Mermaid Parade como um evento interessante, nem coordenou ou identificou os fotógrafos do desfile. O que fez foi permitir que os usuários vinculassem suas fotos a uma etiqueta (ou *tag*) de modo a organizá-las. Quando dois ou mais usuários adotaram a mesma *tag*, essas fotos foram vinculadas automaticamente. Os usuários também foram vinculados; a *tag* compartilhada tornou-se uma ponte potencial de um usuário para outro, acrescentando uma dimensão social ao simples ato de ver. A distinção entre coordenar os usuários e ajudá-los a se coordenarem a si mesmos parece insignificante, mas é de fato vital, pois só assim o Flickr pôde arcar com os custos envolvidos. Consideremos o que teria sido necessário para que o Flickr organizasse as centenas de fotógrafos amadores do desfile. Teria sido preciso que alguém no QG do Flickr soubesse de um evento obscuro que ocorria do outro lado do país (o Flickr é baseado na Califórnia). Teria sido preciso propor uma *tag* para uso do grupo, de modo a reunir as fotos postadas. Por fim, teria sido preciso comunicar a *tag* escolhida para todos os que fossem ao desfile.

Esse último passo é especialmente árduo. Quando estamos tentando nos dirigir a um grupo difuso, ficamos presos no dilema que todos os anunciantes enfrentam: como atingir as pessoas que queremos sem precisar transmitir a mensagem para todo mundo? Não é fácil encontrar pessoas da categoria "fotógrafo potencial da Mermaid Parade". O Flickr não teria como saber de antemão quem iria ao desfile. Então, teria que enviar mensagens a muito mais pessoas que aquelas que realmente compareceriam, na esperança de atingir o público certo, chamando a atenção de fotógrafos, descolados, nova-iorquinos etc., com a esperança de atingir a minúscula fração desses grupos que de fato iria ao desfile. Muitos desses anúncios seriam vistos por pessoas que não compareceriam, ao passo que a maioria das que iriam não os veria (ou não lhes daria atenção). Diante desses obstáculos, nenhuma empresa no mundo assumiria esse trabalho. O lucro pouco serviria como motivo; ninguém conseguiria vender um número suficiente de fotografias, mesmo as de biquínis com estampa de crânios, para ter condições de remunerar os fotógrafos, muito menos para obter algum lucro no fim das contas. Da mesma maneira, nenhuma agência governamental ou sem fins lucrativos abordaria o problema; nem o mais perdulário dos projetos demagogos cobriria custos de publicidade para sereias gingando com bambolês. A defasagem entre o esforço e o resultado é grande demais para ser transposta por qualquer instituição.

No entanto, lá estão as fotos. Sem despender qualquer esforço sério em nenhum conjunto individual de fotos, e sem fazer nada para coordenar ou mesmo identificar grupos de fotógrafos, o Flickr forneceu uma plataforma para os próprios usuários reunirem as fotos.

A diferença entre o valor das fotos e o custo da agregação é de caráter geral. O Flickr não se destina só a fotos de sereias dançantes, reuniões de família ou dos efeitos daquela terceira margarita; ele hospeda também fotos de amplo interesse público. O serviço forneceu algumas das primeiras fotos dos atentados que atingiram o sistema de transportes públicos de Londres em 2005, inclusive algumas feitas com câmeras de celular dentro dos túneis do metrô por pessoas antes de serem evacuadas. O serviço levou a melhor sobre muitos veículos de comunicação tradicionais ao fornecer essas fotos, porque havia poucos fotojornalistas nas partes afetadas da rede de transportes (três diferentes trens do metrô e um ônibus), mas muitas pessoas que estavam perto daqueles lugares tinham celulares com câmeras que permitiam enviar fotos por e-mail. Ter câmeras nas mãos de amadores que estavam no local era melhor que ter câmeras nas mãos de profissionais que teriam de viajar até lá.

As fotos que apareceram depois dos atentados não foram meros substitutos amadorísticos para o fotojornalismo tradicional: as pessoas fizeram mais do que apenas fornecer evidências da destruição e suas consequências. Elas fotografaram informes oficiais ("Todos os serviços de metrô estão suspensos"), avisos pregados nas paredes das escolas ("Favor não informar as crianças das explosões"), mensagens de apoio vindas do resto do mundo ("Londres, nós amamos você") e, menos de 24 horas depois dos atentados, expressões de desafio dirigidas aos terroristas ("Não estamos com medo" e "Vocês vão fracassar"). O Flickr não apenas hospedou todas essas imagens, mas também as tornou disponíveis para reutilização, e blogueiros que escreviam sobre os atentados puderam lançar mão delas quase de imediato, criando uma espécie de relação simbiótica entre várias ferramentas sociais. As imagens também granjearam comentários no site do Flickr. Um usuário identificado como Happy Dave postou uma imagem em que se lia "Estou bem", destinada a alertar os amigos que tinham se manifestado em suas imagens no Flickr; ele recebeu dezenas de mensagens de apoio nos comentários. A imagem do aviso para "não informar as crianças" gerou uma conversa sobre como conversar com crianças sobre terrorismo. As capacidades básicas de ferramentas como o Flickr invertem a velha ordem da atividade em grupo, transformando o "reúna, depois compartilhe" em "compartilhe, depois reúna". As pessoas eram capazes de se relacionar depois de, por meio das fotos, descobrirem umas as outras.

Uma mudança semelhante na transmissão de evidências aconteceu após a medonha destruição causada pelo tsunami no oceano Índico no final de 2004. Horas depois da tragédia, dezenas de fotos mostrando vários lugares afetados estavam disponíveis na web, e dias depois eram centenas. Como no caso dos atentados em Londres, não havia como dispor de fotojornalistas imediatamente no local, mas aqui o problema não foi apenas a rapidez da reação, mas a extensão dos danos, que afetaram treze países. E, como no caso de Londres, as fotos não foram usadas apenas como testemunhos; pessoas começaram a postar fotos de entes queridos desaparecidos, e vários blogs começaram a divulgá-las para ajudar a localizá-los. A foto mais visitada com a *tag* "tsunami" mostra um menininho que tinha dois anos quando se perdeu. A princípio, ela era acompanhada por uma informação de contato para ajudar na busca, mas com o passar do tempo transformou-se em um memorial contínuo; os que a viam postavam centenas de comentários de apoio e preces, e muitos destes voltavam meses depois para conferir o andamento e conversar entre si. Meses depois, quando o corpo do menino foi finalmente encontrado e identificado, várias pessoas registraram a triste notícia no Flickr, e a comunidade que havia se formado em torno da foto postou expressões de pesar e condolências à família, e depois se dissolveu.

O compartilhamento de fotos ajudou também a fornecer ao mundo um registro do golpe militar de 2006 na Tailândia. Logo após o golpe, as forças armadas impuseram restrições à transmissão de notícias pela mídia, mas não impôs (e provavelmente não conseguiria impor) restrições semelhantes a todo o povo. O resultado foi que muitas das primeiras fotos dos tanques em frente ao prédio do parlamento vieram de câmeras digitais comuns e foram postadas por indivíduos sob *tags* (Bangkok, Tailândia, Forças Armadas, Golpe). Um desses usuários foi Alisara Chirapongse, então uma universitária obcecada por moda, que usa o apelido gnarlykitty e postou as fotos do golpe em seu blog, acrescentando comentários contínuos sobre a causa e as consequências imediatas da deposição de Thaksin Shinawatra, então primeiro-ministro, pelo Exército. Quando o Exército anunciou a intenção de controlar as comunicações e proibir pronunciamentos políticos públicos, as mensagens de Alisara adquiriram uma nova urgência:

> Uma nova e pequena mudança que esta lei nos trouxe é todo esse novo nível de censura. Nada de reunião política, nada de discussão política e, claro, absolutamente nada de expressar opiniões sobre todo esse golpe disparatado. (Opa, foi isso que eu acabei de fazer?)

Alisara postava links para a Wikipédia, a enciclopédia colaborativa, que estava atuando como uma central de distribuição das últimas notícias sobre o golpe (como agora é comum). Ela também direcionou seus leitores para um abaixo-assinado pela restauração da liberdade de expressão e para uma proposta de manifestação, da qual ela depois participou e fotografou.

Por fim, quando a desorientação inicial provocada pelo golpe deu lugar à nova normalidade, Chirapongse voltou à sua vida de estudante vidrada em moda. Nas palavras dela,

> Este é o meu blog pessoal, onde costumo escrever coisas relacionadas à minha vida e às coisas de que gosto. Como minha vida é vivida aqui em Bangkok, Tailândia, não deveria surpreender a ninguém que eu às vezes blogue sobre isso. Então blogar sobre o Golpe é apenas blogar sobre algo que está acontecendo em meu país.

O resto dessa mensagem tratava de uma noite que ela passara numa boate, e na mensagem seguinte ela falava sobre como estava gostando de seu novo celular com câmera. Chirapongse não era uma jornalista em tempo integral, e sim uma cidadã com uma câmera e um blog, mas tinha participado de um assunto de significação global no exato momento em que a mídia tradicional estava sendo silenciada.

O conteúdo desses exemplos é bastante variado – o absurdo inofensivo da Mermaid Parade e a terrível gravidade dos atentados de Londres; a intervenção artificial de um golpe militar e a destruição natural do tsunami. O fio comum é a complexidade da tarefa de se reunir as fotos. Os grupos de fotógrafos eram todos latentes, isto é, só existiam *in potentia*, e teria sido necessário demasiado esforço para transformá-los em grupos reais por meios convencionais. As fotos das sereias eram muito pouco importantes para merecer algum esforço institucional. As fotos dos atentados de Londres foram feitas por pessoas que estavam no local. A destruição do tsunami espalhou-se por dezenas de milhares de quilômetros de litoral, e os usos das fotos incluíram a localização de pessoas perdidas, algo fora do escopo da atividade jornalística típica. Durante o golpe tailandês, os governantes militares conseguiram impor restrições à mídia organizada, dando aos fotógrafos amadores uma vantagem no fornecimento de imagens dos tanques nas ruas. Em cada um desses casos, o custo da coordenação dos fotógrafos em potencial teria derrotado qualquer instituição que desejasse reunir fotos com rapidez e torná-las disponíveis para o mundo todo.

A tarefa de agregar e disponibilizar as fotos não se compara, digamos, com a de levar um homem à Lua. Antes que existissem serviços como o Flickr, o que impedia que o compartilhamento de fotos acontecesse não era a dificuldade absoluta, mas a dificuldade relativa da tarefa. É óbvio que disponibilizar as fotos traz algum valor tanto para fotógrafos quanto para espectadores, mas em muitos casos esse valor nunca excedia o limiar de custo criado pelo dilema institucional. O Flickr escapou desses problemas, não aumentando sua supervisão gerencial sobre fotógrafos, mas simplesmente abandonando qualquer esperança de exercer tal supervisão, criando em vez disso ferramentas para a autossincronização de grupos que de outro modo permaneceriam latentes.

Garantindo a pontualidade dos trens

A estrutura da supervisão tradicional é muitas vezes ilustrada por um "organograma", um diagrama da hierarquia oficial da organização. Esse diagrama é a visão mais simples possível da estrutura de subordinação de uma organização. Costuma ser desenhado na forma de uma árvore invertida de caixas e setas. A caixa no topo representa a chefia da organização; as linhas que descem a partir dessa caixa a conectam com vários diretores e vice-presidentes através das camadas de gerenciamento, até que, na base, estão os soldados rasos, representados por caixas com linhas levando para cima e nenhuma para baixo. O organograma representa tanto a responsabilidade quanto os canais de comunicação – quando duas caixas estão conectadas, a que está acima é o chefe; a comunicação a partir do diretor executivo desce através das camadas de gerenciamento, ao passo que a informação proveniente dos trabalhadores sobe da mesma maneira. Comparado ao caos do mercado, o organograma traça linhas claras e óbvias de responsabilidade, e é precisamente essa clareza que permite à empresa ter um desempenho melhor que um mercado de trabalho puro.

O organograma é como um papel de parede institucional – onipresente e não muito impressionante. É curioso pensar nele como uma invenção específica, mas sua existência e forma devem muito ao ambiente em que foi amplamente usado pela primeira vez: a administração de ferrovias no século XIX. Os métodos gerenciais pioneiros foram documentados meticulosamente por Alfred Chandler no livro *The Visible Hand*. O principal problema na administração de uma ferrovia era providenciar para que trens com destino ao leste e trens com destino ao oeste pudessem partilhar o mesmo trilho, porque o custo de mais de um trilho para uma determinada linha era proibitivo. Em 1840, a Western Railroad, pioneira na construção de ferrovias mais longas, tinha de lidar com uma dúzia de trens cruzando-se em direções opostas todos os dias. Essa situação criava óbvios riscos de segurança que não demoraram a passar do plano teórico para o real: em 5 de outubro de 1841, dois trens de passageiros colidiram de frente, matando duas pessoas e deixando dezessete feridas. O acidente alarmou tanto o público quanto o Congresso e forçou as companhias ferroviárias a repensar sua administração.

Nos quinze anos seguintes as companhias investiram em uma melhor supervisão. O resultado foi que seus níveis de segurança melhoraram, mas a lucratividade caiu. Uma empresa grande como a Western podia transportar mais pessoas e cargas para mais lugares que uma companhia menor, mas o custo administrativo havia subido de maneira muito mais rápida; a Western estava de fato faturando menos dinheiro por quilômetro de trilho que suas concorrentes menores. David McCallum, um superintendente ferroviário da New York & Erie Railroad, propôs ao mesmo tempo uma explicação e uma solução para essa queda de lucratividade. Como ele formulou em seu Relatório de Superintendente de 1855:

> O superintendente de uma estrada de oitenta quilômetros de comprimento pode dedicar sua atenção pessoal à atividade e pode estar sempre envolvido na direção de seus detalhes … nessas circunstâncias, qualquer sistema, por mais imperfeito que seja, pode se provar comparativamente bem-sucedido.
>
> No governo de uma estrada de oitocentos quilômetros de comprimento, existe uma situação muito diferente. Qualquer sistema que poderia ser aplicável à atividade e à extensão de uma estrada curta se mostraria inteiramente inadequado para as necessidades de uma longa.

Mais é diferente: uma companhia ferroviária pequena podia funcionar com administração *ad hoc*, pois tinha poucos funcionários e poucos trens em trânsito, mas, à medida que a escala aumentava, os problemas de gerenciamento aumentavam mais depressa. É neste ponto que o dilema institucional se encontra com a matemática do Paradoxo dos Aniversários: não só gerenciar recursos consome recursos, mas também os desafios de gerenciamento crescem mais depressa que o tamanho da organização.

A solução que McCallum propôs para esse dilema incluía o estabelecimento de uma demarcação clara da responsabilidade por diferentes segmentos de trilho. A administração central supervisionaria divisões regionais, e estas controlariam os trens que passassem através de sua região. McCallum introduziu várias inovações formais na New York & Erie: intensa supervisão hierárquica, incluindo uma organização explicitamente divisional da companhia ferroviária, com superintendentes distintos responsáveis por diferentes partes da estrada de ferro. Ele diagramou essa forma de organização com o que talvez tenha sido o primeiro organograma comercial da história. O método foi amplamente copiado por outras companhias ferroviárias, e depois por outros tipos de empresa.

Além de revolucionar a estrutura de gerenciamento, McCallum formulou seis princípios para a administração de uma organização hierárquica. A maioria deles é o que seria de esperar (o primeiro era assegurar uma "divisão apropriada das responsabilidades"), mas o quinto merece menção: seu sistema de gerenciamento era estruturado de modo a produzir "informações, a serem obtidas por meio de um sistema de relatórios e verificações diários, que não constranjam os diretores nem reduzam a influência deles junto a seus subordinados". Se alguma vez você se perguntou por que tanta coisa que os trabalhadores de grandes organizações sabem é escondida do diretor executivo e vice-versa, cá está a explicação: a ideia de se limitar as comunicações de modo que elas fluam apenas de uma camada da hierarquia para a seguinte já fazia parte da própria concepção do sistema nos primórdios da cultura gerencial.

Organização pós-gerencial

Quando uma organização empreende uma tarefa, a dificuldade de coordenar todos precisa ser refreada de alguma maneira, e, quanto maior o grupo, mais urgente é essa necessidade. A solução comum, quase universal, é criar uma hierarquia e encaixar indivíduos nessa organização de acordo com seu papel. Nos termos de Coase, o sistema de McCallum reduziu os custos transacionais da direção de uma companhia ferroviária ao aumentar a estrutura gerencial. Essa abordagem simplifica enormemente as linhas de responsabilidade e comunicação, tornando manejáveis mesmo organizações muito grandes. Em uma organização desse tipo, os indivíduos têm de aceitar serem gerenciados, é claro, o que em geral se consegue remunerando-os e condicionando o recebimento continuado dessa remuneração à prontidão em atender às solicitações do gerente.

Uma organização só tenderá ao crescimento quando as vantagens obtidas pela direção do trabalho de mais funcionários forem maiores que os custos transacionais do gerenciamento deles. Coase concentrou sua análise em empresas comerciais, mas os problemas dos custos de coordenação aplicam-se a todo tipo de instituição. A Igreja católica e o Exército dos Estados Unidos são tão hierárquicos quanto qualquer empresa de fins lucrativos, e por muitas das mesmas razões. As camadas de estrutura entre o papa e os padres, ou entre o presidente e os recrutas, são um produto das mesmas forças que as camadas entre o superintendente geral e um condutor da New York & Erie. Essa organização hierárquica reduz os custos transacionais, mas não os elimina.

Imagine uma companhia com 1.500 funcionários, em que cada gerente é responsável por meia dúzia de pessoas. O diretor executivo tem seis vice-presidentes, cada um dos quais dirige o trabalho de seis supervisores e assim por diante. Essa companhia teria três camadas de gerenciamento entre o chefe e os trabalhadores. Se você quiser aproximar os trabalhadores do chefe, terá de aumentar o número de trabalhadores pelos quais cada gerente é responsável. Isso reduzirá o número de camadas, mas reduzirá também o tempo médio de gerenciamento dedicado a cada membro do quadro (ou obrigará todos a passar mais horas por dia comunicando-se entre si). Ao se tornar muito grande, uma organização atinge o limite implícito na teoria de Coase: em algum ponto uma instituição simplesmente não pode crescer mais e ainda continuar funcional, porque o custo de gerenciar o negócio destruirá qualquer margem de lucro. Podemos pensar nisso como um teto coaseano, o ponto acima do qual as formas institucionais comuns não funcionam bem.

A teoria de Coase nos fala também sobre os efeitos de pequenas mudanças nos custos transacionais. Quando esses custos caem em um grau moderado, podemos esperar duas coisas. Primeiro, as empresas maiores crescem. (Em outras palavras, o limite superior do tamanho da organização é inversamente relacionado aos custos de gerenciamento.) Segundo, companhias pequenas tornam-se mais eficientes, fazendo mais negócios a custo mais baixo do que o fariam em um mundo de custos transacionais elevados. Esses dois efeitos descrevem bem o mundo industrial no pós-guerra: conglomerados gigantescos como a ITT nos anos 1970 e a GE mais recentemente usaram sua sagacidade gerencial para entrar em uma enorme variedade de negócios, apenas por serem boas na administração de custos transacionais. Ao mesmo tempo, houve uma explosão de empresas de pequeno e médio portes, porque elas eram mais capazes de descobrir e aproveitar novas oportunidades.

Mas o que acontece se os custos transacionais não caem em um grau moderado? Que acontece se eles despencam? Esse cenário é mais difícil de se prever a partir da obra original de Coase, e costumava ser puramente acadêmico. Agora deixou de ser, porque isso está acontecendo, ou melhor, já aconteceu, e começamos a ver resultados.

Qualquer pessoa que tenha trabalhado em uma organização com mais de uma dezena de funcionários sabe reconhecer custos institucionais. Sempre que somos confrontados com um excesso de reuniões, de papelada ou de camadas de aprovação (vestígios de McCallum), precisamos lidar com esses custos. Até há bem pouco tempo, eles eram pouco mais que o assunto de conversas de corredor – todo mundo se queixa das despesas gerais da instituição, sem muita esperança de mudar as coisas. Nesse mundo (o mundo em que vivemos até recentemente), se você quisesse empreender uma tarefa minimamente importante, a supervisão gerencial era apenas um dos custos inerentes ao negócio.

O que acontece com tarefas que não compensam o custo da supervisão gerencial? Até pouco tempo atrás, a resposta era: "Essas coisas não são feitas." Por causa dos custos transacionais, uma longa lista de possíveis bens e serviços nunca se tornou bens e serviços reais; coisas como reunir registros amadores dos atentados ao sistema de transporte londrino estavam simplesmente fora da esfera das possibilidades. Essa coleção existe agora porque as pessoas sempre desejaram compartilhar, e os obstáculos que impediam o compartilhamento em escala global desapareceram. Pense nessas atividades como situadas abaixo de um piso coaseano; elas são valiosas para alguém, mas caras demais para serem empreendidas de qualquer maneira institucional porque os custos básicos e inevitáveis de ser uma instituição inviabilizam sua realização.

A todo momento nossos desejos e talentos humanos básicos para o esforço em grupo são obstruídos pelas complexidades da ação grupal. Coordenação, organização e até comunicação são coisas difíceis em grupos e tornam-se mais difíceis à medida que eles crescem. Essa dificuldade significa que todo e qualquer método que ajude a coordenar a ação de grupos se difundirá, por mais ineficiente que seja, contanto que seja melhor que nada. Há vários métodos para coordenar a ação de pequenos grupos, como chamar cada um de seus membros por vez ou montar uma "árvore telefônica" [*phone tree*], mas a maioria não funciona bem nem para dezenas de pessoas, muito menos para milhares. Para atividades de grande escala, os métodos que funcionavam melhor eram aqueles propostos por McCallum: organização hierárquica administrada em camadas. As estruturas organizacionais mais comuns que temos hoje são apenas as menos ruins aplicáveis à ação grupal em um ambiente de custos transacionais elevados.

Nossas novas ferramentas nos proporcionam meios de organizar o esforço em grupo sem recorrer às estratégias de McCallum. O Flickr mantém com seus fotógrafos uma relação diferente da que um jornal teria. Enquanto o negócio do jornal é dirigir o trabalho dos fotógrafos, o Flickr é apenas uma plataforma: toda e qualquer coordenação que aconteça vem dos usuários e é projetada sobre o site. Isso é estranho. Em geral, consideramos que instituições conseguem fazer mais coisas do que grupos não coordenados precisamente porque elas são capazes de dirigir seus empregados. Aqui, no entanto, temos uma situação em que o grupo de associação frouxa pode realizar algo de maneira mais eficaz que a instituição. Graças à introdução da etiquetagem gerada pelos usuários, a motivação individual dos fotógrafos – desprovida de compensação financeira – é agora suficiente para gerar vastas coleções de fotografias. Não foi por acaso que essas coleções foram reunidas sem uma instituição: elas só poderiam ter sido reunidas dessa maneira.

É aí que a lógica coaseana fica estranha. Pequenas reduções nos custos transacionais aumentam a eficiência das empresas porque as restrições do dilema institucional ficam menos severas. Grandes reduções criam atividades que não podem ser desempenhadas por empresas, nem por qualquer instituição, por mais barato que se torne executar determinada atividade, porque não há rendimento suficiente para sustentar os custos da mera existência da instituição. Enquanto o custo absoluto de organizar um grupo for alto, grupos não administrados estarão limitados a empreender pequenos esforços – uma ida ao cinema, uma viagem para acampar. Mesmo algo simples como um jantar em que cada conviva leva um prato requer alguma instituição anfitriã. Agora que é possível obter coordenação em grande escala a baixo custo, uma terceira categoria emergiu: trabalho sério e complexo empreendido sem direção institucional. Grupos sob coordenação frouxa podem realizar agora coisas antes inalcançáveis por qualquer outra estrutura organizacional, porque se situam abaixo do piso coaseano.

O custo de todo tipo de atividade grupal – compartilhamento, cooperação e ação coletiva – caiu tanto e tão depressa que atividades até então escondidas debaixo daquele piso estão vindo à luz. Não percebíamos quantas coisas estavam sob aquele piso porque, antes da era atual, a alternativa à ação institucional normalmente era nenhuma ação. As ferramentas sociais fornecem uma terceira alternativa: ação por grupos de estrutura frouxa, operando sem direção gerencial e sem o motivo do lucro.

Do compartilhamento à cooperação e à ação coletiva

Durante os últimos cem anos, a grande questão organizacional foi saber se determinada tarefa poderia ser mais bem-empreendida pelo Estado, que dirigiria o esforço de maneira planejada, ou por empresas que competiam no mercado. Esse debate baseava-se no pressuposto universal e tácito de que as pessoas não podiam simplesmente se reunir por si mesmas; a escolha entre mercados e esforço gerenciado presumia que não havia uma terceira alternativa. Agora há. Nossas redes eletrônicas estão permitindo novas formas de ação coletiva, permitindo a criação de grupos colaborativos maiores e mais distribuídos que em qualquer outro momento na história. O alcance do trabalho que pode ser levado a cabo por grupos não institucionais é um profundo desafio ao status quo.

O desmoronamento dos custos transacionais facilita a reunião de pessoas – é tão mais fácil, na verdade, que isso está mudando o mundo. A redução desses custos é a força motora subjacente à revolução atual e o elemento comum a tudo que está neste livro. Não estamos habituados a pensar na "grupidade" como uma categoria específica – as diferenças entre um seminário estudantil e um sindicato trabalhista parecem mais nítidas que suas semelhanças. É difícil ver como a jornada de Evan Guttman para recuperar o telefone é o mesmo tipo de coisa que o registro esparso do tsunami no oceano Índico. No entanto, como uma cadeia de vulcões alimentados todos pela mesma fonte de magma, as manifestações superficiais de esforços em grupo parecem bem distintas, mas a energia que impele as erupções é a mesma: a nova facilidade da reunião. Essa mudança pode ser vista como uma longa transição, embora tenha muitas manifestações, que se desdobram em diferentes velocidades em diferentes contextos. A transição pode ser descrita em linhas gerais como a resposta a duas perguntas: por que a ação grupal esteve quase totalmente limitada a organizações formais? Que está acontecendo agora para mudar isso?

Agora temos ferramentas de comunicação – e, cada vez mais, padrões sociais que fazem uso delas – que correspondem melhor a nossos desejos e talentos inatos para o esforço em grupo. Como agora podemos chegar abaixo do piso coaseano, podemos ter grupos que operam com a informalidade de uma festa de aniversário e têm alcance multinacional. O que estamos vendo na cobertura amadora do golpe tailandês, no registro do tsunami, na luta em torno do telefone de Ivanna e em inúmeros outros exemplos é o início de um período de intensa experimentação com essas ferramentas. Os vários resultados parecem muito diferentes entre si, e, à medida que formos aprendendo a usar essas novas ferramentas, eles divergirão ainda mais. A nova facilidade de reunião está causando uma proliferação de efeitos, não uma convergência, e eles diferem segundo o nível de aproximação entre os indivíduos nos vários grupos.

Podemos pensar no empreendimento em grupo como uma espécie de escada de atividades, as quais são possibilitadas ou melhoradas por ferramentas sociais. Os degraus dessa escada, por ordem de dificuldade, são o compartilhamento, a cooperação e a ação coletiva.

O compartilhamento é a atividade que menos exige dos participantes. Muitas plataformas de compartilhamento, como o Flickr, operam sobretudo de um modo "pegar ou largar", que concede o máximo de liberdade ao indivíduo que participa ao mesmo tempo em que cria o mínimo de complicações para a vida do grupo. Embora estabeleça o compartilhamento público como modo-padrão de funcionamento, o Flickr também permite aos usuários optar por mostrar fotos apenas para usuários selecionados, ou para ninguém. Compartilhar o próprio trabalho conscientemente com outros é a maneira mais simples de se beneficiar das novas ferramentas sociais. (Existem também maneiras de compartilhar sem ter ciência, como quando o Google lê as preferências de link de centenas de milhões de usuários da internet. Esses usuários estão ajudando a criar um recurso disponível à comunidade, tal como os do Flickr, mas, diferentemente do que ocorre no Flickr, as pessoas cujo trabalho o Google está agregando não estão optando ativamente por contribuir.)

A cooperação é o degrau seguinte na escada. Cooperar é mais difícil que simplesmente compartilhar porque exige que você mude seu comportamento para sincronizar-se com outras pessoas que estão mudando o delas para sincronizarem-se com você. Enquanto no compartilhamento o grupo é basicamente um agregado de participantes, a cooperação gera identidade de grupo – você sabe com quem está cooperando. Uma forma simples de cooperação, quase universal nas ferramentas sociais, é a conversa; quando estão na companhia umas das outras, mesmo de maneira virtual, as pessoas gostam de conversar. Por vezes a conversa é em palavras, por meio de e-mails, *chats* ou torpedos, e por vezes envolve outros tipos de mídia: o YouTube, o site de compartilhamento de vídeos, permite aos usuários postar novos vídeos em resposta aos que tenham visto ali. A conversa é capaz de gerar mais senso de comunidade que o compartilhamento, mas também introduz novos problemas. É notória a dificuldade de se impedir que conversas na internet se transformem em xingatório ou mera tagarelice, e ainda mais de mantê-las no assunto original. Alguns grupos não se queixam dessas situações (de fato, há comunidades na internet que adoram conversas pueris ou frívolas), mas, para qualquer grupo determinado a manter um conjunto de padrões comunais, deve existir algum mecanismo de imposição.

A produção colaborativa é uma forma mais dedicada de cooperação, pois aumenta a tensão entre os objetivos do indivíduo e do grupo. O princípio da produção colaborativa é simples: ninguém pode receber crédito individual pelo que é criado, e o projeto não pode surgir sem a participação de muitos. Estruturalmente, a maior diferença entre o compartilhamento de informação e a produção colaborativa é que nesta última pelo menos algumas decisões coletivas têm de ser tomadas. O vaivém de conversa e edição que faz a Wikipédia funcionar resulta em uma única página sobre determinado assunto (ainda que ela possa mudar ao longo do tempo). A colaboração não é um bem absoluto – muitas ferramentas operam *reduzindo* o grau necessário de coordenação, como faz o Flickr ao agregar fotos. A produção colaborativa pode ser valiosa, mas é de obtenção mais difícil que o compartilhamento, porque tudo que precisa ser objeto de negociação, como um artigo da Wikipédia, demanda mais energia que coisas que podem ser simplesmente adicionadas, como um grupo de fotos.

A ação coletiva, o terceiro degrau, é o tipo mais difícil de esforço em grupo, pois requer que um número de pessoas se comprometa a empreender determinado esforço em conjunto e a fazê-lo de maneira a tornar a decisão do grupo obrigatória para os membros individuais. Todas as estruturas de grupo criam dilemas, mas estes são mais difíceis quando envolvem ação coletiva porque a coesão grupal torna-se decisiva para seu sucesso. O compartilhamento de informação produz consciência compartilhada entre os participantes, e a produção colaborativa depende da criação compartilhada, mas a ação coletiva gera responsabilidade compartilhada, ao vincular a identidade do usuário à identidade do grupo. Em termos históricos, um jantar em que cada conviva leva um prato ou a construção de um celeiro são formas de produção colaborativa (os membros trabalham juntos para criar alguma coisa); um sindicato ou um governo, por sua vez, envolvem-se em ação coletiva, ação que é empreendida em nome dos membros e destinada a mudar alguma coisa no mundo, com frequência em oposição a outros grupos comprometidos com resultados diferentes.

A ação coletiva mais comum é descrita como a "Tragédia do Terreno Comunal", a expressão que o biólogo Garrett Hardin usou para situações em que indivíduos têm um incentivo para danificar o bem comum. A Tragédia do Terreno Comunal é um padrão simples de explicar, e, depois que o compreendemos, passamos a vê-lo em toda parte. O exemplo tradicional usa ovelhas. Imagine que você pertence a um grupo de pastores que levam suas ovelhas para pastar em um pasto comunal. É obviamente do interesse de todos manter o pasto sadio, o que exigiria que cada pastor tomasse cuidado para que suas ovelhas não consumissem demais. Enquanto todos resistirem a um comportamento ganancioso, todos se beneficiarão. Há apenas um problema com esse sistema: não são "todos" quem leva as suas ovelhas para o mercado. É você. O que o estimula, como pastor individual, é minimizar o custo de criar as ovelhas mais gordas possíveis. Todos ganham quando você modera o consumo de capim das suas ovelhas, mas você ganharia mais se fosse um aproveitador, isto é, se as deixasse empanturrar-se à vontade de capim gratuito.

Mesmo depois de compreender isso, você ainda pode se abster do que seria em última análise uma estratégia nefasta, uma vez que seria ruim para todos os demais. Mas então uma outra ideia, ainda mais horrível, lhe ocorre: todos os outros pastores farão o mesmo raciocínio que você, e basta que um só decida deixar as ovelhas se fartarem para que toda a sua boa ação acabe servindo apenas para favorecê-lo. Vista sob essa luz, decidir-se por não superconsumir depende de que todos os outros tomem a mesma decisão, o que a torna de fato muito frágil. Assim que qualquer um dos outros pastores mantiver suas ovelhas no pasto uma hora além do necessário, só resta a você retaliar fazendo o mesmo. E esta é a Tragédia do Terreno Comunal: embora cada pessoa possa concordar que todos se beneficiariam da restrição comum, os estímulos dos indivíduos se contrapõem a esse resultado.

As pessoas que se beneficiam de um recurso sem nada fazer em troca são aproveitadores. As sociedades em geral têm usado duas alternativas para lidar com o problema dos aproveitadores. A primeira é a eliminação do terreno comunal, transferindo-se a propriedade de partes dele para indivíduos, todos os quais têm estímulos para proteger os próprios recursos. Se cada um de seis pastores torna-se dono de um sexto do antigo terreno comunal, o problema do superconsumo passa a ser pessoal, não mais social. Se você desgasta seu quinhão, é você que sofrerá as futuras consequências, não seu vizinho. A segunda maneira é a governança, ou, nas palavras de Hardin, "a coerção mútua, mutuamente consentida". Essa solução impede os atores individuais de agir com base em seus próprios interesses e não nos do grupo. É por causa da Tragédia do Terreno Comunal que os impostos nunca são voluntários – as pessoas optariam por não pagar pela manutenção das estradas se pensassem que seus vizinhos pagariam. É também por isso que restaurantes costumam estabelecer uma gorjeta automática para grupos grandes – quando um número bastante elevado de pessoas está comendo, todos se sentem à vontade para dar uma contribuição menor para a gorjeta do grupo, mesmo que o façam de maneira inconsciente.

A ação coletiva envolve desafios de governança ou, em outras palavras, regras para a perda. Em qualquer grupo decidido a empreender uma ação coletiva, diferentes membros expressarão diferentes opiniões. Sempre que uma decisão for tomada em nome do grupo, pelo menos alguns membros terão sua vontade contrariada, e quanto maior for o grupo, ou quanto mais decisões forem tomadas, com mais frequência isso acontecerá. Para que um grupo empreenda ações coletivas, deve haver uma visão compartilhada forte o bastante para mantê-lo unido, apesar de decisões periódicas que certamente desagradarão a pelo menos alguns membros. Por essa razão, é mais difícil organizar uma ação coletiva do que o compartilhamento de informação ou a criação colaborativa. Na atual difusão das ferramentas sociais, exemplos reais de ação coletiva – em que um grupo age no interesse de todos os seus membros, que deverão compartilhar as consequências – ainda são relativamente raros.

A vantagem essencial criada pelas novas ferramentas sociais foi rotulada de "formação de grupos ridiculamente fácil" pelo cientista social Seb Paquet. Nossas recentes redes de comunicação – a internet e os telefones celulares – são uma plataforma para a formação de grupos, e muitas das ferramentas construídas para essas redes, listas de discussão até celulares com câmera, tomam isso como ponto pacífico e o estendem de várias maneiras. A formação de grupos ridiculamente fácil importa porque o desejo de ser parte de um grupo que compartilha, coopera ou atua de comum acordo é um instinto humano básico que sempre foi limitado por custos transacionais. Agora que a formação de grupos passou de difícil a ridiculamente fácil, estamos vendo uma explosão de experimentos com novos grupos e novos tipos de grupo.

3. Todo mundo é um veículo de comunicação

Nossas ferramentas sociais removem obstáculos mais antigos à expressão pública, eliminando assim os gargalos que caracterizavam os meios de comunicação de massa. O resultado é a amadorização em massa de esforços antes reservados a profissionais da mídia.

Meu tio Howard era um jornalista de cidade pequena, publicando o jornal local de Richmond, Missouri (5 mil habitantes). O jornal, fundado por meu avô, era o negócio da família, e tinta corria em suas veias. Ainda me lembro dele bradando a respeito da ascensão do *USA Today*; ele o criticava como "TV no papel" e o apontava como mais uma prova do emburrecimento da cultura americana, mas também compreendia o desafio que o grande jornal estabelecia, com sua impressão em cores e distribuição nacional. O *Richmond Daily News* e o *USA Today* estavam no mesmo negócio; apesar da diferença de escala e alcance, Howard percebeu de imediato o que o *USA Today* pretendia.

A despeito da obsessão do meu tio, o *USA Today* acabou não sendo nem de longe a ameaça que o pessoal dos velhos jornais temia. Ele tomou uma fatia do mercado de outros jornais, mas o efeito não foi catastrófico. O catastrófico foi uma mudança menos visível, porém mais significativa, que já ganhava impulso quando o *USA Today* foi lançado. A principal ameaça ao *Richmond Daily News*, e de fato a todos os jornais, pequenos e grandes, não era a concorrência de outros jornais, mas mudanças radicais no ecossistema global da informação. A ideia de que alguém podia fabricar impressoras de quatro cores que funcionassem 24 horas por dia era de fácil compreensão. A ideia de que a transmissão de notícias por meio de papel poderia se tornar uma ideia ruim, que todas aquelas imensas e barulhentas impressoras poderiam ser comparadas a motores a vapor nos tempos da combustão interna, era quase impenetrável. Howard podia imaginar alguém fazendo melhor o que ele fazia. Não podia imaginar alguém tornando o que ele fazia obsoleto.

Muitas pessoas na indústria jornalística, as mesmas que temiam os efeitos de uma concorrência como a do *USA Today*, não perceberam a significância da internet. Para pessoas com uma atitude profissional, é difícil compreender como algo que não é produzido profissionalmente poderia afetá-las – a internet não só não é um jornal, como também não é uma empresa, nem sequer uma instituição. Havia uma espécie de parcialidade narcísica na profissão; as únicas ameaças que os jornalistas tendiam a levar a sério eram as representadas por outros meios de comunicação profissionais, fossem jornais, canais de TV ou estações de rádio. Isso os levou a se defender contra a coisa errada quando os amadores começaram a produzir material por si sós. Mesmo quando sites como o eBay e o Craigslist já sugavam as receitas dos anúncios que sustentavam os jornais – ofertas de empregos, anúncios classificados, imóveis – e blogs já permitiam que pessoas como gnarlykitty escrevessem para o planeta inteiro de graça, os executivos dos jornais do mundo todo demoraram a compreender a mudança, e demoraram ainda mais para reagir. Como isso pôde acontecer? Como pôde a indústria jornalística deixar escapar um desafio tão óbvio e grave para seu negócio? A resposta é o reverso da obsessão de Howard com o *USA Today* e tem a ver com a natureza da autodefinição (e ocasional autoenganação) profissional.

Uma profissão existe para resolver um problema difícil que requeira algum tipo de especialização. Dirigir um carro de corrida requer treinamento especial – pilotos de corrida são profissionais. Dirigir um carro comum, porém, não requer que o motorista pertença a determinada profissão, porque é fácil o bastante para estar ao alcance da maioria dos adultos com um mínimo de treinamento. A maioria das profissões existe porque há um recurso escasso que requer administração constante: bibliotecários são responsáveis pela organização de livros nas estantes, executivos de jornal são responsáveis pela decisão do que deve sair na primeira página. Nesses casos, a própria escassez do recurso cria a necessidade de uma classe profissional – há poucos bibliotecários, mas muitos leitores, há poucos canais, mas muitos espectadores. Os profissionais tornam-se porteiros [*gatekeepers*]: ao mesmo tempo fornecendo e controlando acesso a informação, entretenimento, comunicação ou outros bens efêmeros.

Rotular algo como profissão significa definir as maneiras pelas quais aquilo é mais que um mero trabalho. No caso dos jornais, o comportamento profissional é guiado tanto pelo imperativo comercial quanto por um conjunto adicional de normas sobre o que são os jornais, como devem ser guarnecidos de funcionários e administrados, o que constitui bom jornalismo e assim por diante. Essas normas são impostas não pelos clientes, mas por outros profissionais do mesmo ramo. A chave para qualquer profissão é a relação de seus membros uns com os outros. Em uma profissão, os membros são guiados apenas em parte pelo serviço ao público. Em seu magistral *Bureaucracy*, o sociólogo da UCLA James Q. Wilson propôs esta definição: "Um profissional é alguém que recebe importantes recompensas ocupacionais de um grupo de referência em que só são admitidas pessoas que receberam uma educação formal especializada e aceitaram um código de conduta apropriada definido pelo grupo." É uma definição complexa, mas as duas ideias principais aplicam-se a editores de jornal (bem como a jornalistas, advogados e contadores): um profissional aprende coisas de uma maneira que o diferencia da maior parte do povo e, ao decidir como fazer seu trabalho, presta tanta atenção (ou mais) ao juízo de seus pares quanto ao dos clientes.

Uma profissão torna-se, para seus membros, uma maneira de compreender o mundo. Os profissionais veem o mundo através de uma lente criada por outros membros de sua profissão; para os jornalistas, as recompensas de um Prêmio Pulitzer referem-se sobretudo ao reconhecimento de outros jornalistas.

Em geral, a consistência interna do juízo profissional é uma boa coisa – não queremos apenas padrões elevados de educação e competência, queremos que eles sejam criados e impostos por outros membros da mesma profissão, uma estrutura que é quase a definição de profissionalismo. Por vezes, contudo, a atitude profissional pode se tornar uma desvantagem, impedindo as próprias pessoas que mais têm em jogo – os profissionais – de compreender importantes mudanças na estrutura de sua profissão. Em particular, quando uma profissão foi criada em função de alguma escassez, como no caso dos bibliotecários ou dos programadores de televisão, os profissionais costumam ser os últimos a perceber quando a escassez desaparece. É mais fácil compreender a ameaça da concorrência que a da obsolescência.

Em qualquer profissão, especialmente uma tão antiga que ninguém se lembra do tempo em que não existia, os membros tendem a confundir soluções provisórias para problemas particulares com verdades absolutas sobre o mundo. Isso se aplica aos jornais de hoje e aos meios de comunicação em geral. As indústrias da mídia foram as primeiras e as mais afetadas pela queda brusca que os custos da comunicação sofreram recentemente. Antes, era difícil levar palavras, imagens e sons do criador para o consumidor, e a maioria das empresas de comunicação envolve um gerenciamento dispendioso e complexo desse problema de canalização, seja dirigindo uma gráfica ou uma gravadora. Em troca da ajuda que prestam na superação desse problema, as empresas de comunicação conseguiram exercer considerável controle sobre a mídia e extrair consideráveis receitas do público. Como a viabilidade comercial da maioria das empresas de comunicação envolve o fornecimento dessas soluções, a preservação dos problemas originais tornou-se um imperativo econômico. Agora, porém, os problemas de produção, reprodução e distribuição são muito menos sérios. Em consequência, o controle sobre a mídia está menos completamente nas mãos dos profissionais.

No tocante às novas capacidades, a copiabilidade perfeita e ilimitada é algo extraordinário, e agora essa capacidade existe nas mãos de qualquer pessoa que tenha um computador. Os meios digitais de distribuição de palavras e imagens roubaram dos jornais a unidade que antes possuíam, revelando o objeto físico do jornal como uma solução meramente provisória: agora cada artigo é uma seção à parte. A questão de importância permanente é como a sociedade será informada das notícias do dia. O jornal costumava ser uma resposta bastante boa, mas, como todas as respostas semelhantes, ela dependia de quais outras soluções estavam disponíveis. A televisão e o rádio obviamente mudaram a paisagem em que o jornal operava, mas mesmo depois disso a mídia impressa detinha o monopólio da palavra escrita – até que surgiu a web. Ela não introduziu um novo concorrente no antigo ecossistema, como o *USA Today* fizera. Ela criou um novo ecossistema.

Durante muito tempo encaramos o jornal como um objeto coerente por ter se mantido estável por tanto tempo, mas não há nenhuma conexão lógica entre seus muitos elementos: relatos do Iraque, resultados esportivos e classificados de tudo quanto há, de sapatos a imóveis – tudo isso existe lado a lado em um pacote idiossincrático. O que dá forma a um jornal é basicamente o custo do papel, da tinta e da distribuição; um jornal é qualquer grupo de itens impressos que um editor consiga reunir e entregar de maneira lucrativa. O corolário também é verdadeiro: o que não entra em um jornal é qualquer coisa cara demais para ser impressa e entregue. O velho negócio do jornal – notícias do mundo misturadas com horóscopos e anúncios de pizzaria – chegou ao fim. O futuro apresentado pela internet é a amadorização em massa da capacidade de publicação e uma mudança de "Por que publicar isto?" para "Por que não?".

Os dois imperativos organizacionais básicos – adquira recursos, depois os utilize para perseguir algum objetivo ou projeto – impõem a toda organização o dilema institucional, quer seu objetivo seja salvar almas ou vender sabão. A pergunta que a amadorização em massa faz à mídia tradicional é: "O que acontece quando os custos de reprodução e distribuição desaparecem? O que acontece quando não há mais nada exclusivo na atividade de se publicar, porque os próprios usuários podem fazer isso?" Estamos começando a ver a resposta a essa pergunta.

Blogs e amadorização em massa

Pouco depois de reeleito em 2002, Trent Lott, o senador sênior pelo estado do Mississippi e então líder da maioria, fez um discurso no aniversário de cem anos de Strom Thurmond. Senador republicano pela Carolina do Sul, Thurmond aposentara-se havia pouco tempo, após uma longa carreira política que incluía uma candidatura à presidência em 1948 com uma plataforma abertamente segregacionista. Na festa do centenário do ex-senador, Lott evocou e louvou a campanha presidencial de cinquenta anos antes e lembrou o apoio que o Mississippi lhe dera: "Quero dizer isto sobre o meu estado: quando Strom Thurmond concorreu à presidência, nós votamos nele. Orgulhamo-nos disso. E, se o resto do país tivesse seguido nosso exemplo, também não teríamos tido todos esses problemas ao longo de todos esses anos." Duas semanas mais tarde, tendo sido repreendido pelo presidente Bush, por políticos e pela imprensa tanto de direita quanto de esquerda por esse comentário, Lott anunciou que não procuraria continuar como líder da maioria no novo Congresso.

Essa teria sido uma história clássica de cobertura negativa da imprensa alterando uma carreira política – a não ser pelo fato de que, na verdade, a imprensa não cobriu a história, pelo menos não de início. Na realidade, a história quase passou completamente despercebida dela. Isto não quer dizer que a imprensa a tenha ignorado intencionalmente, ou mesmo suprimido de maneira ativa; vários repórteres da imprensa noticiosa nacional ouviram a fala de Lott, mas seu comentário simplesmente não se encaixava no paradigma tradicional das notícias. Como o aniversário de Thurmond foi coberto como uma homenagem, e não como um evento político, o conteúdo propriamente dito da noite foi considerado de antemão relativamente sem importância. Uma suposição relacionada é que uma notícia que não é importante um dia também não é importante no dia seguinte, a menos que alguma coisa tenha mudado. A festa de aniversário de Thurmond aconteceu em uma noite de quinta-feira, e a imprensa deu aos comentários de Lott muito pouca atenção na sexta-feira. Não ter escrito sobre isso na sexta-feira, por sua vez, tornou-se uma razão para não o fazer no sábado, porque, se não havia notícia na sexta-feira, haveria muito menos no sábado.

William O'Keefe, do *Washington Post*, um dos poucos repórteres a julgar o comentário de Lott importante, explica assim o dilema: "Seria preciso ter havido uma reação" que a rede pudesse transmitir juntamente com o comentário de Lott, e "não tínhamos registro de nenhuma reação" disponível na noite da festa, quando a notícia ainda estava fresca. Na segunda noite, acrescenta ele, "você está lidando com o ciclo noticioso: 24 horas depois, isso é notícia velha". Como uma mensagem atrasada para um amigo, a falta de reação inicial teria tornado obrigatório, em qualquer versão posterior, um pedido de desculpas por não se ter escrito antes.

Dada essa supressão espontânea – histórias velhas nunca são revistas sem que surja um novo ângulo –, o que manteve o caso vivo não foi a imprensa, mas blogueiros liberais e conservadores, para os quais lembranças afetuosas da segregação racial eram inadmissíveis, fossem ou não mensagens de felicitação a um aniversariante, e que não tinham nenhuma noção do funcionamento do ciclo noticioso. No fim de semana que se seguiu ao comentário de Lott, blogs com milhões de leitores não se contentaram em relatá-lo, mas começaram a opinar a respeito. Entre os autores desses textos estavam alguns conservadores cultos, como Glenn Reynolds, do blog Instapundit, que escreveu: "Mas dizer, como fez Lott, que o país estaria em melhor situação se Thurmond tivesse vencido em 1948 é, bem, é prova de que Lott não deveria ser líder da maioria para os republicanos, para início de conversa. E isso só para início de conversa. É um sentimento tão pernicioso e maluco como desejar que Gus Hall [um perene candidato comunista à presidência] tivesse sido eleito."

Outros começaram a ir mais fundo, causando dano ainda maior à imagem de Lott. Depois que a história surgiu, Ed Sebesta, que mantém um banco de dados de materiais relacionados à nostalgia da Confederação dos Estados Unidos, forneceu a blogueiros informações sobre Lott, incluindo uma entrevista do início dos anos 1980 no *Southern Partisan*, uma revista neoconfederada. A simples história da festa de aniversário começou a parecer parte de um padrão de dizer, há décadas, uma coisa ao grande público e outra a seus partidários.

Como o caso do telefone perdido de Ivanna (no Capítulo 1), a história do banco de dados de Sebesta envolve uma ligação entre esforço individual e atenção de grupo. Assim como Evan Guttman beneficiou-se do conhecimento especializado dos seus leitores, os blogueiros que postavam sobre Lott se beneficiaram do profundo conhecimento de Sebesta sobre o passado racista dos Estados Unidos, em particular sobre o histórico de louvores de Lott a esse passado. Um fato de especial relevância foi que os blogueiros não precisaram encontrar Sebesta – ele os encontrou. Antes de nossa atual geração de ferramentas de coordenação, um fissurado informal em política como Sebesta e comentaristas amadores como os blogueiros teriam tido dificuldade em até mesmo descobrir que possuíam interesses mútuos, mais ainda em conseguir fazer alguma coisa com essa informação. Agora, no entanto, o custo de encontrar pessoas de pensamentos afins caiu e, o que é mais importante, se desprofissionalizou.

Como os blogs mantiveram a história viva, sobretudo entre republicanos libertários, Lott acabou decidindo reagir. O momento fatídico veio cinco dias depois do discurso, quando ele divulgou um fraco pedido de desculpas por sua observação anterior, caracterizando-a como uma "escolha infeliz de palavras". A declaração tinha a intenção evidente de pôr uma pedra sobre o assunto, mas Lott não havia levado em conta a nova dinâmica da cobertura da imprensa. Depois que ele se desculpou, os veículos de comunicação tiveram ensejo para cobrir as desculpas como fato noticioso, citando o discurso original como pano de fundo. Apenas três veículos de comunicação haviam coberto o comentário original, mas uma dúzia deles cobriu o pedido de desculpas no dia em que foi feito, e 21 o fizeram no dia seguinte. O ciclo noticioso tradicional simplesmente não se aplicou nessa situação; o caso de repente passara de "algo que não merece cobertura" para "furo".

Até recentemente, "notícia" significava duas coisas diferentes: acontecimentos dignos de nota e acontecimentos cobertos pela imprensa. Naquele ambiente, o que identificava alguma coisa como notícia era o julgamento profissional. A posição do veículo de comunicação (a própria expressão atesta a escassez de instituições que eram capazes de publicar informação) era semelhante à do árbitro hipotético que diz: "Alguns lances são válidos, outros são inválidos, mas nada é coisa nenhuma até que eu diga o que é." Esse sistema sempre provocou resmungos, em função de que algumas das coisas que a imprensa cobria não mereciam ser notícia (políticos em inaugurações) e que acontecimentos dignos de nota não recebiam a devida atenção (insira seu assunto favorito aqui). Apesar das queixas, porém, a ligação básica entre o que era digno de nota e o que era publicado se mantinha porque não parecia haver alternativa. O que o caso de Lott nos mostrou é que agora essa ligação está rompida. Doravante uma notícia pode penetrar na consciência pública sem a ação da imprensa tradicional. Na verdade, a mídia jornalística pode acabar cobrindo a história *porque* ela penetrou na consciência pública por outros meios.

Há várias razões para essa mudança. A estruturação profissional da visão de mundo, tal como exemplificada pelas decisões de tratar o comentário de Lott como uma história de festa de aniversário, não se estendia aos amadores sob coordenação frouxa que publicavam por conta própria. A decisão de não divulgar o elogio de Trent Lott a uma campanha política racista demonstra uma uniformidade potencial na atitude da imprensa. Em um mundo no qual uma dúzia de editores, todos pertencendo à mesma classe profissional, pode decidir publicar ou abafar um evento nacional, uma informação que potencialmente seria de interesse geral pode deixar de ser publicada, não devido a uma conspiração, mas porque os editores têm tendências profissionais associadas aos desafios semelhantes que encontram e às ferramentas semelhantes que usam para abordá-los. A amadorização em massa da publicação anula as limitações inerentes à existência de um número restrito de veículos tradicionais de comunicação.

À medida que reconheceram o crescente volume de conteúdo publicado de maneira independente na internet, muitas companhias de mídia compreenderam corretamente que a credibilidade de cada veículo de comunicação era menor que a de veículos estabelecidos como o *New York Times*. O que não assimilaram, porém, foi que a facilidade de se publicar significa que há um número muito maior de veículos. A mesma ideia, publicada em dezenas ou centenas de lugares, pode ter um efeito amplificador mais importante que o veredito de um número menor de meios de comunicação profissionais. (Isto não significa que a mera repetição torne uma ideia correta; a publicação amadora baseia-se mais ainda que a tradicional em argumentação corretiva.) A mudança não consiste na substituição de um tipo de instituição noticiosa por outro; está na definição de notícia: esta deixa de ser uma prerrogativa institucional para ser parte de um ecossistema de comunicações, ocupado por uma mistura de organizações formais, coletivos informais e indivíduos.

É tentador considerar os blogueiros que escreveram sobre Trent Lott ou as pessoas que fotografaram o tsunami no oceano Índico como uma nova safra de jornalistas. O rótulo tem óbvio apelo conceitual. O problema, porém, é que profissionalização em massa é um oximoro, já que uma classe profissional implica uma função especializada, testes mínimos de competência e uma minoria de membros. Nenhuma dessas condições está presente nos blogs políticos, no compartilhamento de fotos ou em várias outras ferramentas de autopublicação. Os blogs individuais não são apenas sites alternativos de publicação; eles são alternativas à própria publicação enquanto atividade própria dos editores, uma classe minoritária e profissional. Da mesma maneira que você não precisa ser um motorista profissional para dirigir, não precisa mais ser um editor profissional para publicar. A amadorização em massa é um resultado da difusão radical de capacidades expressivas, e o precedente mais óbvio foi aquele que deu origem ao mundo moderno: a difusão da imprensa cinco séculos atrás.

Em louvor dos escribas

Consideremos a posição de um escriba no início do século XV. A habilidade de escrever, uma das realizações máximas da inventividade humana, era um feito de difícil consecução e, por isso, raro. Só uma pequenina parcela da população sabia de fato escrever, e a sabedoria das eras estava codificada em manuscritos frágeis e sujeitos à deterioração. Nesse ambiente, um pequeno grupo de escribas desempenhava o serviço essencial de refrescar a memória cultural. Ao copiar à mão novas edições de manuscritos existentes, eles executavam uma tarefa que não podia ser executada de nenhuma outra maneira. O escriba era o único bastião contra a significativa perda intelectual. Sua função era indispensável, e suas habilidades eram insubstituíveis.

Agora considere a posição do escriba no final do século XV. A invenção do tipo móvel por Jòhannes Gutenberg em meados do século havia causado uma súbita e imensa redução na dificuldade de reproduzir uma obra escrita. Pela primeira vez na história, o tempo necessário para copiar um livro podia ser menor que o necessário para lê-lo. Um escriba, alguém que dedicou a vida à habilidade de escrever como uma virtude cardeal, teria sentimentos conflitantes com relação ao significado do tipo móvel. Afinal, se os livros são bons, maior quantidade de livros é sem dúvida melhor ainda. Ao mesmo tempo, porém, era a própria escassez da habilidade de escrever que conferia primazia ao esforço do escriba, e seu modo de vida baseava-se nessa escassez. Quando as habilidades do escriba tornaram-se eminentemente substituíveis, sua função – fazer cópias de livros – podia ser melhor desempenhada se a tradição fosse ignorada, não preservada.

Duas coisas são verdadeiras com relação à remodelação da paisagem intelectual europeia durante a Reforma Protestante: primeiro, ela não foi causada pela invenção do tipo móvel, e segundo, ela só foi possível depois dessa invenção, que ajudou a rápida disseminação das queixas de Martinho Lutero sobre a Igreja católica (as *Noventa e cinco teses*) e a difusão da Bíblia impressa em línguas locais, entre outros efeitos. Manter essas duas ideias em mente é essencial para a compreensão de qualquer mudança social impelida por uma nova capacidade tecnológica. Como os efeitos sociais produzem-se com décadas de atraso em relação aos tecnológicos, as verdadeiras revoluções não envolvem uma transição ordenada do ponto A para o ponto B. Na realidade, A é sucedido por um longo período de caos, e só depois se chega a B. Nesse período caótico, os velhos sistemas esfacelam-se muito antes que os novos se tornem estáveis. No final do século XV, os escribas coexistiam com impressores, mas não desempenhavam mais um serviço insubstituível. No entanto, apesar de serem substituídos em sua função essencial, a percepção que eles tinham de si mesmos como essenciais continuou inalterada.

Em 1492, quase meio século após a aparição do tipo móvel, Johannes Trithemius, abade de Sponheim, foi impelido a fazer uma defesa apaixonada da tradição dos escribas, *De Laude Scriptorum* (literalmente, "em louvor dos escribas"). Nessa obra, ele expôs os valores e as virtudes da tradição dos escribas: "O monge devoto obtém quatro benefícios particulares da escrita: o tempo, um bem precioso, é proveitosamente gasto; seu pensamento é iluminado à medida que ele escreve; seu coração é despertado para a devoção; e na outra vida ele é recompensado com um prêmio singular." Observe que os benefícios da tradição são apresentados como recebidos exclusivamente pelos escribas, não pela sociedade.

A posição do abade teria sido mera arenga reacionária ("Devemos preservar a velha ordem a qualquer preço"), não fosse por um detalhe. Se, em 1492, você tivesse escrito um tratado e quisesse vê-lo amplamente disseminado, o que faria? Mandaria imprimi-lo, é claro, e foi isso mesmo que o abade fez. O próprio *De Laude Scriptorum* não foi copiado por escribas; foi montado em tipos móveis, de modo a produzir grande quantidade de cópias de maneira barata e rápida – coisa para a qual escribas eram completamente inadequados. O conteúdo do livro louvava os escribas, mas sua forma impressa os arruinava; o meio solapava a mensagem.

Há uma hipocrisia instrutiva aqui. Um profissional muitas vezes se torna um porteiro, exercendo uma função social necessária ou desejável, mas também controlando essa função. Algumas vezes esse controle é exercido de maneira explícita (só juízes podem condenar alguém à prisão, só médicos podem realizar cirurgias), mas outras ele está embutido na tecnologia, como no caso dos escribas, que dominavam a tecnologia da escrita. É preciso despender considerável esforço para manter a disciplina e a estrutura da profissão. Os escribas existiam para acelerar a difusão da palavra escrita, mas, quando surgiu uma maneira melhor de fazer isso, que não os envolvia, o abade de Sponheim interveio para afirmar que preservar o modo de vida do escriba era mais importante que cumprir sua missão por outros meios.

A imagem que os profissionais têm de si mesmos e sua autodefesa, tão valiosas em tempos comuns, tornam-se uma desvantagem em tempos revolucionários, porque esses profissionais estão sempre preocupados com ameaças à atividade. Na maior parte dos casos, essas ameaças são também ameaças à sociedade; não queremos ver um relaxamento dos padrões no credenciamento de um cirurgião ou um piloto. Em alguns casos, porém, a mudança que ameaça a profissão beneficia a sociedade, como fez a popularização da imprensa; mesmo nessas situações os profissionais certamente se importarão mais com sua autodefesa do que com o progresso. O que antes era um serviço tornou-se um gargalo. A maioria das organizações acredita ter muito mais liberdade de ação e capacidade de moldar seu futuro do que realmente tem, e evidências de que o ecossistema esteja mudando de maneiras que elas não podem controlar costumam gerar considerável ansiedade, mesmo que a mudança seja boa para a sociedade como um todo.

A amadorização em massa desintegra categorias profissionais

Hoje a profissão de escriba parece absurdamente antiquada, mas o hábito de atrelar categorias profissionais a processos mecânicos segue firme e forte. A definição de jornalista, aparentemente uma profissão robusta e estável, também está presa a formas particulares de produção.

Em 2006, Judith Miller, então repórter do *New York Times*, passou 85 dias na cadeia por recusar-se a revelar suas fontes em uma investigação federal em curso, tornando-se uma *cause célèbre* para repórteres nos Estados Unidos. Ela acabou por ceder, depois que as fontes a dispensaram de qualquer obrigação de sigilo, e foi libertada, mas a essa altura sua prisão gerara um grande mal-estar com relação ao destino do privilégio jornalístico – o direito dos jornalistas de oferecer garantia de sigilo para convencer possíveis fontes a cooperar. Embora exista alguma espécie de proteção legal para jornalistas em 49 dos cinquenta estados americanos, não há nada de equivalente na legislação federal. Vendo o risco de prisão federal de jornalistas na falta dessa proteção, vários membros do Congresso propuseram projetos para criá-la. O surpreendente, porém, é que o que parecia uma simples questão técnica – aprovar em nível federal o mesmo tipo de lei que existia na maioria dos estados – revelou-se não só complexo, mas potencialmente impossível, e as dificuldades se originaram de uma questão simples: quem, exatamente, deveria desfrutar do privilégio jornalístico?

A resposta tautológica é que tais privilégios deveriam caber aos jornalistas, mas quem são os jornalistas? Segundo o *Oxford English Dictionary*, jornalista é "uma pessoa que escreve para jornais ou revistas ou prepara notícias para serem transmitidas por rádio ou televisão". É uma definição estranha, que fornece uma descrição de jornalismo condicionada a um emprego. Nessa versão, jornalistas não são jornalistas a menos que trabalhem para editores, e editores não publicam a menos que possuam os meios de produção. A definição funcionou durante décadas, porque os laços entre jornalistas, editores e os meios de produção eram fortes. Enquanto a publicação fosse dispendiosa, os editores seriam raros. Enquanto os editores fossem raros, seria fácil listá-los e, portanto, identificar os jornalistas como seus funcionários. Essa definição, por mais oblíqua que seja, serviu para fornecer o equilíbrio legal que queremos do privilégio jornalístico – temos uma classe profissional comprometida com a verdade, à qual é concedida certa margem para evitar uma cooperação com a lei. Não precisávamos temer, ao definir esses privilégios, que eles de alguma forma viessem a ser generalizados, porque não era provável que qualquer pessoa pudesse se tornar um editor.

E agora é assim. É exatamente assim. Em princípio, qualquer pessoa no mundo desenvolvido pode publicar qualquer coisa em qualquer momento, e no mesmo instante o material publicado torna-se globalmente disponível e facilmente encontrável. Se qualquer um pode ser editor, qualquer um pode ser jornalista. E, se qualquer um pode ser jornalista, o privilégio jornalístico torna-se de repente uma brecha larga demais para ser suportada pela sociedade. Para preservar a capacidade da justiça de revelar e processar más ações, concedendo ao mesmo tempo uma válvula de segurança para a reportagem investigativa, o privilégio jornalístico tem de se aplicar a uma minoria de pessoas. Imagine o que seria, em um mundo no qual qualquer blogueiro pudesse reivindicar proteção, tentar compelir alguém a testemunhar sobre um negócio questionável de um amigo: "Ah, não posso testemunhar sobre isso. Como venho escrevendo um blog sobre esse assunto, o que ele me contou é confidencial."

Mas tampouco podemos simplesmente excluir os blogueiros. Muitos blogueiros bem-informados são jornalistas, como o correspondente de guerra Kevin Sites, que, demitido da CNN por blogar, passou a fazê-lo por conta própria; ou Rebecca Mackinnon, que, depois de trabalhar na CNN, foi cofundadora do Global Voices, dedicado a difundir a atividade dos blogs pelo mundo inteiro; ou Dan Gillmor, um jornalista do *San Jose Mercury News* que blogava enquanto trabalhava no jornal e continuou a fazê-lo depois. É tentador abrir uma exceção e considerar esses blogueiros como jornalistas, porque eles eram isso antes dos blogs, mas tal medida seria, em essência, ignorar o blog como uma forma, já que só as pessoas ungidas por algum outro tipo mais antigo de mídia poderiam ser jornalistas. Essa ideia preserva o que há de mais errado na definição original de jornalista, a saber, sua falta de consistência interna, que a torna dependente da propriedade de mecanismos de publicação. Essa definição excluiria Ethan Zuckerman, cofundador do Global Voices com Rebecca Mackinnon; é difícil imaginar alguma definição congruente de jornalista que inclua esta última e exclua o primeiro, mas é também difícil imaginar alguma definição que inclua Zuckerman sem abrir a porta para incluir dezenas de milhões de blogueiros, um grupo grande demais para ser aceitável. Ela excluiria Xeni Jardin, uma colaboradora do muito visitado blog Boing Boing que, graças a seus posts, ganhou um quadro na National Public Radio. Jardin se tornou jornalista depois que a NPR a ungiu? Sua atividade de blogueira para Boing Boing se tornou jornalismo depois disso? E quanto aos posts anteriores – se converteram retroativamente em trabalho jornalístico? E assim por diante.

A resposta simples é que não há nenhuma resposta simples. O privilégio jornalístico baseia-se na escassez anterior da publicação. Quando era fácil reconhecer quem era o editor, era fácil descobrir quem eram os jornalistas. Podíamos considerá-los uma categoria profissional (e portanto uma minoria). Agora a escassez desapareceu. Diante da nova abundância de opções de publicação, só nos restou ir acrescentando itens à lista dos possíveis veículos a que o jornalismo está associado – jornais e televisão, e agora blogs, videoblogs, podcasts etc. Mas estes últimos itens da lista são diferentes porque não têm nenhuma escassez inerente. Qualquer pessoa pode ser um editor (e frequentemente é). Nunca haverá um momento em que nos perguntaremos, como sociedade: "Queremos isso? Queremos as mudanças que o novo fluxo de produção, acesso e difusão da informação vai ocasionar?" Isso já aconteceu; de muitas maneiras, é melhor encarar o surgimento de redes de formação de grupos não como uma invenção, mas como um evento, algo que aconteceu no mundo e não pode ser desfeito. Como no caso da imprensa tipográfica, a perda de controle profissional será ruim para muitas instituições essenciais da sociedade, mas ela está acontecendo mesmo assim. A comparação com a imprensa não sugere que estamos entrando em um novo futuro luminoso – durante os cem anos após sua introdução, a imprensa tipográfica quebrou mais coisas do que consertou, mergulhando a Europa em um período de caos intelectual e político que só terminou no século XVII.

A questão transcendeu o meio acadêmico com a detenção de Josh Wolf, um videoblogueiro que se recusou a entregar o vídeo de um protesto a que assistiu em 2005 em São Francisco. Ele passou 226 dias na prisão, muito mais que Judith Miller, antes de ser solto. Em um de seus primeiros posts após recuperar a liberdade, disse: "A questão que precisa ser respondida não é 'Josh Wolf é um jornalista?', mas 'Devem os jornalistas merecer nos tribunais federais as mesmas proteções que lhes são concedidas nos tribunais estaduais?'" Mas isso não está certo, porque supor que Wolf é um jornalista de qualquer maneira simples quebra as próprias expectativas sociais em torno do jornalismo. A questão que precisa ser feita é: "Agora que não há limite para os que podem praticar atos de jornalismo, como deveríamos alterar o privilégio jornalístico para nos adequarmos a essa nova realidade?" A admissão de Wolf na categoria dos jornalistas viola a concepção anterior dessa categoria, conferindo uma nova complexidade à pergunta "Quem é um jornalista?".

É fácil discernir o padrão nesse caso, mas ele não se restringe aos jornalistas. Quem é fotógrafo profissional? Como "jornalista", essa categoria parece a princípio coerente e internamente coesa, mas acaba por se revelar também associada à escassez. A amadorização da profissão dos fotógrafos começou com a difusão geral de câmeras baratas, mas foi com a fotografia digital e os sites de hospedagem de fotos que ela realmente ganhou impulso. A ameaça aos fotógrafos profissionais veio de uma mudança não apenas na maneira como as fotografias eram criadas, mas na maneira como eram distribuídas. Em contraste com a situação de alguns anos atrás, fazer e publicar fotografias não requer nem a aquisição de uma câmera (os telefones celulares já incorporam câmeras digitais de qualidade surpreendentemente alta), e com certeza não requer acesso nem a um quarto escuro, nem a um canal especial de publicação. Hoje, com um celular e um serviço de compartilhamento de imagens, as pessoas fazem fotos que são vistas por milhares e, em casos raros, milhões de pessoas, tudo sem que nenhum dinheiro troque de mãos.

O duplo efeito é um aumento do número de bons fotógrafos amadores e uma ameaça ao mercado para profissionais. Jeff Howe, autor de *O poder das multidões*, descreve a iStockPhoto.com como um depósito central na web em que fotógrafos podem oferecer seu trabalho para uso em publicidade e materiais promocionais (prática chamada de banco de imagens). Antes que surgissem serviços como esse, amadores não tinham nenhum canal por onde vender suas fotos, independentemente de sua qualidade, deixando o mercado para os profissionais. Como um dos serviços prestados pelos profissionais era a simples maior disponibilidade e a "encontrabilidade" de suas fotos em relação às dos amadores, eles cobravam um prêmio por cada foto vendida. Qual era o valor desse prêmio? Quando um diretor de projetos no National Health Museum quis fotografias de pessoas gripadas, observa Howe, cada foto feita por fotógrafos profissionais custava mais de cem dólares (após negociação), ao passo que uma imagem do iStockPhoto era um dólar, menos de 1% do preço pedido pelos profissionais. As fotos dos bancos de imagens profissionais eram mais caras sobretudo em decorrência da dificuldade de se encontrar a foto certa, não da diferença de qualidade entre obras de profissionais e de amadores. O sucesso da iStockPhoto sugere que a velha distinção entre amador e profissional é apenas uma diferença de grau, não um hiato, e que pode ser avaliada de imagem para imagem. Se um amador fez apenas uma foto boa na vida, mas é possível encontrá-la, por que não usá-la? Tal como na profissão de jornalista, a iStockPhoto mostra que a profissão de fotógrafo, de aparente consistência, está baseada em critérios que lhe são externos. O único verdadeiro árbitro do profissionalismo em fotografia hoje é o leão: nos Estados Unidos, a Receita Federal define um fotógrafo profissional como alguém que ganha mais de 5 mil dólares por ano com a venda de suas fotos.

As novas capacidades de comunicação estão também mudando definições sociais não atreladas a profissões. Consideremos o que aconteceu com a contadora Sherron Watkins, então funcionária da empresa falida de energia Enron. Em 2001, Watkins enviou para um punhado de executivos da empresa e da firma de contabilidade que lhes prestava serviço um e-mail intitulado "A prova irrefutável que vocês não podem evitar", em que detalhava as práticas perigosas que a Enron estava usando para esconder seus verdadeiros custos e receitas. Nas palavras pressagiosas de Watkins, "Estou extremamente inquieta com a perspectiva de implodirmos em uma onda de escândalos contábeis", e foi exatamente o que aconteceu no ano seguinte. Watkins foi amplamente qualificada de dedo-duro, embora seu e-mail só tivesse sido enviado a poucas pessoas na Enron e na firma de contabilidade Arthur Andersen. Diferentemente de qualquer definição do termo "dedo-duro", a única coisa que Watkins fez foi escrever um memorando interdepartamental particularmente danoso; ela não vazou coisa alguma para a imprensa. O que a aplicação do rótulo de dedo-duro indica é que, em uma era de copiabilidade infinita e perfeita para muitas pessoas ao mesmo tempo, o próprio ato de enviar um e-mail pode ser uma espécie de publicação, porque, depois que ele é enviado, é quase impossível destruir todas as cópias, e qualquer pessoa que possua uma cópia pode transmiti-la para o mundo à vontade e de forma fácil. Agora, e presumivelmente no futuro, o ato de criar e difundir provas de más ações para mais do que algumas pessoas, mesmo que todas trabalhem juntas, será visto como público, embora não de efeito imediato.

O padrão aqui é simples – o que parece uma categoria fixa e duradoura como "jornalista" revela-se associado a uma escassez acidental criada pelo custo do aparato de publicação. Por vezes essa escassez tem décadas de idade (como no caso dos fotógrafos), ou mesmo séculos (como no caso dos jornalistas), mas isso não a impede de ser acidental, e, quando ela desaparece, categorias aparentemente estáveis revelam-se insustentáveis. Isso não significa que não existam jornalistas e fotógrafos profissionais – é improvável que alguém confunda Bod Woodward ou Annie Leibowitz com amadores –, mas significa que a distinção básica entre os dois grupos desapareceu. O que antes era um abismo tornou-se um mero declive.

Antes a publicação exigia acesso a uma gráfica, e em consequência o ato de publicar alguma coisa ficava limitado a uma fração mínima da população, e a possibilidade de atingir uma população fora de uma área geograficamente limitada era ainda mais restrita. Agora, conectando-se à internet, um usuário tem acesso a uma plataforma que é ao mesmo tempo global e gratuita. Nossas ferramentas de comunicação não se tornaram apenas mais baratas; tornaram-se também melhores. Em particular, são mais favoráveis a usos inovadores, porque são consideravelmente mais flexíveis que as antigas. O rádio, a televisão e os telefones tradicionais são todos dependentes de um punhado de empresas comerciais que possuem um equipamento dispendioso ligado a aparelhos pessoais baratos que não são capazes de grande coisa. O novo modelo supõe que os próprios aparelhos são inteligentes; isso, por sua vez, significa que podemos propor e explorar novos modelos de comunicação e coordenação sem precisar da permissão de ninguém (para horror de muitas empresas de mídia tradicionais). Como disse Scott Bradner, um ex-curador da Internet Society: "A internet significa que você não precisa convencer mais ninguém de que alguma coisa é boa antes de experimentá-la."

Agora, qualquer um com uma câmera ou um teclado é uma empresa sem fins lucrativos de uma só pessoa, e a publicação independente passou a ser a norma. Esse desenvolvimento foi ainda mais notável porque essa história tecnológica não é como a do automóvel, em que uma invenção passou de cara a barata, transformando-se de luxo em artigo comum. Essa história tecnológica é mais parecida com a da escrita, em que determinada capacidade deixou de pertencer a um grupo de profissionais e passou a ser algo implantado na própria sociedade, onipresente e disponível à maioria dos cidadãos.

Quando a reprodução, a distribuição e a categorização eram todas difíceis, como foram nos últimos quinhentos anos, precisávamos de profissionais para empreender essas tarefas, e venerávamos apropriadamente essas pessoas pelo serviço que realizavam. Agora essas tarefas são mais simples, e em muitos casos os papéis anteriores tornaram-se opcionais e por vezes são obstáculos ao acesso direto, não raro pondo os fornecedores do antigo serviço em conflito com os ex-clientes. Um exemplo divertido aconteceu em 2005, quando uma companhia de ônibus francesa, a Transports Schiocchet Excursions (TSE), processou várias faxineiras que antes usavam a TSE para ir a seus empregos em Luxemburgo. O crime das mulheres? Caronas. A TSE pediu que as mulheres fossem multadas e seus carros confiscados, alegando que o serviço que elas haviam organizado para atender às próprias necessidades – transporte – deveria ser fornecido apenas por empresas comerciais como a TSE. (Rejeitado num tribunal inferior, o caso aguarda recurso.)

Embora esse incidente pareça um caso incomum de falta de bom-senso empresarial, é precisamente essa estratégia – processar ex-clientes por terem se organizado – que as indústrias da música e do cinema estão adotando nos dias de hoje. Essas indústrias costumavam prestar um serviço ao distribuir música e imagens em movimento, mas agora pessoas comuns podem transportar música e vídeo facilmente, em miríades de maneiras que são ao mesmo tempo mais baratas e mais flexíveis que aquelas dominadas e possuídas por empresas comerciais, como a venda de CDs e DVDs em lojas. Diante dessas novas eficiências radicais, as próprias empresas estão trabalhando para dificultar o transporte de filmes e música, de modo a permanecerem no negócio – justamente o resultado defendido pela empresa de ônibus (e pelo abade).

Em um mundo no qual a publicação não exige esforço, a decisão de publicar alguma coisa não é algo tão dramático. Assim como o tipo móvel elevou o valor da capacidade de ler e escrever, ainda que tenha destruído a tradição dos escribas, a publicação globalmente livre está valorizando o discurso e a ação públicos, ainda que sua vasta abundância diminua o prestígio da publicação profissional. Para uma geração que está crescendo sem a escassez que fazia da publicação uma atividade tão séria, a palavra escrita não tem nenhum valor especial em si mesma. Em *A riqueza das nações*, Adam Smith mostrou que, embora a água seja muito mais importante que diamantes para a vida humana, estes últimos são muito mais caros, porque são raros. Toda a base sobre a qual os escribas ganhavam seu sustento desapareceu não quando a leitura e a escrita desapareceram, mas quando elas se tornaram onipresentes. Se todo mundo pode fazer alguma coisa, essa atividade deixa de ser rara o suficiente para ser remunerada, mesmo que seja vital.

A difusão da alfabetização após a invenção do tipo móvel assegurou não o sucesso, mas o fim da profissão de escriba. Em vez de profissionalização em massa, a difusão da leitura e da escrita foi um processo de amadorização em massa. Em vez de estender-se a todos que sabiam ler e escrever, o termo "escriba" simplesmente desapareceu, pois deixou de denotar uma classe profissional. A profissão de calígrafo sobrevive agora como uma arte puramente decorativa; fazemos uma distinção entre a capacidade geral de escrever e a habilidade profissional de escrever com um estilo caligráfico, assim como distinguimos a capacidade geral de dirigir automóveis da capacidade profissional de dirigir carros de corrida. É isso que está acontecendo hoje, não só com jornais ou com a mídia em geral, mas com a sociedade global.

4. Publique, depois filtre

A paisagem da mídia transformou-se, porque comunicação pessoal e publicação, antes funções separadas, agora se confundem. Um resultado é a ruptura do velho padrão de separação profissional entre o bom e o medíocre antes da publicação; agora essa filtragem é cada vez mais social e acontece a posteriori.

Aqui está o que a massa de amadores do mundo oferece na tarde de uma terça-feira qualquer de maio.

No LiveJournal, Kelly diz:

> ontemmmm, depois da tempestade da m... desse século, fui no shopping com deanna, dixon e chris. a gente encontrou o mundo todo lá, comeu e acabou escolhendo umas roupas pra dixon. vi katie e ryan e forcei katie a voltar pra minha casa comigo e dixon. um pouco depois deanna veio, depois jimmy pezz, e depois lynn. que noite. hoje acordei com meu cachorro latindo feito maluco e alguém batendo na minha janela. fiquei tão nervosa, mas depois jackii me disse que era jack então fiquei normal e dormi de novo. não tenho a menor ideia do que vou fazer hoje mas tem feeesta à noiteeee.

No YouTube, o vídeo de 26 segundos postado por texasgirly1979 sobre um pit bull acarinhando uns pintinhos com o focinho foi visto 1.173.489 vezes.

No MySpace, um usuário que se identifica como Loyonon posta uma mensagem na página de Julie:

> Julieeeeeeeeeee não acredito que não te vi ontem à noite!!!! O Trac falou com vc e disse que vc tava completamente CHAPADA! Droga, perdi essa. kkkk

No Flickr, o usuário Frecklescorp postou a foto de uma mulher usando um elegante vestido de festa e tocando uma guitarra havaiana.

No Xanga, o usuário Angel_An_Of_Lips diz:

> Ei todomundo, malz que não tenho tado on-line um tempo andei enrolada com um monte de coisa como softball e vôlei e meu cachorro novo e tou indo pro Tenn. na quinta-feira então não vou aparecer aqui mais ou menos uma semana mas prometo que vou voltar e mostrar foto. e michigan foi tão maneeeiro! bem, a gente arrumou um jack russel terrier e a cara dele é assim!!.............. não é liiiindo...... eu sei!!! bem era só isso que eu tinha pra dizer ah ah eu cortei o cabelo tá na minha foto. maneiro neh...!

E isso, claro, é uma gota no balde. Examinando essa vasta coleção de posts pessoais, fotos que são piadas internas, e vídeos malfeitos, é fácil concluir que, embora pudesse ter algumas desvantagens, o velho mundo da escassez nos poupava do pior da produção amadora. Com certeza empanturrar-se de lixo é tão ruim quanto passar fome, não é?

O rótulo geral para esse tipo de material é "conteúdo gerado por usuários". Mas a expressão é um tanto inadequada. Quando você cria um documento no computador, isso se encaixa em um sentido genérico da expressão, mas não é isso que ela realmente quer dizer. Da mesma maneira, quando Stephen King escreve um romance em seu computador, isso tampouco é conteúdo gerado por usuários, embora o sr. King seja um usuário de software como qualquer outro. "Conteúdo gerado por usuários" não é apenas a produção de pessoas comuns com acesso a ferramentas criativas como processadores de texto e programas de desenho; requer também o acesso a ferramentas *re*-criativas – como o Flickr, a Wikipédia e os blogs – que lhes forneçam a capacidade de distribuir sua criação para outras pessoas. É por isso que o arquivo no seu computador não conta como conteúdo gerado por usuários – ele não chega até um público. É também por isso que o romance em andamento do sr. King não conta – ele é pago para obter um público. Conteúdo gerado por usuários é um fenômeno grupal e amador. Quando as pessoas falam sobre ele, estão descrevendo as maneiras como os usuários criam e compartilham mídia uns com os outros, sem que haja nenhum profissional à vista. Sob essa óptica, a ideia de conteúdo gerado por usuários na verdade não é apenas uma teoria pessoal das capacidades criativas, mas uma teoria social das relações de mídia.

O MySpace, site de relacionamento de estrondoso sucesso, tem dezenas de milhões de usuários. Sabemos disso porque a administração do site (e sua companhia-mãe, a News Corp) não perde uma oportunidade de informar ao público o número de seus usuários. Muitos deles, porém, não vivenciam o MySpace na escala de dezenas de milhões. A maioria dos usuários interage apenas com poucos outros – a mediana de amigos no MySpace é dois, ao passo que o número médio de "amigos" é 55 (a palavra está entre aspas porque a média é distorcida para cima por pessoas que se apontam como amigas de bandas famosas ou do fundador do site, Tom). Mesmo essa média de 55, por mais que esteja distorcida, demonstra o desequilíbrio: o site tem mais de 100 milhões de contas criadas, mas a maioria das pessoas associa-se no máximo a algumas dezenas de outras. Ninguém (exceto a News Corp) pode se dirigir com facilidade aos milhões reunidos no site; a maioria das conversas ocorre em grupos muito menores, ainda que interconectados. Esse padrão é geral em serviços de redes sociais como o Facebook, o LiveJournal e o Xanga. Ele se aplica até ao mundo dos blogs – dezenas de blogs têm um público de 1 milhão de pessoas ou mais, e milhões têm um público de uma dezena ou menos.

É fácil ver isso como uma espécie de fracasso. Quem iria querer publicar algo para apenas uma dezena de leitores? É também fácil ver por que o público para a maior parte do conteúdo gerado por usuários é tão pequeno, cheio como está de comentários tacanhos em ortografia estropiada sobre ir ao shopping e escolher roupas para Dixon. E é fácil zombar desse tipo de coisa como publicação egocêntrica – por que alguém haveria de expor essas bobagens em público?

É simples. Essas pessoas não estão falando com você.

Interpretamos mal esses posts aparentemente banais por estarmos tão desacostumados a ver em público material escrito que não se destina a nós. As pessoas que postam mensagens umas para as outras em pequenos grupos estão fazendo um tipo de comunicação diferente do daquelas que postam mensagens para ser lidas por centenas ou milhares de pessoas. Mais é diferente, porém menos é diferente também. Um público não é apenas uma comunidade grande; ele pode ser mais anônimo, com muito menos laços entre os usuários. Uma comunidade também não é apenas um público pequeno; tem uma densidade social que o público não possui. Os blogueiros e usuários de redes sociais que operam em pequenos grupos são parte de uma comunidade e desfrutam de algo análogo à privacidade do shopping. A qualquer dia você pode ir à praça de alimentação de um shopping e encontrar um grupo de adolescentes matando o tempo e batendo papo. Eles estão em público, e, se você quisesse, sem dúvida poderia sentar-se na mesa vizinha e escutar a conversa. E o que estariam eles dizendo uns aos outros? Estariam dizendo: "Não acredito que não te vi ontem à noite!!! O Trac disse que vc tava completamente CHAPADA!" Isto é, estariam fazendo algo parecido com o que fazem no LiveJournal ou no Xanga, mas se você estivesse ouvindo a conversa no shopping, em vez de estar lendo seus posts, ficaria claro que você é que é esquisito.

A maior parte do conteúdo gerado por usuários não tem nada de "conteúdo" no sentido de ser criado para consumo geral, assim como um telefonema entre você e um parente não é "conteúdo gerado por família". Muita coisa criada a cada dia é apenas a matéria comum da vida – mexerico, breves informações, pensamentos em voz alta –, mas agora isso é feito no mesmo meio que material profissionalmente produzido. De maneira semelhante, as pessoas não vão preferir conteúdo produzido profissionalmente em situações em que a comunidade importa: eu tenho uma péssima voz, mas meus filhos ficariam chateados se eu pusesse uma versão bem-executada de "Parabéns pra você" para tocar no aparelho de som, em vez de cantar eu mesmo a música, e mal.

Dizer alguma coisa para umas poucas pessoas que conhecemos costumava ser algo muito diverso de dizer alguma coisa para muitas pessoas que não conhecemos. A distinção entre mídia de comunicação e mídia de transmissão sempre foi uma questão de tecnologia, não uma verdade profunda sobre a natureza humana. Antes da internet, quando falávamos sobre mídia, estávamos tratando de duas coisas diferentes: mídia de transmissão e mídia de comunicação. A mídia de transmissão, como o rádio e a televisão, mas também os jornais e o cinema (o termo refere-se à ampla distribuição de uma mensagem a partir de um lugar central, seja qual for o meio), destina-se a publicar mensagens para que todos vejam (ou, em alguns casos, para que todos os compradores ou assinantes vejam). Conceitualmente, a mídia de transmissão tem a forma de um megafone, amplificando uma mensagem unidirecional de um emissor para muitos receptores. Já a mídia de comunicação, dos telegramas aos telefonemas, passando pelos fax, destina-se a facilitar conversas de mão dupla. Conceitualmente, ela é como um tubo; a mensagem inserida em uma ponta é endereçada a um receptor específico na outra ponta.

A mídia de comunicação ligava um emissor a um receptor. Trata-se de um padrão de "um para um" – eu falo e você ouve, depois você fala e eu ouço. A mídia de transmissão ligava um emissor a muitos receptores, e estes não podiam responder. É um padrão de um para muitos – eu falo, falo, falo, e a única escolha que você tem é ouvir ou dessintonizar. O padrão que *não* tínhamos até recentemente era o de "muitos para muitos", em que as ferramentas de comunicação permitem a conversa grupal. O e-mail foi a primeira ferramenta realmente simples e global para esse padrão (embora muitos outros, como torpedos de celular e mensagens instantâneas, tenham sido inventados depois).

Agora que nossa tecnologia de comunicação está mudando, as distinções entre esses padrões de comunicação estão evaporando; o que era antes uma ruptura brusca entre dois estilos de se comunicar está se tornando uma transição suave. A maior parte do conteúdo gerado por usuários é criada como comunicação em pequenos grupos, mas estamos tão desacostumados à mistura de mídia de transmissão e mídia de comunicação que pensamos que todo mundo agora está falando para o grande público. Isso é um erro. Se ouvíssemos as conversas telefônicas de outras pessoas, saberíamos que depararíamos com conversa fiada, piadas internas e coisas do gênero, mas as conversas telefônicas das pessoas não são públicas. Uma das forças motrizes por trás de grande parte do conteúdo gerado por usuários é que a conversa não está mais limitada a becos sem saída sociais como o telefone.

A distinção entre transmissão e comunicação, isto é, entre ferramentas de "um para muitos" e "um para um", costumava ser tão clara que podíamos distinguir uma mensagem pessoal de uma impessoal apenas pelo tipo de meio usado. Alguém poderia lhe dizer "eu amo você" em uma carta, e alguém poderia dizer "eu amo você" na televisão, mas não haveria dificuldade em compreender qual dessas mensagens realmente se destinava a você. Atribuímos considerável valor a mensagens dirigidas a nós pessoalmente e somos bons para distinguir entre as mensagens destinadas a nós individualmente (como cartas de amor) e aquelas destinadas a pessoas como nós (como as emitidas por pregadores religiosos e garotos-propaganda na programação da TV). Toda uma indústria, a mala direta, surgiu em torno da tentativa de induzir pessoas a acreditar que mensagens em massa são na verdade destinadas pessoalmente a elas. Gastaram-se milhões de dólares para desenvolver e testar maneiras de fazer anúncios a granel parecerem correspondência pessoal, inclusive dirigindo-se ao destinatário pelo nome e imprimindo recados aparentemente escritos à mão pelo remetente nominal. Minha irritação quando recebo correspondência exortando alguém chamado Caly Shinky a "Agir agora!" vem do fato de reconhecer o truque e vê-lo fracassar. Programas de vendas pela televisão usam um truque relacionado, instruindo os representantes de vendas que atendem às chamadas a ser simpáticos com a pessoa que telefona e felicitá-la por seu bom gosto ao escolher seja o que for que estiver comprando, porque sabem que pelo menos parte da motivação da compra vem de um desejo de aliviar a solidão de ver televisão. Embora essa simpatia aumente o tempo médio de duração das chamadas, também deixa o espectador feliz, ainda que a motivação original para telefonar viesse de ver pessoas na TV – pessoas que não podem, por definição, importar-se pessoalmente com você.

Claro que alguns conteúdos gerados por usuários são conscientemente dirigidos para o público. Blogs populares como o Boing Boing (cultura da internet), o Huffington Post (política americana de esquerda) e o Power Line (política americana de direita) são todos reconhecíveis como veículos de comunicação, com públicos enormes em vez de grupinhos de amigos. Mas entre o pequeno público leitor da jogadora de vôlei Angel_An_Of_Lips no Xanga e o público de mais de 1 milhão do Boing Boing, não há um ponto óbvio em que um blog (ou, na verdade, qualquer material criado por usuários) pare de funcionar como um diário para amigos e comece a agir como veículo de comunicação. Alisara Chirapongse (também conhecida como gnarlykitty) escrevia sobre o que interessava a ela e a seus amigos tailandeses fissurados em moda, e depois, durante o golpe, tornou-se por um breve período uma voz global. Atualmente a comunidade confunde-se com o público; é como se seu telefone pudesse se transformar em uma estação de rádio ao girar de um botão.

O mundo real nos fornece muitas maneiras de manter expressões públicas, privadas e secretas separadas umas das outras, a começar pelo fato de que, até pouco tempo atrás, os grupos estavam quase totalmente limitados a se encontrar no mundo real, e as coisas que dizemos no mundo real só são ouvidas pelas pessoas com quem falamos, e apenas enquanto lhes falamos. Na internet, em contraposição, o modo usual para muitas formas de comunicação é instantâneo, global e quase permanente. Nesse mundo, o registro privado fica em desvantagem – para nós que crescemos com uma forte distinção entre mídia de comunicação e de transmissão, é difícil ver algo postado em um blog como pertencendo a um registro privado, mesmo quando o conteúdo é obviamente uma piada interna ou um mexerico banal, porque, se algo está ao nosso alcance, supomos que deve ter sido escrito para nós.

O fato de as pessoas estarem conversando umas com as outras nesses grupinhos também explica por que blogueiros com uma dezena de leitores não têm um público pequeno: eles não têm público nenhum, têm apenas amigos. Na verdade, no início da década de 2000, quando escrever blogs estava se tornando uma atividade popular, o software de blog com mais usuários leais não era outro senão o LiveJournal, que reunia mais grupinhos de amigos blogando uns para os outros que qualquer outra ferramenta do gênero. Se o interesse principal das pessoas fosse conquistar um grande público com seus blogs, o LiveJournal teria sido o mais afetado pelo abandono do serviço por parte de usuários decepcionados, mas ocorreu o contrário. Escrever coisas para os amigos lerem e ler o que eles escrevem gera um tipo de prazer diferente do de escrever para um público. Como, antes que a internet se tornasse comum, era preciso considerável esforço para dizer algo que pudesse ser ouvido por um número significativo de pessoas, tendemos a considerar que qualquer material disponível publicamente está sendo oferecido para nós. Agora que o custo de postar coisas em um meio global despencou, grande parte do que é postado em qualquer dia é público, mas não se destina ao público.

A fama acontece

É possível também cometer o erro oposto: acreditar não que expressões de conversa são publicações, mas que agora todas as publicações são parte de uma conversa. Mas essa é uma visão comum e se baseia na noção óbvia de que a web é diferente das mídias de transmissão, como a TV, porque pode sustentar interação real entre usuários.

Nessa visão, os efeitos da televisão devem-se principalmente a seus limites tecnológicos. A televisão tem milhões de setas voltadas para si – espectadores observando a tela – e absolutamente nenhuma seta voltada para fora. Você pode ver a Oprah; a Oprah não pode ver você. Na web, porém, as setas de atenção são todas potencialmente recíprocas; qualquer pessoa pode apontar para qualquer outra, sem depender de geografia, infraestrutura ou demais limites. Se a Oprah tivesse um blog, você poderia se conectar com ela, e ela se conectar com você. Esse potencial dá a impressão de permitir a todos interagir com todos os outros, anulando a natureza unidirecional da televisão. Mas chamar esse potencial de interatividade seria como chamar um jornal de interativo porque ele publica cartas ao editor.

A web torna a interatividade tecnologicamente possível, mas o que a tecnologia dá os fatores sociais tiram. No caso dos famosos, qualquer interatividade em potencial é eliminada, porque a fama não é uma atitude, nem é um artefato tecnológico. A fama é simplesmente um desequilíbrio entre a atenção que se recebe e a que se dá, mais setas apontando para dentro que para fora. Duas coisas precisam acontecer para que uma pessoa seja famosa, e nenhuma delas se relaciona com tecnologia. A primeira é escala: a pessoa tem de receber um mínimo de atenção, um público de milhares ou mais. (É por isso que a versão para a internet da célebre frase de Warhol – "No futuro todo mundo será famoso para 15 pessoas" – é interessante, mas errada.) A segunda é que ela tem de ser incapaz de corresponder. Conhecemos esse padrão pela televisão; os públicos dos programas mais apreciados são enormes, e a atenção recíproca é tecnologicamente impossível. Acreditávamos (muitas vezes porque queríamos acreditar) que esse desequilíbrio na atenção era causado por limites técnicos. Quando blogs e outras formas de mídia interativa começaram a se difundir, eles permitiram a conversa direta e sem filtro entre todas as partes e removeram os desequilíbrios estruturais da fama. Essa remoção dos limites tecnológicos pôs à mostra um segundo conjunto de limites sociais.

Embora a possibilidade de conexões bidirecionais seja excelente, ela não é um remédio para todos os males. Na web, a interatividade não tem limites tecnológicos, mas continua sob fortes limites cognitivos: não importa quem você seja, você só pode ler certo número de blogs, só pode trocar e-mails com certo número de pessoas e assim por diante. A Oprah tem e-mail, mas seu endereço ficaria inútil no instante em que se tornasse público. Essas restrições sociais significam que, mesmo quando um meio é bidirecional, seus usuários mais populares serão forçados a adotar um padrão unidirecional. Se a Oprah *quer* falar com cada um dos membros de seu público é irrelevante: ela *não pode* falar nem com uma fração de uma porcentagem desse público, jamais, porque ela é famosa, o que significa que recebe mais atenção do que pode retribuir em qualquer meio. Essas limitações sociais não importavam muito em pequena escala. Nos primórdios dos blogs (antes de 2002, aproximadamente) havia uma notável e ágil conversa entre blogueiros de toda espécie, e os que postavam com razoável regularidade podiam se considerar membros do grupo. Naquele tempo, blogar era acima de tudo uma atividade interativa e ocorria de maneira tão natural que era fácil imaginar a interatividade como parte inerente do jogo.

Depois as coisas se popularizaram, com milhões de blogueiros e leitores. Nesse ponto os limites sociais fizeram-se sentir. Se você tem um blog, e mil outros blogueiros apontam para ele, você não pode ler o que eles estão dizendo, muito menos reagir. Mais é diferente: cidades não são apenas vilas grandes, e um público grande não é apenas um pequeno clonado muitas vezes. É difícil detectar os limites à interação resultantes do aumento da escala porque todos os aspectos visíveis do sistema continuam iguais. Embora nada mude no software nem nos usuários, a população maior altera as circunstâncias para além do seu controle. Nessa situação, por mais assiduamente que alguém queira interagir com seus leitores, o público crescente acabará impedindo essa possibilidade. Alguém que blogue lado a lado com um punhado de amigos pode ler tudo que eles escrevem e responder a quaisquer comentários que façam – a escala é pequena o suficiente para permitir uma conversa de verdade. Porém, alguém que escreve para milhares ou milhões de pessoas tem de começar a escolher a quem responder e a quem ignorar, e, com o tempo, ignorar torna-se a opção usual. Em uma palavra, essa pessoa tornou-se famosa.

Glenn Reynolds, um herói característico do mundo dos blogs, relata que o Instapundit.com é visitado por mais de 1 milhão de leitores [*unique viewers*] por mês, circulação que o poria confortavelmente entre os vinte jornais mais vendidos dos Estados Unidos. Pode-se perceber como um público desse tamanho impossibilita a interatividade – passar mesmo um minuto por mês interagindo com apenas 10 mil de seus leitores (só 1% de seu público total) tomaria quarenta horas por semana. É esse o aspecto que a "interatividade" assume nessa escala – absolutamente nenhuma interação com quase todo o público e raras e minúsculas interações com o resto, e isso tem implicações para todo tipo de mídia. Os blogs não destroem o vidro espelhado da fama, e "TV interativa" é um oximoro, porque quando se obtém um público na escala da TV, qualquer coisa mais interativa que votar em algum candidato no *American Idol* torna-se impossível.

A surpresa apresentada por ferramentas sociais como os blogs é que a escala por si só, mesmo em um meio que permite conexões bidirecionais, é suficiente para criar e sustentar o desequilíbrio da fama. A mera possibilidade tecnológica de resposta não basta para superar os limites humanos da atenção. Charles Lindbergh não tolerava que ninguém mais respondesse às cartas de seus fãs, prometendo a si mesmo que um dia daria cabo disso (o que, é claro, nunca aconteceu). O igualitarismo só é possível em pequenos sistemas sociais. Depois que um meio passa de certo tamanho, a fama é um movimento compulsório. As primeiras notícias sobre a morte dos meios tradicionais retratavam a web como uma espécie de anti-TV – bidirecional enquanto a TV é unidirecional, interativa enquanto a TV é passiva, e (implicitamente) boa enquanto a TV é ruim. Hoje sabemos que a web não é um antídoto perfeito para os problemas dos meios de comunicação de massa, porque alguns desses problemas são humanos e não passíveis de solução tecnológica. Essa é uma má notícia para aquela escola de crítica da mídia que supunha que as autoridades reprimem as massas. No mundo dos blogs não há autoridade, só massas, mas apesar disso o peso acumulado da atenção continua criando o tipo de desequilíbrios que associamos aos meios de comunicação tradicionais.

Os famosos são diferentes de você e de mim porque não podem retribuir e nem sequer perceber a atenção que obtêm, e a tecnologia não pode mudar isso. Se quisermos sistemas amplos em que a atenção seja irrestrita, a fama será um subproduto inevitável, e, à medida que nossos sistemas crescerem, seus efeitos ficarão mais pronunciados, não menos. Uma versão disso está acontecendo com o e-mail – como é mais fácil fazer uma pergunta do que respondê-la, obtemos o curioso efeito de que, em um grupo de pessoas, todas sejam capazes de sobrecarregar umas às outras fazendo, cumulativamente, mais perguntas do que elas podem cumulativamente responder. Merlin Mann, um especialista em usabilidade de softwares, descreve esse padrão assim:

> O e-mail é uma coisa muito curiosa. As pessoas lhe passam essas mensagens individuais pequeninas que não pesam mais do que um seixo de rio. Mas logo você acumula um monte de seixos mais alto que você e mais pesado do que você jamais conseguiria carregar, mesmo que pretendesse fazê-lo em algumas dezenas de viagens. Mas, para a pessoa que se deu ao trabalho de lhe entregar a pedrinha, parece ultrajoso que você não consiga lidar com aquela coisinha minúscula. "Que 'monte'? É só uma pedrinha!"

O e-mail, e em particular a capacidade de criar conversas de grupo facilmente e sem precisar da permissão dos destinatários, está proporcionando a um número crescente de pessoas uma maneira de vivenciar o aspecto negativo da fama, que é a incapacidade de retribuir a atenção de nossos amigos e colegas da forma como eles gostariam.

O efeito limitante da escala na interação é uma má notícia para aqueles que têm a esperança de ver surgir uma era igualitária introduzida por nossas ferramentas sociais. Podemos esperar que a fama se torne mais dinâmica e que a elevação à fama se dê mais de baixo para cima, mas não podemos mais alimentar a esperança de um mundo em que todos poderão interagir com todos os demais. Seja qual for a tecnologia, nossas limitações sociais vão significar que os famosos do mundo sempre nos acompanharão. As pessoas que recebem atenção demais vivem em um ambiente diferente do de todas as outras; parafraseando F. Scott Fitzgerald, os ricos de atenção são diferentes de você e de mim, de maneiras que não são causadas pelos meios de comunicação que usam, e de maneiras que não desaparecerão nem mesmo quando novos meios surgirem.

Nos últimos cinquenta anos, os dois meios de comunicação mais importantes nas vidas da maioria das pessoas foram o telefone e a televisão: meios distintos com funções distintas. Acontece que a diferença entre ferramentas de conversa e ferramentas de transmissão era arbitrária, mas a diferença entre conversa e transmissão é real. Mesmo em um meio que permitisse perfeita interatividade para todos os participantes (algo de que estamos razoavelmente próximos hoje), os limites da cognição humana significarão que a escala por si só impedirá a conversa. Em tal meio, mesmo na ausência de quaisquer gargalos profissionais ou passividade forçada, a fama acontece.

A filtragem como ferramenta para comunidades de prática

Comparações entre o asseio dos meios de comunicação tradicionais e a bagunça dos meios sociais muitas vezes ignoram o fato de que a comparação não se dá apenas entre sistemas de produção, mas também entre sistemas de filtragem. Podemos ver a importância das ferramentas de filtragem para a paisagem tradicional se imaginarmos uma livraria de bom tamanho, a levantarmos do chão, sacudirmos seu conteúdo e despejá-lo em um campo de futebol. Em algum lugar no amontoado de livros resultante estarão as obras de Aristóteles, Newton e Auden, mas, se você se embrenhar por ela e começar a pegar livros ao acaso, é muito mais provável que passe a mão em *Comer, rezar e amar* e *Quem mexeu no meu queijo?*. Estamos tão acostumados à organização de uma livraria que não nos damos conta do quanto precisamos saber de antemão sobre sua estrutura e suas categorias para que ela nos seja minimamente útil. Como diz a investidora Esther Dyson: "Quando chamamos alguma coisa de intuitiva, com frequência queremos dizer familiar."

Os contornos ocultos do problema da filtragem moldaram grande parte do que há de familiar em formas mais antigas de mídia. Os programas de televisão, por exemplo, em geral são unidades de meia hora, não porque os criadores da televisão tenham descoberto que essa é a unidade de tempo esteticamente ideal, mas porque o público precisa se lembrar do horário de seu programa favorito. Um programa que comece às 7h51 e vá até as 8h47 está em grande desvantagem em relação a um que comece às 8h e vá até as 9h, e essa desvantagem é inteiramente cognitiva – os horários quebrados são simplesmente mais difíceis de se memorizar. (Fica difícil ligar a televisão para ver um programa específico quando você não consegue se lembrar de quando ele é transmitido.) A duração dos programas e os horários a eles destinados não têm nada a ver com o vídeo como meio e sim com a necessidade de ajudar a memória do espectador. De maneira semelhante, dos guias de TV aos canais específicos para certos conteúdos, como a MTV e o Cartoon Network, tudo isso foi resposta ao problema de ajudar espectadores a encontrar material interessante.

A mídia tradicional tem algumas limitações inerentes que tornam o problema da filtragem relativamente simples. A mais importante é que publicar e transmitir custa dinheiro. Qualquer custo cria uma espécie de barreira, e o alto custo da maioria dos meios de comunicação tradicionais cria barreiras altas. Em consequência, há um limite máximo para a quantidade de livros, programas de televisão ou filmes que podem existir. Por impor limites ao volume total de conteúdo, a economia básica da publicação força todo editor ou produtor a filtrar o material de antemão. Simplesmente para permanecer viável, qualquer pessoa que esteja produzindo mídia tradicional tem de decidir o que produzir e o que não produzir; o bom trabalho precisa ser separado do medíocre antes da publicação.

Embora a seleção do bom e do medíocre comece como um imperativo econômico, o público também aprecia o valor dessa filtragem, porque ao longo da história nos baseamos no julgamento do editor para ajudar a assegurar padrões mínimos de qualidade. Quando o ato de publicar é difícil e caro, cada palavra escrita vem com uma promessa implícita: alguém além do escritor julgou que ela merecia ser lida. Cada livro, artigo de revista e de jornal (bem como cada fotografia publicada, cada trecho de fala, canção ou segmento de vídeo transmitido) teve de passar por algum juízo editorial. Você pode ver esse tipo de filtragem em ação sempre que alguém é descrito como "autor publicado". O rótulo é uma maneira de assegurar às pessoas que algum filtro externo foi aplicado à obra. (O inverso desse efeito explica nosso ceticismo em relação a livros publicados independentemente pelo próprio autor e o rótulo reservado nos Estados Unidos para as editoras que os imprimem – *vanity press*.)

As velhas formas de filtragem não eram universais nem ideais; eram apenas boas para a tecnologia da época e dotadas de razoável eficácia. Estávamos acostumados a elas, e agora temos de nos acostumar a outras maneiras de se resolver o mesmo problema. A amadorização em massa criou um problema de filtragem muito maior do que tínhamos com a mídia tradicional; tão maior, na verdade, que muitas das soluções antigas simplesmente não funcionam mais. A lógica econômica crua de se permitir a qualquer pessoa criar qualquer coisa e torná-la disponível para qualquer um gera um volume tão assombroso de material novo, todos os dias, que nenhum grupo de profissionais será adequado para filtrá-lo. A amadorização em massa da publicação torna obrigatória a amadorização em massa da filtragem. O sistema "filtre, depois publique", quaisquer que fossem suas vantagens, baseava-se em uma escassez de meios de comunicação que é coisa do passado. A expansão dos meios sociais significa que o único sistema que funciona é "publique, depois filtre".

Perdemos as distinções nítidas entre mídia de comunicação e mídia de transmissão. Quando meios sociais como MySpace passam, facilmente, de uma comunidade de algumas pessoas para um público de alguns milhões, o velho hábito de tratar ferramentas de comunicação como o telefone de maneira diferente de ferramentas de transmissão como a televisão não faz mais sentido. Os dois padrões se confundem, e agora comunicações de grupos pequenos e grandes veículos de transmissão existem todos como parte de um único ecossistema interconectado. Essa mudança é a principal fonte de "conteúdo gerado por usuários". Usuários – pessoas – sempre conversaram uns com os outros, incessante e demoradamente. A única diferença é que as mensagens de usuário para usuário eram mantidas à parte dos meios de comunicação mais antigos, como a TV e os jornais.

As atividades dos criadores amadores se retroalimentam. Se as pessoas podem compartilhar seu trabalho em um ambiente no qual possam também conversar entre si, elas começam a falar sobre as coisas que compartilharam. Como diz o autor e ativista Cory Doctorow: "O fundamental é a conversa. O conteúdo é só uma coisa sobre a qual conversar." A conversa que se forma em torno do compartilhamento de fotos, vídeos, posts em blogs versa com frequência sobre a melhor maneira de fazer aquilo da próxima vez – como ser um fotógrafo melhor, ou um escritor melhor, ou um programador melhor. A meta de se aprimorar em alguma coisa é diferente da de ser bom naquilo; há um prazer em aperfeiçoar as próprias habilidades, mesmo que isso não se traduza em perfeição absoluta. (Nas palavras de William S. Burroughs, o autor beat: "Se alguma coisa merece ser feita, merece ser malfeita.") No Flickr, muitos usuários criam fotos "*high dynamic range*" (HDR, inglês para "grande alcance dinâmico"), em que três exposições da mesma imagem são combinadas. As fotos resultantes são muitas vezes impressionantes, pois têm uma maior gama de contraste – o luminoso fica mais luminoso e o escuro fica mais escuro – que qualquer das fotos originais. Antes dos serviços de compartilhamento de fotos, alguém olhando para uma dessas fotos poderia perguntar a si mesmo: "Como isso foi feito?" Com o compartilhamento, cada foto é um lugar em potencial para interação social, e os observadores podem fazer a pergunta diretamente: "Como você fez isso?", com a esperança concreta de obter resposta. As conversas associadas a essas fotos são muitas vezes longas e detalhadas, oferecendo tutoriais e conselhos sobre as melhores ferramentas e técnicas para a criação de fotos HDR. Essa forma de comunicação é o que o sociólogo Etienne Wenger chama de comunidade de prática, um grupo de pessoas que conversam sobre alguma tarefa compartilhada com o objetivo de se aperfeiçoar nela.

No livro *The Social Life of Information*, John Seely Brown e Paul Duguid formulam o dilema desta maneira: "E se a HP [Hewlett-Packard] soubesse o que a HP sabe?" Eles haviam observado que a soma das mentes individuais na HP tinha muito mais informação do que aquela a que a companhia tinha acesso, mesmo ela podendo dirigir os esforços desses funcionários. Brown e Duguid documentaram canais pelos quais os funcionários conseguem compartilhar informação diretamente uns com os outros melhor do que quando usam canais oficiais. Eles perceberam que técnicos de manutenção supostamente autônomos da Xerox costumavam se reunir nas horas do café da manhã e trocar sugestões sobre certos tipos de conserto, instruindo assim uns aos outros no conhecimento não incluído nos manuais. Sem nenhum apoio oficial, eles haviam formado uma comunidade de prática. Vendo esse fenômeno, Brown convenceu a Xerox a fornecer radiocomunicadores para os técnicos, possibilitando-lhes continuar tendo esse tipo de conversa ao longo do dia.

Ao reduzir os custos transacionais, as ferramentas sociais fornecem uma plataforma para comunidades de prática. Com os radiocomunicadores, fica fácil formular a pergunta "Como você fez isso?" e responder a ela. Eles parecem transferir o ônus de quem faz a pergunta para quem a responde, mas também elevam o status de quem responde na comunidade. Ao fornecer uma oportunidade para a exposição de perícia ou talento, a formulação pública de perguntas cria uma motivação para uma resposta igualmente pública, e esta, depois de aperfeiçoada, persiste mesmo que os protagonistas originais da dúvida percam o interesse. Comunidades de prática são inerentemente cooperativas e muito bem-sustentadas por ferramentas sociais, porque esse é exatamente o tipo de comunidade cujos membros podem recrutar uns aos outros ou permitir que interessados os encontrem em uma busca. Elas podem prosperar e até alcançar tamanhos enormes sem anunciar sua existência em público. Só no Flickr há milhares de grupos dedicados a explorar e aperfeiçoar certos tipos de foto: paisagem e retrato, claro, mas também fotos que contenham a cor vermelha, ou as compostas por uma foto quadrada emoldurando perfeitamente um círculo, ou fotos de animais minúsculos pendurados em dedos humanos.

Há milhares de exemplos de comunidades de prática. A companhia de internet Yahoo hospeda milhares de listas de discussão, muitas dedicadas a promover a prática de tudo quanto há, desde culinárias típicas até o desenvolvimento de barcos a vela controlados por rádio. Gaia Online é uma comunidade para fãs adolescentes de anime e mangá, as formas japonesas de animação e quadrinhos; seus grupos de discussão incluem longos tópicos dedicados à crítica mútua de trabalhos e tutoriais sobre os segredos da atividade, como a maneira de desenhar meninas com olhos enormes. Albino Blacksheep é uma comunidade para programadores que trabalham com jogos e animações interativas. Todos esses grupos oferecem o tipo de conselho, retorno e estímulo que caracteriza as comunidades de prática. Essas comunidades podem ser enormes – Gaia Online tem milhões de usuários. Durante a maior parte da história da internet, os grupos virtuais foram menores que os públicos tradicionais – jornais de cidades grandes e programas de TV de transmissão nacional alcançavam mais pessoas que iniciativas comunais. Agora, porém, com 1 bilhão de pessoas na internet e mais a caminho, é fácil e barato obter a atenção de 1 milhão de pessoas, ou, o que é mais importante, ajudar essas pessoas a obter a atenção umas das outras. Nos meios de comunicação tradicionais, sabemos os nomes da maioria dos jornais que têm mais de 1 milhão de leitores, pois eles precisam atrair um público muito geral, mas sites como Albino Blacksheep e Gaia Online ocupam a estranha e nova categoria dos meganichos – semelhantes aos nichos por atraírem um público muito específico, mas com um número de participantes outrora só disponível para os meios de comunicação convencionais.

Toda página da internet é uma comunidade latente. Cada uma delas obtém a atenção de pessoas interessadas em seu conteúdo, e estas podem estar interessadas em conversar umas com as outras também. Em quase todos os casos, a comunidade permanecerá latente, seja porque os laços potenciais são muito fracos (é improvável que dois usuários do Google escolhidos ao acaso tenham muito em comum), seja porque as pessoas que visitam a página estão separadas por um hiato de tempo grande demais, e assim por diante. Mas coisas como a seção de comentários do Flickr dão pelo menos a possibilidade às pessoas que de fato querem ativar grupos que de outro modo permaneceriam latentes. A pergunta "Como você fez isso?" parece um simples pedido de transferência de informação, mas, quando é lançada em público, é também um estímulo para essas comunidades de prática, permitindo a transposição da lacuna anterior entre publicação e conversa.

Embora algumas pessoas participem de comunidades de prática porque isso pode lhes proporcionar mais oportunidades de emprego, dentro da comunidade elas operam com motivos diferentes, não financeiros. O amor tem efeitos profundos em grupos pequenos de pessoas – ele ajuda a explicar o tratamento que damos a nossa família e amigos –, mas sua esfera de ação é local e limitada. Alimentamos nossos amigos, cuidamos de nossos filhos e nos deleitamos na companhia das pessoas amadas, tudo isso por motivos e de maneiras que é impossível explicar usando a linguagem do ganho e do gasto. Mas um esforço prolongado e de grande escala exige que uma pessoa receba um salário. Até a filantropia exibe essa propriedade: os doadores podem ser motivados por um desejo de fazer a coisa certa, mas as instituições favorecidas, seja a Cruz Vermelha ou o Metropolitan Opera, precisam ter uma grande equipe para canalizar essas doações para o efeito desejado. A vida nos ensina que motivações diversas do recebimento de remuneração não são suficientes para resultar em trabalho sério.

Agora, porém, temos de desaprender essa lição, porque ela se torna menos verdadeira a cada ano que passa. Agora as pessoas têm acesso a um sem-número de ferramentas que lhes permitem compartilhar escritos, imagens, vídeos – na verdade, qualquer forma de conteúdo expressivo – e usar esse compartilhamento como uma âncora para comunidade e cooperação. O século XX, com a difusão do rádio e da televisão, foi o século da transmissão. O padrão normal para a mídia era a criação por um pequeno grupo de profissionais e depois a transmissão a um grande grupo de consumidores. Mas mídia, no sentido literal de camada intermediária entre pessoas, sempre envolveu três componentes. As pessoas gostam de consumir mídia, é claro, mas também gostam de produzi-la ("Olhe o que eu fiz!") e gostam de compartilhá-la ("Olhe o que eu descobri!"). Como agora temos mídia que sustenta tanto a produção quanto o compartilhamento, bem como o consumo, essas capacidades estão reaparecendo, após um século dedicado sobretudo ao consumo. Estamos acostumados a um mundo em que as pequenas coisas acontecem por amor e as grandes por dinheiro. O amor motiva as pessoas a fazer um bolo, e o dinheiro as motiva a criar uma enciclopédia. Agora, porém, podemos fazer grandes coisas por amor.

Revolução e coevolução

Há uma história na minha família sobre o primeiro encontro dos meus pais. Querendo impressionar minha mãe, meu pai decidiu levá-la a um cinema drive-in. Não tendo carro para entrar no drive-in, ele teve de tomar emprestado o do pai *dele*. Uma vez lá, minha mãe, querendo impressionar meu pai, pediu a bebida mais requintada disponível, uma espécie de vaca-preta. Acontece que minha mãe detesta aquela bebida, sempre detestou, e depois de tomá-la vomitou sobre o piso do carro do meu avô. Meu pai teve de levá-la para casa, perdendo a sessão para a qual ele dirigira quase 25 quilômetros e pagara um dólar. Depois teve de limpar o carro e devolvê-lo com uma explicação e um pedido de desculpas. (Felizmente para mim, houve um segundo encontro.)

Agora, que parte dessa história versa sobre o motor de combustão interna? Nenhuma, obviamente, mas, de certa forma, toda ela. Sem motores, não haveria carros. Sem carros, não seria possível usá-los para namorar. (Seria difícil exagerar o efeito dos automóveis sobre o romance.) Sem namoro no carro, não haveria cinemas drive-in. E assim por diante. Nossa vida é tão permeada pelos automóveis que compreendemos de imediato, sem pensar nem um segundo sobre combustão interna, como meu pai deve ter se sentido quando meu avô lhe emprestou o carro, e com que cuidado deve tê-lo limpado antes de devolvê-lo.

Esse padrão de coevolução de tecnologia e sociedade também está presente nas ferramentas de comunicação. Eis uma pergunta sobre história da tecnologia: o que se tornou de uso geral primeiro, o fax ou a web? Pessoas com mais de 35 anos de idade têm dificuldade de entender até a razão de ser da pergunta – é claro que a adoção geral da máquina de fax foi anterior à da web. Eis outra: o que se tornou de uso geral primeiro, o rádio ou o telefone? As mesmas pessoas muitas vezes precisam pensar sobre essa pergunta, embora a demonstração prática do rádio tenha ocorrido quase duas décadas depois da do telefone, uma lacuna maior do que a que separou o fax e a web. Temos de pensar sobre o rádio e o telefone porque, para todo mundo que está vivo atualmente, essas duas tecnologias sempre existiram. E para os universitários de hoje, o mesmo pode ser dito do fax e da web. As ferramentas de comunicação só se tornam socialmente interessantes depois que se tornam tecnologicamente enfadonhas. A invenção de uma ferramenta não gera mudança; ela precisa ter existido por tempo suficiente para que a maior parte da sociedade a esteja usando. É quando uma tecnologia se torna normal, depois onipresente, e por fim tão universal a ponto de ser invisível, que as mudanças realmente profundas acontecem, e para os jovens de hoje nossas novas ferramentas sociais já passaram pelo estado de normais, estão se encaminhando à onipresença, e a invisibilidade aproxima-se.

Estamos vivendo no meio do maior aumento da capacidade expressiva na história da raça humana. Mais pessoas podem comunicar mais coisas para mais pessoas do que jamais foi possível no passado, e o tamanho e a velocidade desse aumento, que foi de menos de 1 milhão para mais de 1 bilhão de participantes no decorrer de uma geração, fazem da mudança algo sem precedentes, mesmo considerada contra o pano de fundo de revoluções anteriores nas ferramentas de comunicação. As mudanças verdadeiramente impactantes nessas ferramentas podem ser contadas nos dedos de uma mão: a imprensa e o tipo móvel (considerados como um longo período de inovação); o telégrafo e o telefone; conteúdo gravado (música, depois filmes), e por fim a utilização de sinais de rádio (para transmitir rádio e TV). Nenhum desses exemplos foi um simples melhoramento, ou seja, uma maneira melhor de fazer o que uma sociedade já fazia. Na realidade, cada um representou uma verdadeira ruptura com a continuidade do passado, porque qualquer mudança radical em nossa capacidade de nos comunicarmos uns com os outros muda a sociedade.

Há, no entanto, um desequilíbrio persistente nessas mudanças anteriores. O telefone, a revolução tecnológica que pôs o poder mais expressivo nas mãos do indivíduo, não criou um público; telefones destinavam-se a conversas. Por sua vez, a imprensa tipográfica e a mídia gravada e de transmissão criaram públicos enormes, mas o controle desses meios permaneceu nas mãos de um pequeno grupo de profissionais. Agora, com a crescente expansão e fusão dos telefones celulares e da internet, possuímos uma plataforma que gera ao mesmo tempo poder expressivo e tamanho de público. Cada novo usuário é um criador e consumidor em potencial, e um público cujos membros podem cooperar diretamente uns com os outros, de muitos para muitos, é um "antigo público". Mesmo que o grupo não crie nada além de alguns torpedos ou e-mails, essas mensagens podem ser destinadas não apenas a indivíduos, mas a grupos, e podem ser copiadas e reencaminhadas infinitamente.

Nossas ferramentas sociais não são um melhoramento da sociedade moderna; são um desafio a ela. Uma cultura com gráficas é de um *tipo* diferente de uma que não as possui. Novas tecnologias possibilitam novas coisas: em outras palavras, quando novas tecnologias aparecem, coisas antes impossíveis começam a acontecer. Se um número suficiente dessas coisas impossíveis tem importância e ocorre em quantidade, rapidamente, a mudança transforma-se em revolução.

O traço característico das revoluções é que as metas dos revolucionários não podem ser contidas pela estrutura institucional da sociedade existente. O resultado é que ou os revolucionários são reprimidos, ou algumas dessas instituições são alteradas, substituídas ou destruídas. Estamos claramente testemunhando uma reestruturação do negócio da mídia, mas o sofrimento dela não é único, é profético. Todo negócio é de mídia, porque, seja qual for a área, todos dependem do gerenciamento de informação para dois públicos – os funcionários e o mundo. O aumento, fora das estruturas organizacionais tradicionais, do poder tanto dos indivíduos quanto dos grupos é inédito. Muitas instituições de que dependemos hoje não sobreviverão a essa mudança sem importantes alterações, e quanto mais uma instituição ou indústria baseia-se na informação como seu principal produto, maior e mais completa será a alteração.

A ligação entre participação simétrica e produção amadora torna este período de mudança extraordinário. Participação simétrica significa que tão logo as pessoas adquirem a capacidade de receber informação, elas adquirem também a capacidade de enviá-la. Possuir uma televisão não lhe dá a capacidade de fazer programas de TV, mas possuir um computador significa que você pode tanto receber quanto criar muitos tipos de conteúdo, seja com palavra escrita ou som e imagens. A produção amadora, o resultado de toda essa nova capacidade, significa que hoje a categoria "consumidor" é mais um comportamento temporário do que uma identidade permanente.

5. A motivação pessoal vai ao encontro da produção colaborativa

A produção colaborativa, em que pessoas têm de se coordenar umas com as outras para conseguir fazer alguma coisa, é muito mais difícil que o simples compartilhamento, mas os resultados podem ser mais significativos. Novas ferramentas permitem a colaboração de grupos grandes, beneficiando-se de motivações não financeiras e admitindo níveis extremamente diversos de contribuição.

Talvez o exemplo mais famoso de colaboração distribuída que temos hoje seja a Wikipédia, a enciclopédia criada de maneira colaborativa que se tornou um dos sites mais visitados do mundo. Jimmy Wales e Larry Sanger fundaram-na em 2001 como uma experiência a partir de sua ideia original, uma enciclopédia on-line gratuita de alta qualidade chama Nupedia. A Nupedia seria escrita, revisada e gerida por especialistas que cederiam seu tempo gratuitamente. Wales tivera contato com trabalhos produzidos de maneira colaborativa ao dirigir a Bomis, uma companhia de internet que ele ajudara a fundar em 1996. O objetivo da Bomis era ajudar usuários (em geral do sexo masculino) a criar e exibir coleções de sites relacionados dedicados a assuntos como famosas seminuas ou carros tunados; era como uma *Maxim* organizada por usuários. Ele vira com que rapidez e baixo custo os usuários podiam compartilhar informação entre si, e pensou que esse tipo de criação colaborativa poderia ser aplicado a outros domínios. Esboçou a ideia para a Nupedia, conseguiu investimento da Bomis no início de 2000 e contratou Sanger, um doutorando em filosofia que compartilhava o interesse de Wales por teorias do conhecimento, como funcionário número um.

Sanger começou a planejar um processo para a criação de artigos da Nupedia, e após várias semanas de preparação, ele e Wales anunciaram o projeto com uma intrigante pergunta:

> Suponhamos que acadêmicos do mundo todo descobrissem a existência de um sério esforço para criar uma enciclopédia on-line em que os resultados não seriam de propriedade dos enciclopedistas, mas livremente distribuíveis ... em praticamente qualquer meio desejado. Com que rapidez essa enciclopédia cresceria?

Não muito depressa, como se verificou. Nove meses depois desse anúncio, a grande ideia de Wales e Sanger não estava funcionando; se os acadêmicos do mundo todo tinham descoberto a existência da Nupedia, sua reação por certo não havia sido acorrer para ajudar. Nos meses que se seguiram ao anúncio original, a maior parte do esforço fora despendida no recrutamento de um conselho consultivo voluntário e no estabelecimento de normas de política editorial e de um processo para criação, avaliação, revisão e publicação de artigos. Esse processo, destinado a determinar um padrão mínimo de qualidade, havia também determinado uma taxa máxima de progresso: lenta. Ao final desse período de gestação, havia menos de vinte artigos prontos e um punhado de outros em vários estágios do preparo. (Não podemos dizer que eram estágios de conclusão, pois conclusão era algo em que a Nupedia era visivelmente ruim.)

Para os acadêmicos que se dispuseram a participar, o fluxo de trabalho do rascunho até o artigo publicado envolvia sete passos diferentes. Se um artigo estacionava em qualquer deles – para avaliação, checagem de dados, correção ortográfica, fosse o que fosse –, podia ficar parado indefinidamente. Cada vez mais frustrado com o ritmo lento, e consciente de que o próprio processo erguera muitas novas barreiras para substituir aquelas que a web removera, Sanger sugeriu a Wales uma nova estratégia: usar uma ferramenta chamada wiki para criar o primeiro rascunho de artigos da Nupedia.

O primeiro wiki foi criado em 1995 por Ward Cunningham, um engenheiro de software. (O nome wiki foi tomado da palavra havaiana para "rápido".) Cunningham queria uma maneira de permitir à comunidade dos softwares criar um repositório de conhecimento compartilhado sobre programação. Ele observou que a maior parte das ferramentas disponíveis para a colaboração preocupava-se em criar complexos conjuntos de regras e requisitos – só autores designados podiam criar textos, ao passo que só editores podiam publicá-los, mas não antes que revisores os aprovassem, e assim por diante. Cunningham fez uma suposição diferente e radical: grupos de pessoas que querem colaborar também tendem a confiar umas nas outras. Se isso fosse verdade, um pequeno grupo poderia trabalhar em um esforço compartilhado de redação sem precisar de gerenciamento ou processo formal.

O wiki de Cunningham, o modelo para todos os wikis subsequentes, é um site editável por usuários. Em cada página de um wiki há um botão em algum lugar no qual se lê "Editar isto", que permite ao leitor acrescentar, alterar ou apagar o conteúdo da página. Em um livro ou uma revista, a distinção entre leitor e autor é imposta pelo meio; em um wiki, é possível ir e vir à vontade entre esses dois papéis. (A flexibilidade de papel é um resultado comum da amadorização em massa.) Sempre que um usuário edita alguma coisa em determinada página, o wiki registra a mudança e salva a versão anterior. Assim, cada página wiki é a soma de mudanças acumuladas, com todas as alterações prévias armazenadas como registro histórico. Era uma aposta arriscada, mas o projeto de Cunningham funcionou às mil maravilhas; o primeiro wiki, chamado Portland Pattern Repository, tornou-se uma inestimável coleção de conhecimentos sobre engenharia de software sem exigir supervisão formal nem controles editoriais. Ao pôr o processo nas mãos dos usuários em vez de embuti-lo na ferramenta, o wiki livrou-se da lentidão que costuma caracterizar ambientes de trabalho de estrutura complexa. Vendo esse efeito, outros grupos começaram a adotar wikis.

No início de 2001, um amigo de Sanger lhe falou sobre wikis, e ele por sua vez apresentou a ideia a Wales. Os dois montaram um wiki experimental no Nupedia como forma de criar rascunhos, o que teve dois efeitos imediatos. Primeiro, ficou muito mais fácil criar versões iniciais de artigos. O segundo efeito, que eles não tinham previsto, foi a pronta e veemente objeção por parte do conselho consultivo da própria Nupedia. O conselho fora recrutado para supervisionar um processo rigoroso, projetado e dirigido por especialistas, e o wiki ofendia seu senso de missão. Alguns dias depois de lançá-lo, Wales e Sanger tiveram de retirar o wiki nascente do site da Nupedia para aplacar o conselho. Como agora o wiki precisava de sua própria URL, resolveram chamá-la de Wikipedia.com, e a Wikipédia nasceu.

Assim que a Wikipédia foi ativada, Sanger enviou uma mensagem para a lista de discussão da Nupedia, que a essa altura tinha cerca de 2 mil membros, dizendo: "Façam-me um agrado. Vão lá e acrescentem um artigo. Isso não vai levar mais que cinco ou dez minutos." A mudança foi imediata e espetacular. Já em suas primeiras semanas de existência a Wikipédia superou a Nupedia em número total de artigos. No fim do ano, com 15 mil artigos e uma taxa de crescimento cada vez maior, duas coisas ficaram claras: a Wikipédia era viável, e a Nupedia, não.

Vendo esse sucesso, Sanger transferiu-se para o esforço da Wikipédia, abandonando pelo caminho seu título de "editor-chefe" da Nupedia e passando a se dizer "organizador-chefe". Apesar da natureza apaziguante de seu novo título, ele conseguiu enfurecer os outros participantes quando disse, em uma mensagem à lista de discussão da Wikipédia: "Reservo-me o direito de suprimir coisas em caráter permanente – em particular quando elas têm pouco mérito e quando foram postadas por pessoas cujo principal motivo é evidentemente solapar minha autoridade e, portanto, no que se refere a mim, prejudicar o projeto." Ao reivindicar direitos especiais sobre o projeto e igualar essas prerrogativas com o sucesso do projeto, Sanger só agravou o atrito relacionado a seu papel.

Em parte por causa desses conflitos, e em parte porque o crescimento da Wikipédia não gerou nem exigiu receita, Sanger foi dispensado no final de 2001. Mais tarde, como forma de cimentar seu status não lucrativo, o projeto Wikipédia foi transferido para Wikipedia.org; a progressão da Nupedia para a Wikipédia tal como a conhecemos hoje estava completa. O crescimento contínuo não foi interrompido pela saída de Sanger; a Wikipédia continuou a crescer constantemente em número tanto de artigos quanto de usuários. A versão em língua inglesa superou a marca dos 2 milhões de artigos em setembro de 2007. A Wikipédia em língua inglesa é o único site não comercial na lista dos vinte sites mais visitados dos Estados Unidos.

O conteúdo da Wikipédia

O enorme volume seria inútil, porém, se os artigos da Wikipédia não tivessem nenhuma qualidade. À guisa de exemplo, o artigo sobre Plutão em maio de 2007 na Wikipédia em inglês começava assim:

> Plutão, também denominado 134340 Plutão, é o segundo maior planeta-anão conhecido no Sistema Solar e o décimo maior objeto observado que orbita diretamente o Sol. Antes considerado um planeta, Plutão veio a ser reconhecido depois como o maior membro de uma região definida como cinturão de Kuiper. Como outros membros do cinturão, ele se compõe sobretudo de rocha e gelo e é relativamente pequeno; cerca de um quinto da massa da Lua e um terço de seu volume. Tem uma órbita excêntrica que o leva de 29 a 49 UA do Sol e possui uma inclinação significativa em relação aos planetas. Em consequência, Plutão fica por vezes mais próximo do Sol que o planeta Netuno.

Esse parágrafo incluía dez links para outros artigos da Wikipédia sobre o Sistema Solar, unidades astronômicas (UA) etc. O artigo estende-se por 5 mil palavras e termina com uma longa lista de links para outros sites com informações sobre Plutão. Esse tipo de coisa – uma rápida visão geral, seguida por descrições amplas e por vezes bastante longas, terminando com remissões para mais informação – é sem dúvida o que gostaríamos de encontrar em uma enciclopédia.

O artigo sobre Plutão não é fora do comum; podemos encontrar outros de qualidade igualmente alta por toda parte no site.

> O furacão Okeechobee, ou furacão San Felipe Segundo, foi um furacão terrível que atingiu as ilhas Leeward, Porto Rico, as Bahamas e a Flórida em setembro de 1928, durante a temporada de furacões no Atlântico. Foi o primeiro furacão registrado na bacia Atlântica a alcançar o status Categoria 5 na Escala de Furacões Saffir-Simpson.

> Ou:

> Ludwig Josef Johann Wittgenstein (26 de abril de 1889 em Viena, Áustria – 29 de abril de 1951 em Cambridge, Inglaterra) foi um filósofo austríaco que contribuiu para a filosofia com várias ideias revolucionárias, principalmente nos campos dos fundamentos da lógica, da filosofia da matemática, da filosofia da linguagem e da filosofia da mente. Sua influência tem sido vasta, situando-o entre os mais importantes filósofos do século XX.

E assim por diante. Há centenas de milhares de artigos cujo valor ao mesmo tempo inspira confiança e é aprimorado a cada dia.

A crítica mais comum feita à Wikipédia ao longo dos anos brota de simples descrença: "Isso não pode funcionar." Sanger compreendia essa objeção, e deu a um ensaio sobre o crescimento da Wikipédia o título "Wikipedia is wide open. Why is it growing so fast? Why isn't it full of nonsense?" (A Wikipédia é escancarada. Por que ela está crescendo tão depressa? Por que não está cheia de disparates?). Nesse artigo, atribuiu pelo menos parte da resposta à edição em grupo:

> O processo de autocorreção da Wikipédia (Jimmy Wales, o cofundador da enciclopédia, chama isso de "autorreparação") é muito robusto. O processo de avaliação pública, que está sempre em curso na Wikipédia, cria um considerável valor – valor que aqueles que não o experimentaram adequadamente têm facilidade em subestimar.

Outra escolha decisiva, que na verdade antecede a fundação da própria Wikipédia, foi o nome, ou melhor, o sufixo "-pedia". A Wikipédia, como todas as ferramentas sociais, é o que é em parte, devido ao modo como o software funciona, e também ao modo como a comunidade funciona. Embora wikis possam ser usados para muitos tipos de escritos, os primeiros usuários orientaram-se pelos modelos retóricos das enciclopédias existentes, o que ajudou a sincronizar o trabalho inicial: havia uma consciência compartilhada do tipo de escrito que deveria ser incluído em um projeto chamado Wikipédia. Isso ajudou a gerar formas de coordenação entre os usuários que não eram parte do software, mas sim da comunidade que o utilizava.

Hoje a Wikipédia transcendeu as funções tradicionais de uma enciclopédia. Minutos depois que as bombas explodiram no sistema de transportes de Londres, alguém criou uma página na Wikipédia chamada "7 July 2005 London bombings". A primeira encarnação do artigo tinha cinco frases e atribuía as explosões a um pico de tensão no metrô, uma das primeiras teorias sugeridas antes que a explosão de um ônibus fosse associada às ocorridas no metrô. A página da Wikipédia foi editada mais de mil vezes em suas quatro primeiras horas de existência, à medida que surgiam novas informações; usuários acrescentaram numerosas remissões para fontes tradicionais de notícia (mais simbiose) e uma lista de números de contato para pessoas que estivessem tentando localizar entes queridos ou simplesmente descobrir como chegar em casa. O que foi concebido em 2001 como uma enciclopédia aberta tornou-se uma ferramenta universal para coletar e distribuir informação rapidamente, um uso que firmou a Wikipédia ainda mais na mente das pessoas como um trabalho útil de referência. Observe o círculo virtuoso em ação aqui: como um número suficiente de pessoas pensou em usar a Wikipédia como recurso de coordenação, ela se tornou um, e, tendo ela servido a esse propósito, mais pessoas aprenderam a vê-la como um recurso de coordenação. Essa evolução tornou-se possível precisamente porque a comunidade havia assimilado antes de maneira correta a versão mais restrita da enciclopédia, o que forneceu uma plataforma de grande visibilidade para mais experimentações.

O ceticismo em relação à viabilidade básica da Wikipédia fazia algum sentido em 2001; não havia como prever, mesmo com a primeira onda de artigos, que tanto o ritmo de criação quanto a qualidade média permaneceriam elevados, mas hoje essas objeções soam como o comentário do fazendeiro apócrifo ao ver uma girafa pela primeira vez: "Não existe um bicho assim!" A utilidade cotidiana da Wikipédia para milhões de usuários é incontestável; as questões interessantes são outras.

Divisão não administrada do trabalho

É fácil compreender como a wiki original de Cunningham funcionava: um pequeno grupo de pessoas que se conhecem umas às outras não representa desafios organizacionais maiores que os de promover um jogo de pôquer entre vizinhos. Mas a Wikipédia não opera na escala de jogos de pôquer de vizinhos; opera na escala de um cassino de Las Vegas. Seria de se esperar que algo tão grande exigisse gerentes, um orçamento, um processo formal de fluxo de trabalho. Sem isso, como poderia funcionar? A resposta simples, embora surpreendente, é: divisão espontânea do trabalho. A divisão do trabalho costuma ser associada a contextos altamente gerenciados, mas aqui ela é implementada de maneira muito menos administrada. A Wikipédia é capaz de agregar contribuições individuais e em geral minúsculas, centenas de milhões a cada ano, feitas por milhões de colaboradores, todos desempenhando diferentes funções.

Ela funciona deste modo. Alguém decide que deveria existir um artigo sobre, digamos, asfalto, e o cria. O criador do artigo não precisa saber tudo (na verdade, quase nada) sobre asfalto. O resultado é um artigo que normalmente inspira um "Não diga!". O artigo original completo sobre asfalto na página em inglês dizia: "Asfalto é um material usado para cobrir estradas." Ele foi criado em março de 2001, no início da Wikipédia, por um usuário chamado Cdani, provavelmente com o mero objetivo de assinalar: "Deveríamos ter um artigo sobre asfalto aqui." (A Wikipédia chama isso de "esboço".)

Quando um artigo passa a existir, ele começa a ganhar leitores. Logo um grupo espontâneo desses leitores decide começar a contribuir. Alguns deles acrescentam texto, alguns editam o conteúdo existente, alguns adicionam referências a outros artigos ou a fontes externas, e alguns corrigem erros tipográficos e gramaticais. Nenhuma dessas pessoas precisa saber tudo sobre asfalto; todas as contribuições podem ser complementares. E nem todas as edições são melhoramentos: material acrescentado pode deixar uma frase truncada, pretensas correções podem introduzir de maneira inadvertida novos erros etc. Mas todas as edições são provisórias. Isso beneficia a Wikipédia, em parte porque mudanças ruins podem ser eliminadas mais depressa, mas também porque o conhecimento humano é provisório. Em 2006, houve um debate entre astrônomos sobre a conveniência de considerar Plutão um planeta ou relegá-lo a outra categoria; enquanto o debate prosseguia, a página de Plutão na Wikipédia foi atualizada para refletir a controvérsia, e, depois que Plutão foi rebaixado ao status de "planeta-anão", o artigo foi atualizado quase imediatamente.

Um artigo da Wikipédia é um processo, não um produto, e por isso nunca está concluído. Para que um artigo da Wikipédia melhore, basta que as boas edições predominem sobre as ruins. Em vez de filtrar as contribuições antes que elas apareçam em público (o processo que ajudou a matar a Nupedia), a Wikipédia supõe que novos erros serão introduzidos com menos frequência do que a correção de erros existentes. Essa suposição tem provado ser correta; apesar de vandalismos ocasionais, os artigos da Wikipédia ficam em média melhores com o passar do tempo.

É fácil entender divisão do trabalho em um contexto industrial. Um carro ganha existência à medida que avança por uma linha de montagem, passando de um grupo de especialistas para o seguinte – primeiro o eixo, depois as rodas. A divisão do trabalho em um wiki não se parece nada com isso. Até 2007, o artigo sobre asfalto na Wikipédia em inglês teve 129 diferentes colaboradores, que o subdividiram em dois artigos distintos: um sobre asfalto, o derivado de petróleo, e outro sobre concreto asfáltico, o revestimento de estradas. A cada um desses artigos, os colaboradores acrescentaram ou editaram seções sobre a química, a história e a distribuição geográfica dos depósitos de asfalto, sobre os diferentes tipos de cobertura asfáltica de estradas e até sobre a etimologia da palavra "asfalto", transformando o registro original de poucas palavras em dois artigos detalhados e informativos. Não havia uma pessoa responsável por fazer ou mesmo administrar o trabalho, mas ainda assim pesquisa, redação, edição e revisão desdobraram-se no curso de cinco anos. Esse padrão se estende por toda a Wikipédia: é possível escrever um texto sobre asfalto, corrigir erros ortográficos em Plutão e acrescentar referências externas a Wittgenstein em um único dia. Esse sistema também permite grande variabilidade de esforço – das 129 pessoas que colaboraram sobre o assunto asfalto, cem fizeram apenas uma edição cada, ao passo que a soma de edições feitas por meia dúzia de colaboradores mais ativos chegou perto de cinquenta, quase um quarto do total. SCEhardt, o usuário que mais contribuiu sobre o assunto asfalto, é dez vezes mais ativo que o colaborador médio e mais de cem vezes mais ativo que o menos ativo.

Essa situação é quase comicamente caótica – uma montadora de automóveis fecharia as portas em semanas se deixasse que os funcionários simplesmente trabalhassem no que quisessem e quando quisessem. Uma montadora tem duas tarefas. A óbvia é fabricar carros, mas a outra é ser uma companhia. É um trabalho árduo ser uma companhia; requer bastante esforço e um elevado grau de previsibilidade. Não poder contar com determinada especialidade de um funcionário, ou mesmo com sua presença rotineira, condenaria de imediato uma empresa como essa. Não há nenhum meio comercialmente viável de deixar os funcionários trabalharem no que lhes dá na telha quando dá vontade. Há, contudo, uma maneira não comercial de fazê-lo, que envolve ser eficaz sem se preocupar em ser eficiente.

Os wikis evitam o dilema institucional. Como os colaboradores não são funcionários, um wiki pode receber uma quantidade assombrosa de insumo com um mínimo de despesas gerais. Esta é a chave do seu sucesso: não é necessário assegurar que seus colaboradores sejam competentes, ou que estejam produzindo regularmente, ou mesmo que compareçam ao trabalho. A indispensável especialização do talento e a constância do esforço, aparentemente as marcas características do trabalho em grande escala, na realidade pouco têm a ver com a própria divisão do trabalho. Uma empresa precisa que o funcionário A e o funcionário B despendam o mesmo esforço, caso estejam fazendo o mesmo trabalho, porque precisa que eles sejam intercambiáveis e porque precisa reduzir o atrito entre os trabalhadores diligentes e os preguiçosos. Por essa medida, o grosso dos colaboradores da Wikipédia é de preguiçosos. A maioria deles edita um só artigo, uma só vez, enquanto a maior parte do esforço vem de um grupo muito menor e mais ativo. (Os dois artigos sobre asfalto, em que um quarto do trabalho foi feito por seis colaboradores, são um microcosmo desse fenômeno geral.) Como ninguém está sendo pago, os colaboradores ativos e os ocasionais coexistem alegremente dentro do mesmo ecossistema.

A liberdade que os colaboradores têm para pular de um artigo a outro e de uma tarefa a outra faz com que o trabalho em qualquer artigo seja imprevisível, mas como não há acionistas nem gerentes, nem sequer clientes, esse tipo de previsibilidade não importa. Além disso, como qualquer pessoa pode agir, a capacidade dos responsáveis de anular iniciativas através da inação é destruída. Foi o que arruinou a Nupedia; como todos os que trabalhavam nesse projeto compreendiam que apenas especialistas deveriam escrever, ninguém começava sequer a abordar um assunto que conhecesse pouco, e como os especialistas nada faziam (que foi o que mais aconteceu na Nupedia), nada acontecia. Em um sistema conduzido por especialistas, um artigo sobre asfalto que dizia "Asfalto é um material usado para cobrir estradas" jamais apareceria, nem como esboço. Tão curto! Tão pouco informativo! Ora, qualquer um poderia ter escrito isso! O que, é claro, é a principal vantagem da Wikipédia.

Em um sistema no qual todos são livres para iniciar alguma coisa, por pior que seja, um artigo curto e pouco informativo pode ser a âncora para o bom artigo que por fim aparecerá. Sua própria inadequação motiva as pessoas a melhorá-lo; há muito mais gente disposta a melhorar um artigo ruim do que a começar um bom a partir do zero. Em 1991, Richard

Gabriel, engenheiro de software na Sun Microsystems, escreveu um ensaio que incluía uma seção chamada "Worse is better" (Pior é melhor), descrevendo esse efeito. Ele comparou duas linguagens de programação, uma elegante mas complexa contra outra esquisita mas simples. Na época, acreditava-se que a solução elegante acabaria por triunfar; Gabriel, contudo, previu corretamente que a linguagem mais simples se difundiria mais depressa, e portanto mais pessoas passariam a se preocupar em melhorar a linguagem simples do que em melhorar a complexa. Os sucessos iniciais de um modelo simples geraram exatamente os incentivos (a atenção, o desejo de ver o próprio trabalho ser difundido) necessários para a criação de melhoramentos importantes. Incentivos desse tipo ajudam a assegurar que, apesar do caos diário, um padrão previsível surge com o tempo: os leitores continuam a ler, alguns deles tornam-se colaboradores, a Wikipédia continua a crescer e os verbetes continuam a melhorar. O processo assemelha-se mais à criação de um recife de coral, a soma de milhões de ações individuais, que à fabricação de um carro. E a chave para a geração dessas ações individuais é conceder a maior liberdade possível ao usuário médio.

Um desequilíbrio previsível

Qualquer coisa que aumente nossa capacidade de compartilhar, coordenar ou agir aumenta nossa liberdade de perseguir nossos objetivos em conjunto com outros. Nunca tantas pessoas tiveram tanta liberdade para dizer e fazer tantas coisas com tantas outras pessoas. A liberdade que impele a amadorização em massa remove os obstáculos tecnológicos à participação. Uma vez que hoje todos têm as ferramentas para contribuir da mesma maneira, seria de se esperar um enorme aumento na igualdade da participação. Mas isso seria um erro.

Talvez você tenha percebido um grande desequilíbrio de participação em muitos exemplos deste livro. Os artigos da Wikipédia referentes a asfalto tiveram 129 colaboradores, que fizeram um total de 205 edições, mas a maior parte do trabalho foi obra de uma pequena fração dos participantes, e apenas seis deles foram responsáveis por cerca de um quarto das mudanças. Um padrão semelhante aparece no Flickr: 118 fotógrafos carregaram no site mais de 3 mil fotos da Mermaid Parade, mas a metade disso foi fornecida pelos dez maiores colaboradores, e o fotógrafo mais ativo, czarina, foi responsável sozinho por 238 fotos (quase uma em doze). Esse formato, chamado distribuição de lei de potência, é mostrado na Figura 5-1.

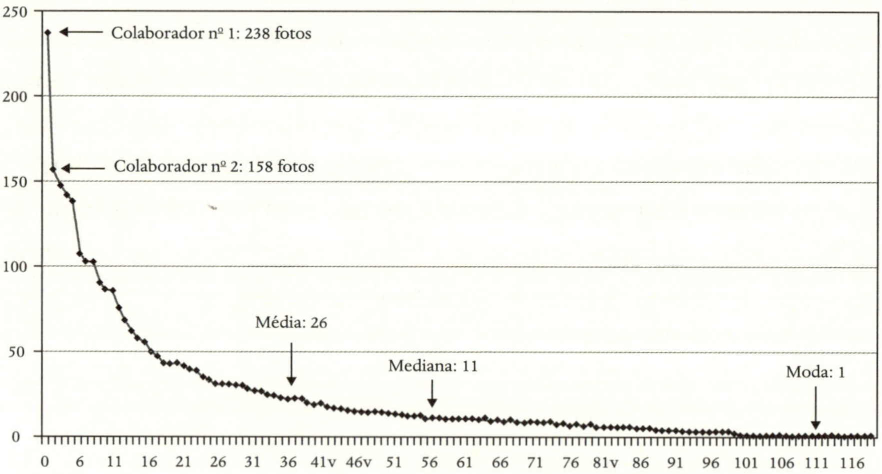

FIGURA 5-1: Distribuição dos fotógrafos que postaram fotos da Mermaid Parade de Coney Island em 2005

Cinco pontos são mostrados nesse gráfico. Os dois pontos mais à esquerda são os dois fotógrafos mais ativos. O primeiro é muito mais ativo que o segundo, e ambos são muito mais ativos que a maioria dos demais fotógrafos. O número médio de fotos feitas (o total de fotos dividido pelo total de fotógrafos) é 26, ao passo que a mediana (a quantidade feita pelo fotógrafo do meio da curva) foi onze, e a moda (o número de fotos que apareceu com maior frequência) é uma única foto.

Observe a queda brusca entre o número de fotos enviadas pelos poucos colaboradores principais e pela maioria dos participantes. Observe também que, devido às contribuições desproporcionais desse pequeno número de fotógrafos, três quartos do total forneceram um número de fotos abaixo da média. Esse padrão é geral nas mídias sociais: em listas de discussão com mais de algumas dezenas de participantes, o principal colaborador é em geral bem mais ativo que o segundo colocado e muito mais ativo que a média. A conversa mais longa estende-se muito mais que a segunda colocada, e ainda mais que a média, e assim por diante. Blogueiros, colaboradores da Wikipédia, fotógrafos, pessoas conversando em listas de discussão e a participação social em vários outros sistemas de grande escala exibem todos um padrão semelhante.

Isso encerra duas grandes surpresas. A primeira é que o desequilíbrio assume o mesmo formato em uma enorme diversidade de tipos de comportamento. Um gráfico da distribuição de etiquetas (ou *tags*) de fotos no Flickr tem o mesmo formato que o gráfico de leitores por blog e colaborações por usuário na Wikipédia. A forma geral de uma distribuição de lei de potência aparece em contextos sociais quando algum conjunto de itens – usuários, fotos, *tags* – é classificado por frequência de ocorrência. Podemos classificar um grupo de usuários do Flickr pelo número de fotos que postam. Podemos classificar uma coleção de fotos pelo número de visitantes. Podemos classificar *tags* pelo número de fotos a que foram aplicadas. Todos esses gráficos terão mais ou menos a forma de uma distribuição de lei de potência.

A segunda surpresa é que, em vez de prejudicar grandes sistemas sociais, o desequilíbrio os impulsiona. Menos de 2% dos usuários da Wikipédia fizeram alguma contribuição, mas isso é suficiente para gerar um valor extraordinário para milhões de usuários. E, entre esses colaboradores, nenhum esforço é feito para igualar suas contribuições. A divisão espontânea de trabalho que propele a Wikipédia não seria possível se houvesse preocupação em reduzir a desigualdade. Ao contrário, muitos dos grandes experimentos sociais são mecanismos para tirar proveito da desigualdade, não para limitá-la. Embora a palavra "ecossistema" seja usada em excesso como forma de fazer situações simples parecerem mais complexas, ela cabe aqui, porque grandes sistemas sociais não podem ser compreendidos como simples agregações do comportamento de um usuário "médio" inexistente.

A característica mais destacada de uma lei de potência é que, quanto maior a classificação, mais extremo o desequilíbrio. A matemática em operação aqui é simples – uma lei de potência descreve dados em que a enésima posição tem 1/n da classificação da primeira. Em uma distribuição de lei de potência pura, a distância entre a primeira e a segunda posição é maior que a distância entre a segunda e a terceira, e assim por diante. Nas edições de artigos da Wikipédia, por exemplo, seria esperado que o número de edições do segundo usuário mais ativo fosse apenas metade das feitas pelo usuário principal e que o décimo mais ativo tivesse feito um décimo delas. Esse é o formato por trás da chamada regra 80/20, em que, por exemplo, 20% do estoque de uma loja é responsável por 80% de sua receita, e ela faz parte da literatura das ciências sociais desde que Vilfredo Pareto, um economista italiano que trabalhou no início do século XX, encontrou uma distribuição de lei de potência da riqueza em todos os países que estudou; o padrão era tão comum que ele o chamou de "desequilíbrio previsível". Esse é também o formato por trás da discussão de Chris Anderson em *A cauda longa*; a maior parte dos itens oferecidos em sites de varejo como iTunes e Amazon não vende bem, mas tomados em conjunto geram uma receita considerável. O padrão não se aplica apenas a mercadorias, mas a interações sociais também. As distribuições no mundo real são apenas uma aproximação dessa fórmula, mas o desequilíbrio que ela cria aparece em uma quantidade assombrosa de lugares em grandes sistemas sociais.

Em qualquer de suas variações, esse formato é muito diferente da distribuição em curva gaussiana a que estamos acostumados. Imagine que você vai à sua comunidade e mede a altura de duzentos homens escolhidos ao acaso. Para características como a altura, que obedecem a uma curva gaussiana, saber qualquer um dos números – média, mediana ou moda – é uma pista para os outros. Se você sabe a altura do homem mediano ou a altura mais comum entre todos os indivíduos, pode estimar qual será a altura média. E o mais importante é que a altura média, seja ela qual for, pode ser considerada extremamente representativa do grupo.

Agora imagine que a altura fosse descrita não por uma curva gaussiana, mas por uma lei de potência. Se a altura média de duzentos homens fosse 1,78 metro, a altura mais frequente (ou modal), exibida por dezenas de homens, seria de apenas 30,48 centímetros, e a altura mediana seria de 60,96 centímetros (cem homens com menos de 60,96 centímetros de altura, cem com mais). O mais importante é que, em uma distribuição como essa, os cinco homens mais altos teriam respectivamente: 12,19 metros, 15,24 metros, 20,12 metros, 30,48 metros e 60,96 metros. A altura não segue uma lei de potência (para a sorte dos alfaiates e dos arquitetos), mas a distribuição de muitos sistemas sociais, sim. O colaborador mais ativo de um artigo da Wikipédia, o mais pródigo fornecedor de fotos para o Flickr e o membro mais falante de uma lista de discussão tendem a ser muito mais ativos que o participante mediano, tanto, na verdade, que qualquer mensuração da participação "média" não tem sentido. Há um declínio abrupto entre um pequeno número de participantes extraordinariamente ativos e um grupo grande de colaboradores esporádicos e, embora seja fácil calcular a média, ela não nos diz muita coisa sobre nenhum dos participantes.

Sistemas descritos por uma lei de potência, em que média, mediana e moda são tão diferentes, têm vários efeitos curiosos. O primeiro é que, por definição, a maior parte dos participantes situa-se abaixo da média. Isto soa estranho a muitos ouvidos, acostumados a um mundo em que média significa meio, isto é, em que média é o mesmo que mediana. É possível ver esse fenômeno do "abaixo da média" em ação na piada do economista: Bill Gates entra em um bar, e, na média, de repente todos lá dentro tornam-se milionários. O corolário é que todos os demais que estão no bar também passam a ter uma renda abaixo da média. A outra surpresa desse tipo de sistema é que, à medida que eles crescem, o desequilíbrio entre a minoria e a maioria fica maior, não menor. À medida que surgem mais blogs, mais perfis no MySpace ou mais vídeos no YouTube, a defasagem entre o material que atrai mais atenção e uma atenção apenas média crescerá, assim como a defasagem entre média e mediana.

Não podemos entender a Wikipédia (na verdade, nenhum sistema social amplo) considerando algum usuário individual ou mesmo um pequeno grupo e supondo que são representativos do todo. Os poucos usuários mais ativos respondem pela maioria das edições, ainda que componham uma minoria, e muitas vezes uma minoria minúscula, de colaboradores. Mas nem mesmo esse pequeno grupo é responsável por todo o sucesso da Wikipédia, porque muitos desses usuários ativos estão fazendo coisas como corrigir erros ortográficos ou introduzir pequenas mudanças, ao passo que usuários que dão apenas uma contribuição estão por vezes acrescentando nacos maiores de informação relevante.

As distribuições de lei de potência tendem a descrever sistemas de elementos em interação, não meras coleções de elementos variáveis. Altura não é um sistema – minha altura é independente da sua. Meu uso da Wikipédia, porém, não é independente do seu, pois as mudanças que eu faço aparecem para você, e vice-versa. Essa é uma das razões por que temos dificuldade de pensar em sistemas com distribuições de lei de potência. Estamos habituados a extrair médias úteis de pequenas amostras e a raciocinar sobre todo o sistema com base nelas. Quando encontramos um sistema como a Wikipédia, em que não há usuários representativos, os hábitos mentais que decorrem do costume de pensar em médias são não apenas inúteis, mas prejudiciais. Para compreender a criação de algo como um artigo da Wikipédia, não podemos procurar um colaborador representativo, pois não existe nenhum. Em vez disso, temos de mudar nosso foco e nos concentrar não nos usuários individuais, mas no comportamento do conjunto.

A lei de potência também ajuda a explicar a diferença entre os muitos grupos de amigos pequenos, mas estreitamente interligados, que usam blogs e o punhado de blogs mais famosos e mais lidos. As pressões estão refletidas na Figura 5-2, que mostra a relação entre uma distribuição de lei de potência e os tipos de padrões de comunicação que podem ser sustentados.

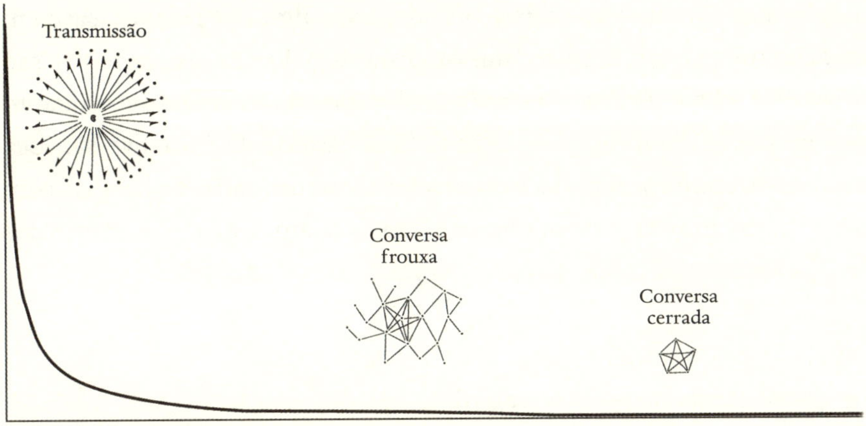

FIGURA 5-2: Relação entre o tamanho do público e o padrão de conversa. A linha curva representa a distribuição de lei de potência de blogs classificados pelo tamanho do público. Os blogs do lado esquerdo do gráfico têm tantos leitores que estão limitados ao padrão de transmissão, porque não é possível interagir com milhões de leitores. À medida que o tamanho do público leitor diminui, a conversa frouxa torna-se possível, porque os públicos são menores. A cauda longa de blogs com apenas alguns leitores cada é capaz de sustentar uma conversa cerrada, em que todo leitor é também um escritor e vice-versa.

Como é normal em uma distribuição de lei de potência, a maioria das pessoas que escrevem tem poucos leitores. Todos esses leitores e escritores podem prestar níveis semelhantes de atenção uns aos outros, formando grupos de conversa relativamente coesos. (Esse é o padrão, descrito no capítulo anterior, dos pequenos grupos de amigos que usam blogs ou ferramentas de redes sociais.) À medida que o público cresce para a casa das centenas, o padrão de coesão do tipo "todos conectados com todos" torna-se insustentável – a conversa ainda é possível, mas acontece em uma comunidade com ligações muito mais frouxas. E com milhares, ou ainda milhões de pessoas prestando atenção, a fama começa a desempenhar seu papel. Depois que começam a obter mais atenção do que podem retribuir, os escritores são obrigados a escolher entre amplitude e profundidade. Podem passar menos tempo falando com todos (não é à toa que chamamos essas interações de superficiais e dizemos que as pessoas que as mantêm estão se desdobrando) ou se limitar a interações mais profundas com algumas pessoas (caso em que dizemos que são exclusivistas ou distantes). Em casos extremos, são obrigados a adotar ambas as estratégias, limitando tanto o número quanto a profundidade das interações. Uma festa de casamento é uma versão localizada desse conflito. A noiva e o noivo enchem um salão de pessoas com quem poderiam conversar por horas e depois falam com a maior parte dos convidados durante apenas alguns minutos só por educação.

Por que alguém se daria o trabalho?

A lógica de Coase em "The nature of the firm" sugere que, ao se organizar qualquer grupo, a escolha é entre administração e caos; ele supõe que é muito difícil criar um grupo não administrado e ao mesmo tempo não caótico. Mas a falta de direção administrativa torna mais fácil para o colaborador ocasional acrescentar algo de valor; em termos econômicos, um sistema social aberto como a Wikipédia reduz enormemente tanto as despesas operacionais quanto os desestímulos à participação. Porém, mesmo a compreensão de como uma página wiki surge não nos ajuda em nada a responder à pergunta mais difícil de todas: por que haveria alguém de colaborar para um wiki, para início de conversa? Talvez seja mais fácil ilustrar a resposta com um exemplo pessoal.

Pouco tempo atrás, topei com um verbete da Wikipédia em inglês para floco de neve de Koch, um membro de um curioso bestiário de formas matemáticas chamadas fractais (formas que têm o mesmo padrão em muitas escalas, como uma folha de samambaia). O artigo tinha imagem animada mostrando o floco de neve em vários estágios de construção, acompanhada pelo seguinte texto:

> Um floco de neve de Koch é o limite de uma construção infinita que começa com um triângulo e substitui recursivamente cada segmento de linha por uma série de quatro segmentos de linha que formam um "bojo" triangular. Cada vez que novos triângulos são acrescentados (uma iteração), o perímetro

dessa forma cresce por um fator de quatro terços e, por conseguinte, divide-se infinitamente com mais iterações. O comprimento do limite do floco de neve de Koch é portanto infinito, ao passo que sua área permanece finita.

Essa descrição é precisa, mas um pouco canhestra. Eu a reescrevi da seguinte maneira:

> Para criar um floco de neve de Koch, comece com um triângulo equilátero e substitua o terço médio de cada segmento de linha por um par de segmentos de linha, formando um "bojo" equilátero. Depois efetue a mesma substituição em cada segmento de linha da forma resultante, *ad infitum*. A cada iteração, o perímetro dessa forma cresce quatro terços. O floco de neve de Koch é o resultado de um número infinito dessas iterações, e tem um comprimento infinito, enquanto sua área continua finita.

Essa nova redação descreve a mesma forma, mas de uma maneira mais fácil de compreender.

Por que fiz isso? Nada em meu dia a dia tem coisa alguma a ver com fractais, e, aliás, eu estava melhorando o artigo não para mim, mas para leitores subsequentes. Introspecção psicológica é uma coisa complicada, mas sei de pelo menos três razões que me levaram a reescrever essa descrição. A primeira foi ver nisso uma chance de exercitar algumas capacidades mentais não utilizadas – estudei fractais em um curso de física na faculdade nos anos 1980 e gostei de ver que ainda me lembrava do suficiente sobre o floco de neve de Koch para ser capaz de dizer algo de útil a respeito dele, por modesto que fosse.

A segunda razão foi vaidade – o prazer do "eu estive aqui", de mudar alguma coisa no mundo só para ver minha impressão digital nele. Deixar uma marca no mundo é um desejo humano comum. Em reação a tecnologias produzidas em massa, cujos componentes estão além do alcance do usuário, instalamos toques de chamada e protetores de tela, como uma maneira de conseguir mudar alguma coisa em nossas ferramentas inflexíveis. A Wikipédia permite que os usuários deem uma contribuição muito mais significativa do que decidir se nosso celular deve tocar "Abertura 1812" ou "Holla Black Girl".

Esse desejo de dar uma contribuição significativa onde for possível é parte do que impele a divisão espontânea do trabalho da Wikipédia. Talvez você tenha notado que introduzi acidentalmente um erro em minha edição, escrevendo "*ad infitum*" quando deveria ter escrito "*ad infinitum*". Isso me escapou na hora em que escrevi o verbete, mas não escapou a outros usuários; pouco depois que postei minha edição, alguém foi lá e corrigiu a ortografia. Meu erro havia sido corrigido, meu melhoramento foi melhorado. Para propor minha edição, bastou-me saber um pouco sobre o floco de neve de Koch; há muito mais pessoas como eu do que matemáticos que compreendem toda a complexidade desse floco. De maneira semelhante, a correção de meu erro ortográfico não exigiu nenhum conhecimento do assunto; em consequência, o número de leitores em potencial que podiam corrigir meu erro era maior ainda, e, dada a simplicidade da correção, eles não precisaram ter as mesmas motivações que eu. (Se você notou aquele erro impresso aqui e ficou incomodado, considere se isso teria sido suficiente para levá-lo a corrigi-lo se pudesse.) É óbvia a maneira como a Wikipédia se beneficia de diferentes tipos de conhecimento – alguém que sabe sobre batalhas com tanques na Segunda Guerra Mundial e alguém que tem conhecimento sobre modalidades de pôquer vão contribuir para artigos diferentes. Menos óbvio é como ela tira proveito de outras habilidades além do conhecimento. Reescrever uma frase para exprimir o mesmo pensamento de modo mais claro é uma habilidade diferente de encontrar e corrigir erros de ortografia, e ambas diferem do conhecimento sobre regras do pôquer, mas todas essas habilidades são aproveitadas pela Wikipédia.

A terceira motivação foi o desejo de fazer uma boa ação. Esta é, dentre todas as motivações, ao mesmo tempo a mais surpreendente e a mais óbvia. Sabemos que motivações não financeiras estão por toda parte. As enciclopédias costumavam ser coisas que só apareciam quando as pessoas pagavam por elas, e no entanto a Wikipédia não cobra taxas de seus usuários, nem paga coisa alguma a seus colaboradores. A genialidade dos wikis e a consequente mudança no esforço em grupo em geral – baseia-se em parte na capacidade de fazer motivações não financeiras resultarem em algo de significação global.

Yochai Benkler, jurista, teórico das redes e autor de *The Wealth of Networks*, define a criação não comercial de valor de grupo como "produção entre pares baseada em um bem comum" e chama atenção para as maneiras como as pessoas gostam de colaborar sem precisar de recompensa financeira. A Wikipédia é uma produção entre pares por excelência, formada para permitir que qualquer pessoa edite um artigo se quiser, por qualquer razão, menos dinheiro.

Na verdade, há cada vez mais evidências de que partes específicas do nosso cérebro são reservadas para cálculos economicamente irracionais, mas socialmente úteis. Em um experimento muito conhecido chamado "jogo do ultimato", duas pessoas dividem dez dólares entre si. A primeira recebe o dinheiro e pode então dividi-lo como quiser; a única liberdade que a segunda pessoa tem é de aceitar ou recusar o negócio por ambas. A pura racionalidade econômica sugeriria que a segunda pessoa aceitaria qualquer divisão do dinheiro, até uma de 9,99 dólares para a outra e um centavo para si, porque mesmo esse único centavo a deixaria mais rica que antes. Na prática, porém, a pessoa tende a recusar uma divisão que lhe pareça excessivamente desigual (na prática, qualquer uma que lhe proporcione menos de três dólares), mesmo que isso signifique que nenhuma das duas receberá qualquer dinheiro. Em outras palavras, ao contrário do que diz a economia clássica, temos uma disposição para punir os que nos tratam de maneira injusta, mesmo a um custo pessoal; isto é, uma preferência pela justiça que é mais emocional que racional. Isso por sua vez sugere que sistemas baseados em motivações não financeiras podem ter de fato maior tolerância à participação variável.

Temos também indícios práticos de que, quando o aspecto de uma negociação muda, voluntários antes satisfeitos afastam-se. A America Online estruturou-se como um ponto de entrada de fácil acesso em redes digitais, e grande parte de sua acessibilidade vinha diretamente dos próprios usuários, muitos dos quais gostavam tanto do serviço que trabalhavam como guias voluntários. Depois que o valor das ações da AOL subiu à estratosfera, porém, vários desses guias uniram-se para mover uma ação coletiva, afirmando que a AOL havia lucrado injustamente com seu trabalho. Nada havia mudado no trabalho que eram solicitados a fazer; tudo mudara no contexto financeiro em que o faziam, e isso foi o bastante para envenenar sua boa vontade. (Embora o caso ainda aguarde decisão, a AOL abandonou o programa de guias voluntários.)

Prótese social

A pergunta que todo wiki em funcionamento faz a seus usuários é: "Quem se importa?" Quem se importa com a existência de um artigo sobre asfalto? Cdani se importa. Quem se importa se ele contém fotos? SCEhardt se importa. Quem se importa com a clareza da descrição de um floco de neve de Koch? Eu me importo. Os wikis recompensam aqueles que investem em seu aperfeiçoamento. Isso explica por que tanto especialistas quanto amadores se dispõem a contribuir – como a estrutura da participação não está vinculada a recompensas extrínsecas, pessoas capazes de contribuir para a explicação técnica de formas matemáticas complexas acabam trabalhando lado a lado com outras que só sabem o suficiente para revisar essas descrições. Essa recompensa, e a lealdade que ela gera, ajuda a explicar uma das questões mais complexas sobre o duradouro sucesso da Wikipédia: como ela sobrevive tanto à discordância quanto ao vandalismo? A abertura, a divisão do trabalho e as múltiplas motivações de seus usuários impelem sua crescente qualidade média, mas nada disso explica por que artigos sobre assuntos controversos não são prejudicados por guerras de edição entre facções rivais, ou simplesmente destruídos por vândalos, que podem apagá-los por inteiro com apenas um clique. Por que coisas desse tipo não acontecem? Ou, para fazer a mesma pergunta na linguagem da economia: por que a Wikipédia não sofre da Tragédia do Terreno Comunal? Por que ela não foi destruída por aproveitadores ou mesmo por vândalos?

O formato wiki é outra versão do "publique, depois filtre"; a coerção é aplicada após o fato, não antes. Como todas as edições são provisórias, qualquer leitor subsequente pode decidir que uma mudança feita em um artigo é inaceitável, deve ser refeita ou apagada. Essa capacidade é universal; qualquer edição ou supressão pode ser refeita ou cancelada ("revertida"), mudanças que também são submetidas a ainda mais escrutínio, *ad infinitum*. Cada mudança em um artigo da Wikipédia deve ser vista como uma proposta de edição; ela aparece no instante em que é feita, mas ainda está sujeita a crítica e revisão futuras. (Voltei a verificar o artigo sobre o floco de neve de Koch depois e fiquei feliz ao ver que minhas alterações haviam sobrevivido a essa revisão.) No caso de vandalismo óbvio, o processo de revisão ocorre com espantosa rapidez. Martin Wattenberg e Fernanda Viégas, pesquisadores da IBM que estudam a Wikipédia, documentaram vários artigos controversos sobre assuntos como aborto e islã, em que supressões completas do conteúdo dos artigos foram restauradas em menos de dois minutos.

Como todas as coisas descritas neste livro, um wiki é um híbrido de ferramenta e comunidade. A Wikipédia, como todos os wikis, cresce se um número suficiente de pessoas se importarem com ela; do contrário, morre. Essa última função faz parte de qualquer wiki em funcionamento, mas não do software wiki, e sim da comunidade que o utiliza. Mesmo que só algumas pessoas se importem com um wiki, torna-se mais difícil danificá-lo que repará-lo. (Imagine um mundo em que seja mais fácil limpar um muro que pichá-lo.) Quando uma página vandalizada reaparece como se nada tivesse acontecido, ela gera um sentimento oposto ao do "eu estive aqui" de uma edição bem-sucedida – nada é mais frustrante para um vândalo que investir energia para mudar uma coisa e em seguida ver o fruto desse esforço desaparecer em segundos. As evidências de que um número suficiente de pessoas se importa com um artigo e de que têm tanto vontade quanto ferramentas para defendê-lo com rapidez provaram-se suficientes para desmoralizar a maioria dos vândalos.

Como em todo caso de fusão entre grupo e ferramenta, essa defesa contra o vandalismo é resultado não apenas de uma nova tecnologia, mas de uma nova tecnologia combinada com uma nova estratégia social. Os wikis fornecem aos grupos meios para trabalharem juntos e defenderem o produto desse trabalho, mas isso só é possível quando a maioria dos participantes está comprometida com esses resultados. Quando não está, criar um wiki pode ser um exercício fútil, ou um completo desastre. Um exemplo notável foi o "Wikitorial", um esforço do *Los Angeles Times* que dava ao público acesso ao conteúdo das páginas editoriais. O jornal anunciou o experimento em uma tentativa de atrair usuários, e sem dúvida conseguiu. Um grupo de usuários determinados e comprometidos chegou rapidamente e pôs-se a destruir o experimento, vandalizando os editoriais postados com conteúdos despropositados e pornografia. Menos de 48 horas depois que o Wikitorial foi lançado, um funcionário do *LA Times* recebeu ordem para simplesmente desativá-lo. O problema que o jornal sofreu foi simples: ninguém se importava o bastante com os conteúdos do Wikitorial para defendê-lo, muito menos para melhorá-lo. Um editorial pretende ser a expressão oportuna de uma única voz assertiva – o oposto das características que constituem um bom conteúdo de wiki. Um wiki engrandece uma comunidade, em vez de substituí-la; na ausência de uma comunidade atuante, um wiki sofrerá a Tragédia do Terreno Comunal, como ocorreu com o Wikitorial, à medida que indivíduos o usarem como plataforma para chamar atenção e não houver nenhuma comunidade para defendê-lo.

Uma das estratégias defensivas extremas para a Wikipédia é a capacidade de bloquear uma página, impedindo edições de qualquer um que não esteja entre os poucos wikipedistas mais comprometidos, até que as paixões tenham arrefecido. (Páginas podem ser bloqueadas também diante de vandalismo persistente, mas sempre há menos de 0,5% de páginas bloqueadas.) Além disso, houve crises de validade: em 2005, o jornalista John Seigenthaler descobriu que havia uma biografia sua na Wikipédia, e que ela continha acusações perniciosas e falsas sobre seu envolvimento nos assassinatos dos Kennedy. O verbete foi então corrigido, mas como àquela altura o material falso estivera exibido por meio ano, muito dano já havia sido causado. Depois, em 2006, um wikipedista de longa data chamado essjay afirmou, entre outras coisas, ter um doutorado em teologia e trabalhar como professor titular em uma universidade particular. Na verdade, ele abandonara uma faculdade e não tinha qualquer diploma de nível superior ou cargo acadêmico. Esses dois eventos revelaram debilidades nos métodos da Wikipédia, e após a descoberta de cada um a fundação instituiu novas regras, introduzindo propostas especiais para a manipulação de biografias de pessoas vivas, bem como restringindo o poder de usuários não registrados para criar artigos novos.

O bloqueio de páginas e as restrições estabelecidas após os casos de Seigenthaler e essjay contrastam com o objetivo geral de abertura da Wikipédia. Os wikipedistas têm bastante consciência desse conflito, e por isso a filosofia do projeto adere estritamente ao trabalho original de Cunningham: deixar a comunidade fazer tanto quanto lhe for possível, mas, onde ela não puder trabalhar sozinha, acrescentar correções tecnológicas. A Wikipédia baseia-se na abertura não como modo teórico de trabalho, mas como um modo prático. Esse pragmatismo muitas vezes choca pessoas que apresentam a Wikipédia como um paradigma da pura abertura, mas o fato curioso é que muitos dos seus defensores mais inflamados na verdade não sabem muito sobre seu funcionamento interno e a veem, erroneamente, como um experimento de anarquia comunal. As pessoas que mais gostam de descrevê-la como produto de uma mente coletiva amorfa não compreendem como a Wikipédia de fato funciona. Ela é produto não de coletivismo, mas de interminável discussão. Os artigos crescem não graças a pensamento harmonioso, mas mediante constante exame e correção.

A ideia por trás da Nupedia era que deveria ser possível aperfeiçoar enciclopédias tradicionais mantendo o processo, mas abandonando o aspecto comercial. Isso se revelou uma ideia ruim, porque grande parte do processo de criação de uma enciclopédia tradicional tem menos a ver com enciclopédias do que com imperativos institucionais. Depois que o dilema institucional é eliminado, como a Wikipédia faz, é possível eliminar também o processo institucional. A Wikipédia nos convida a acompanhar a seguinte matemática desorientadora: um processo caótico, com contribuições imprevisíveis e extremamente desiguais, dadas por colaboradores não especializados impelidos por motivações variadas, está criando um recurso global de imenso valor no cotidiano. Um produtor comercial de enciclopédias tem de ser eficiente na localização e correção de erros, pois estão envolvidas coisas como processos, prazos e salários. A Wikipédia, sem nada disso, não precisa ser eficiente – precisa ser apenas eficaz. Se um número suficiente de pessoas vir um artigo, a chance de que um erro vá ser detectado e corrigido aumenta com o tempo. Sendo um processo, em vez de um produto, a Wikipédia substitui garantias que instituições oferecem por probabilidades sustentadas pelo processo: se um número suficiente de pessoas se importar o bastante com um artigo a ponto de lê-lo, um número suficiente delas se importará o bastante para aperfeiçoá-lo, e com o correr do tempo isso levará a um corpo grande o suficiente de trabalho bom o suficiente para que milhões comecem a se acostumar tanto com a disponibilidade quanto com a qualidade dos artigos, e incorporem a Wikipédia ao seu cotidiano.

O amor como um material de construção renovável

O santuário xintoísta em Ise, no Japão, ocupa o mesmo local há mais de 1.300 anos. Apesar dessa idade avançada, porém, a Unesco, agência cultural da ONU, recusou-se a incluí-lo em sua lista de sítios históricos. Por quê? Porque o templo é feito de madeira, material que nunca se destacou por preservar a integridade estrutural numa escala de milênios, então ele não pode ter 1.300 anos de idade. Os sacerdotes imbes, que cuidam do santuário, também sabem disso, mas eles têm uma solução. Periodicamente, demolem o templo e, em seguida, usando madeira cortada da mesma floresta de que o original foi construído, o reconstroem em um terreno adjacente segundo o projeto original. Eles fazem isso de duas em duas décadas, e já o fizeram 61 vezes consecutivas. (A próxima reconstrução será em 2013.) Como a finalidade do santuário é em parte ressaltar a diferença entre o espaço sagrado e o comum, do ponto de vista dos sacerdotes o santuário tem 1.300 anos de idade, feito de materiais renováveis. Esse argumento não convenceu a Unesco; os lugares que ela lista gozam da solidez da edificação, não do processo. Um castelo em ruínas que passou quinhentos anos desocupado preenche os requisitos; um santuário reconstruído a cada geração durante mais de mil anos, não.

A Wikipédia é um santuário xintoísta; ela existe não como um edifício, mas como um ato de amor. Tal como o santuário em Ise, ela existe porque um número suficiente de pessoas a ama e, mais importante, amam-se umas às outras no âmbito dela. Isso não significa que as pessoas que a constroem concordam em tudo, mas o amor não exclui o ato de discutir (como você mesmo com certeza confirmará a partir de sua experiência). O que o amor faz pela Wikipédia é fornecer a motivação tanto para seu aperfeiçoamento quanto para sua defesa. Se a companhia que faz a *Encyclopaedia Britannica* fechasse as portas amanhã, seu principal produto iria decair pouco a pouco, à medida que novos conhecimentos surgissem sem ser incluídos em edições subsequentes. Esse conceito, por vezes chamado de meia-vida do conhecimento (uma comparação metafórica com o decaimento radioativo), deixaria a *Britannica* obsoleta com o passar dos anos. Se todas as pessoas que amam a Wikipédia perdessem o interesse ao mesmo tempo, por outro lado, ela desapareceria de maneira quase instantânea. Os vândalos e os grupos de interesses especiais que lutam constantemente para alterar artigos só fracassam porque as pessoas se importam com a Wikipédia, tanto com seus artigos individuais quanto com ela como um todo, e porque a Wikipédia é uma ferramenta que lhes fornece as armas para combater esses grupos. Essas armas são empunhadas apenas pelas pessoas dispostas a lutar. Caso essa disposição desaparecesse, os artigos mais contenciosos da Wikipédia, os que tratam do aborto, da evolução, do islã, desapareceriam em uma questão de horas, e é improvável que todo o empreendimento sobrevivesse uma semana.

Não costumamos falar sobre amor quando tentamos descrever o mundo público, porque parece piegas e íntimo demais. O que aconteceu, porém, e ainda está acontecendo em nosso momento histórico, é que o amor se tornou muito menos piegas e muito menos íntimo. Ele tem uma meia-vida também, assim como um alcance, e estamos acostumados a que ambos sejam pequenos. Podemos comover as pessoas que amamos, mas a longevidade e a distância social do amor são ambas limitadas. Ou eram – agora podemos fazer coisas para estranhos que fazem coisas para nós a um custo baixo o bastante para tornar esse tipo de comportamento atraente, e esses efeitos podem persistir muito além de nossa contribuição original. Nossas ferramentas sociais estão transformando o amor em um material de construção renovável. Quando se importam o suficiente, as pessoas podem reunir-se e realizar coisas de um alcance e uma longevidade que antes eram impossíveis; podem fazer grandes coisas por amor.

6. Ação coletiva e desafios institucionais

A ação coletiva, em que um grupo age como um todo, é ainda mais complexa que a produção colaborativa, mas também aqui novas ferramentas dão vida a novas formas de ação. Isso por sua vez desafia instituições existentes, erodindo o monopólio institucional da coordenação de grande escala.

No início de 2002, o *Boston Globe* publicou uma matéria de duas partes detalhando a história do padre católico John Geoghan. Geoghan havia trabalhado em várias paróquias da arquidiocese de Boston desde os anos 1960 e durante esse tempo acariciara ou violara mais de cem meninos. Os repórteres do *Globe* examinaram documentos que a Igreja havia sido obrigada a entregar sobre o caso, que revelavam que as acusações contra ele remontavam à década de 1960. A reação da Igreja tinha sido transferi-lo de paróquia em paróquia, por vezes com períodos de terapia entre uma e outra. Se esses tratamentos ajudaram, seu efeito foi temporário; os abusos continuaram ao longo de 35 anos. O cardeal Bernard F. Law, então arcebispo da diocese de Boston, tinha conhecimento do problema de Geoghan desde 1984, mas manteve o padrão de transferências periódicas; Geoghan só foi afastado do sacerdócio em 1998.

A matéria do *Globe* desencadeou uma tempestade de controvérsias no seio de uma chocada comunidade católica leiga. Algumas semanas depois da publicação dos artigos, um médico chamado James Muller promoveu uma reunião com pessoas determinadas a transformar o choque e a ira em algum tipo de mudança produtiva. O grupo encontrou-se pela primeira vez em uma gélida noite de janeiro no porão de uma igreja de Wellesley, um subúrbio de Boston; trinta pessoas apareceram. O impulso do encontro original era reagir de alguma maneira ao horror do abuso sacerdotal e do fracasso dos bispos em lidar com ele, mas, analisando-se o assunto naquela noite, foi decidida a adoção de uma estratégia mais coordenada de ativismo, e assim nasceu um grupo chamado Voice of the Faithful (VOTF).

Não existia nada de extraordinariamente novo na fundação do VOTF. Havia muito tempo que pequenos grupos de cidadãos interessados reuniam-se em porões de igrejas e bibliotecas públicas, e Muller, o fundador, possuía experiência com organizações, tendo ajudado a fundar o International Physicians for the Prevention of Nuclear War nos anos 1980. O crescimento do VOTF, porém, foi novo. Depois de apenas dois meses de existência, suas reuniões atraíam grandes multidões. Mais tarde, Muller escreveu sobre uma reunião realizada em março: "Não consegui estacionar o carro a menos de quatro quadras de distância, pois mais de quinhentas pessoas lotaram nossas pequenas salas de reuniões." No verão de 2002, quando realizou sua primeira convenção, o VOTF já contava com 25 mil membros, dos quais 4 mil viajaram até Boston para comparecer. O crescimento da organização foi também internacional: ela ganhou membros em mais de vinte países durante seu primeiro ano de existência. É difícil qualificar a velocidade desse ritmo de crescimento – passar de trinta pessoas em um porão de igreja para 25 mil é crescer quase mil vezes. Fazer isso em meio ano significou duplicar o tamanho da organização a cada quinzena. Grupos não são capazes de sustentar um crescimento rápido assim, ou melhor, não o faziam até que as barreiras para isso fossem removidas.

O VOTF adotou um slogan – "Conserve a fé, mude a Igreja" –, que deixava claro que a mera expressão de indignação não seria suficiente. Os membros queriam mudança estrutural. A ousadia de suas exigências deixou a Igreja sem saber como reagir. Em abril, quando ficou patente que o VOTF continuava a arrebanhar membros, o cardeal Law pediu ao bispo Walter J. Edyvean, um de seus assistentes, que marcasse uma reunião com o grupo. Ela não transcorreu bem. Durante o encontro, Edyvean disse que ele e Law tinham "questões" com o VOTF e admitiu, após constante questionamento, ter tentado impedir a realização de reuniões do grupo em dependências da Igreja. Essa oposição tão completa estarreceu os membros do VOTF, mas, no final do encontro, em espírito de civilidade, foi concordado que se emitiria uma declaração conjunta afirmando que aquele tinha sido um encontro produtivo. Foi o máximo de cordialidade entre os dois grupos.

Após o encontro, a Igreja fez pronunciamentos públicos. Edyvean disse que nenhuma paróquia deveria permitir reuniões do VOTF em dependências da Igreja, e que toda organização leiga válida devia operar "exclusivamente no âmbito da paróquia em que foi estabelecida" e "ser presidida pelo padre dessa paróquia". A posição da Igreja era de que até a comunidade leiga estava contida na sua estrutura hierárquica; não deveria haver conversa entre leigos de diferentes paróquias. À medida que o ano foi chegando ao fim e o escândalo não, houve apelos cada vez mais amplos e públicos para que Law renunciasse. Law recusou-se a considerar tanto uma conversa com o VOTF quanto a renúncia da arquidiocese, mas suas objeções provaram-se ineficazes nos dois aspectos. No dia 26 de novembro, quase um ano depois de inabaláveis recusas, Law encontrou-se pela primeira vez com o VOTF. A conversa foi cordial, mas inconclusiva; ambos os lados repetiram que desejavam um resultado positivo para o diálogo. O que ninguém sabia, exceto talvez Law, era que esse primeiro encontro seria também o último dele. O cardeal viajou a Roma para oferecer sua renúncia ao papa João Paulo II, que a aceitou no dia 13 de dezembro.

Por que 2002? O que mudou?

É compreensível que Law tenha renunciado e que a Igreja tenha começado a tomar medidas, ainda que hesitantes, para se reformar publicamente. Os bispos não haviam apenas protegido padres abusivos; haviam feito isso de uma forma que expunha ainda mais paroquianos ao perigo. O que não está claro é: "Por que naquele momento?" Uma vez que grande parte do abuso relatado teve lugar nas décadas de 1960 e 1970, por que 2002 foi o ano em que o escândalo sacudiu a Igreja? Há três respostas óbvias: o abuso havia se tornado vasto demais para ser ignorado, a existência de padres abusivos havia se tornado pública em um tribunal, e um caso particularmente horrendo estava obtendo cobertura séria da mídia. O interessante em todas essas respostas é que nenhuma delas chegava a ser decisiva.

Em maio de 1992, uma década antes do caso Geoghan, outro padre católico, James R. Porter, foi acusado de abuso sexual de crianças em três paróquias diferentes de Boston. (Com o tempo, 99 pessoas apresentaram-se com acusações contra Porter.) Como Geoghan, ele tinha sido transferido discretamente de uma paróquia para outra. O *Boston Globe* cobriu esse caso também, e Bernard Law, então bispo local, criticou a cobertura como injusta e, do púlpito, pediu punição divina: "Certamente invocamos o poder de Deus sobre os meios de comunicação, em particular o *Globe*." (A prece de Law não foi atendida: naquele ano, o *Globe* publicou mais de cinquenta reportagens e editoriais sobre o caso Porter e sobre abusos praticados por sacerdotes.)

Em 1992, o caso Porter ofereceu a mesma matéria-prima para indignação, na mesma diocese, com muitos dos mesmos atores que o caso Geoghan teria uma década depois: o abuso horrível havia se tornado público em um tribunal, acompanhado por um rebuliço de cobertura da mídia. Apesar disso, em 1992 a indignação dissipou-se com pouca mudança no comportamento da Igreja em Massachusetts ou no país, nenhuma reação oficial do Vaticano, nenhuma série de apelos coordenados da comunidade leiga exigindo a renúncia de Law, e nenhuma renúncia. Em 2002, talvez Law se sentisse confiante em suas recusas a renunciar por ter atravessado um conjunto de eventos sinistramente similares uma década antes, e a crise abrandara.

A estratégia da Igreja tanto para o caso de Porter quanto para o de Geoghan foi tratar o assunto como um problema interno; uma paróquia específica poderia ficar escandalizada por um curto período, mas, sem que vítimas se manifestassem e com pouco registro público, o sentimento de escândalo não teria como se espalhar nem durar. Dessa maneira, a Igreja poderia evitar uma indignação sincronizada e de grandes proporções. Essa era uma estratégia não para pôr fim ao abuso, mas para administrar as consequências. Alguma coisa aconteceu entre o caso Porter em 1992 e o caso Geoghan em 2002, algo que destruiu a eficácia da estratégia da Igreja. Em 1992, Law confiava em dois fatos: católicos comuns não tinham como compartilhar entre si com facilidade informações sobre o escândalo, nem como coordenar sua reação prontamente. Em 2002, esses dois fatos tinham deixado de ser fatos.

Novas formas de compartilhamento afirmam-se

Os antigos limites ao compartilhamento de informação foram a primeira coisa a mudar. Isso é essencial, e não apenas para o escândalo provocado pelo abuso. O impulso de compartilhar informações importantes é básico, mas suas manifestações muitas vezes foram desajeitadas. Considere a história do *Globe* sobre Porter em 1992 – até as dificuldades aparentemente pequenas de recortar um artigo de jornal e enviá-lo pelo correio eram significativas o bastante para limitar em enorme medida a frequência desse tipo de encaminhamento. Os efeitos cumulativos dessas dificuldades eram maiores ainda – para recortar um artigo e compartilhá-lo com um grupo, era preciso primeiro copiá-lo, o que constituía mais um passo, tornando a ideia de enviá-lo menos atraente. De maneira semelhante, o destinatário de um recorte enviado pelo correio não pode guardá-lo e passá-lo adiante sem incorrer em todas as dificuldades experimentadas pelo remetente original. Em consequência dessas dificuldades, o público leitor de uma matéria de qualquer jornal era um subconjunto do público leitor total do jornal.

Em 2002, essas dificuldades não mais existiam. O *Globe* estava na internet com o site Boston.com, seus leitores tinham e-mail, e alguns, até blogs. O ato de remeter um artigo para amigos e colegas, antes tedioso, agora não exigia quase nenhum esforço. Mais importante ainda, passar a matéria adiante para um grupo era tão fácil quanto para uma só pessoa, e qualquer dos destinatários podia reencaminhá-la para outros tão facilmente quanto o remetente original. Enquanto um jornal baseia-se em uma assimetria de produção *versus* consumo – os leitores não possuem gráficas –, qualquer destinatário de e-mails pode por definição também ser um remetente. Agora o público leitor de determinada matéria pode ser maior que o público leitor geral do jornal, como ocorreu no caso Geoghan ou na cobertura do furacão Katrina pelo *Times-Picayune*.

O impulso social de compartilhar informações não é novo. Antes do e-mail e dos blogs, recortávamos artigos que interessavam ou publicávamos boletins com notícias sobre a família. Lembrando esses comportamentos mais antigos, é tentador concluir que nossas novas ferramentas são meros melhoramentos de gestos já praticados; essa ideia é ao mesmo tempo certa e errada. O aperfeiçoamento existe, mas é tão profundo que gera novos efeitos. Os filósofos por vezes fazem uma distinção entre diferença de grau (mais do mesmo) e diferença de qualidade (algo novo). O que estamos testemunhando hoje é uma diferença tão grande no grau de compartilhamento que se torna uma diferença de qualidade. Antes do e-mail e da web, ainda podíamos passar adiante e comentar as notícias do dia, mas o processo era pontuado por pequenas dificuldades. Os efeitos econômicos de obstáculos mesmo aparentemente insignificantes são imprevisíveis, mas notáveis: até o mínimo incômodo de enviar um recorte de jornal para um grupo (xerocar o artigo, providenciar envelopes e selos, escrever endereços) alarga o fosso entre intenção e gesto.

Em 1992, o *Globe* não era global, e a história de Porter permaneceu em Boston. Em 2002 o *Globe* não precisou difundir o caso Geoghan para os católicos do mundo; os católicos do mundo foram capazes de fazer isso por si mesmos. O efeito dessa redistribuição dos leitores foi tão significativo que a New York Times Company, que publica o *Boston Globe*, referiu-se especificamente à cobertura do caso Geoghan em um relatório para investidores, observando que a popularidade do caso foi um fator relevante na conquista de novos leitores e no aumento do número total de leitores.

O ano de 2002 viu também um forte crescimento dos blogs, e diferentes blogueiros passaram a falar sobre o caso, criando assim, ao mesmo tempo, uma central de distribuição para novos casos e um arquivo permanente para histórias passadas. As motivações desses blogueiros eram muito variadas. Embora expressassem horror universal pelas ações de Geoghan, em diversos debates subsequentes houve grande ceticismo em relação ao envolvimento de leigos em assuntos que envolviam sacerdotes. O Voice of the Faithful, em particular, foi criticado duramente como sendo um grupo de radicais, o que por sua vez desencadeou acaloradas discussões. Até os ataques mais vigorosos aos críticos da Igreja, porém, tiveram o efeito de aumentar o conhecimento sobre o escândalo e sobre a existência de organizações como o VOTF. A Igreja nunca havia enfrentado nenhum desses efeitos antes. Cada vez que alguém criticava Law ou mencionava a matéria do *Globe*, ou mesmo condenava os críticos da Igreja, a capacidade desta de esperar que o escândalo se dissipasse se erodia um pouco mais.

O baixo custo de agregar informações também permitia que as pessoas empenhadas em investigar abusos praticados por padres formalizassem o compartilhamento entre si. O site BishopAccountability.org, lançado um ano depois do caso Geoghan, compilava acusações de abuso, proporcionando um foro permanente ao que no passado teria sido uma cobertura passageira. David Clohessy, diretor da Survivors Network of those Abused by Priests (SNAP), atribui a mudança na percepção pública à capacidade de reunir e compartilhar informação: "O que a tecnologia fez aqui foi ajudar a expor a mentira dos dois maiores bordões defensivos em relação a esse tipo de abuso: 'Isso é uma aberração' e 'Nós não sabíamos'. Quando é possível enviar a um repórter vinte links para casos quase idênticos, ele obviamente interpelará seu bispo com ceticismo e muito mais vigor."

Formação de grupo rápida e simples

Por mais importante que seja, o compartilhamento de informações é apenas uma parte dessa história. A disseminação mais fácil e ampla de informação muda a consciência do grupo, mas mesmo isso teria tido um efeito limitado sem uma mudança também na ação coletiva. Se o VOTF tivesse sido fundado em 1992, a distância entre ouvir falar dele e a decisão de se ingressar em suas fileiras teria sido pontuada por um conjunto de pequenos obstáculos: Como localizar a organização? Como entrar em contato com ela? Se fosse solicitado material impresso, quanto tempo ele levaria para chegar? A disposição de ingressar nela seria ainda a mesma quando o material chegasse? Nenhuma dessas barreiras à ação é insuperável, mas juntas elas acabam asfixiando pouco a pouco o desejo de agir.

Em razão dos atrasos e dos custos envolvidos, levar seis meses para passar de algumas dezenas de pessoas em um porão a uma vasta organização global é inconcebível sem ferramentas sociais com sites para cadastro e e-mail para comunicação. Um levantamento dos membros do VOTF realizado pela Catholic University of America em 2004 constatou, com certa perplexidade, que muitos membros do VOTF não pertenciam a nenhuma afiliada regional do grupo; estavam vinculados diretamente à instituição. O relatório observou: "Em certo sentido, a internet torna-se uma espécie de afiliada para muitos." O mesmo levantamento relatou que, em sua maioria, os membros compareceram a seu primeiro evento do VOTF sozinhos; enquanto a maior parte das agremiações cresce porque alguém é convidado por um amigo ou vizinho, o VOTF cresceu à medida que pessoas procuravam informação na internet. Essa mudança também afetou organizações que já existiam: após doze anos de existência, a SNAP tinha nove capítulos; em 2002, ganhou mais 35, uma taxa de crescimento anual cinquenta vezes maior que a norma anterior.

O VOTF tornou-se uma força poderosa, permanecendo ao mesmo tempo sob uma coordenação frouxa (e em grande parte eletrônica). Como disse John Moynihan, do VOTF: "Entre 2002 e hoje, passamos de um modelo afiliado para um modelo de internet." O VOTF encontra-se agora em uma encruzilhada – cinco anos após a crise que o fez surgir, está enfrentando um déficit orçamentário. Esse é um evento comum entre organizações que crescem rapidamente; elas assimilam o crescimento rápido e, quando ele se desacelera, como é inevitável depois de atingirem certo tamanho, sentem o baque. Com muito mais grupos possíveis competindo pelo tempo de que o indivíduo médio dispõe, a velocidade com que um grupo pode se dissolver também aumentou. Em parte como resposta à desaceleração do seu crescimento, o VOTF passou a fazer uma oposição mais direta à doutrina católica e está preparando uma campanha para contestar o celibato obrigatório dos padres, com base no argumento de que essa exigência contribuiu para o problema dos padres abusivos. Com essa postura opositiva, passará a ser ainda mais um para-raios para seus críticos, mas essa oposição pode por sua vez levar alguns membros do VOTF a unir-se ainda mais em torno de sua causa. Aconteça o que acontecer, porém, o VOTF está rumando na direção de uma ação coletiva ainda mais forte; ao se comprometer com um plano de ação mais explicitamente contencioso, ele demonstrará até que ponto o "modelo de internet" para a reunião de um grupo é capaz de levar esse grupo a agir em conjunto diante de oposição significativa.

A remoção de obstáculos à ação coletiva

A tecnologia não causou o escândalo dos abusos que começou em 2002. Ele foi provocado pelas ações da Igreja, e muitos fatores influenciaram a gravidade da reação em 2002, como a exposição de mais documentos internos da Igreja e a eficácia da cobertura do *Globe*. Essa combinação produziria uma reação substancial em qualquer caso. O que a tecnologia fez foi alterar a difusão, a força e sobretudo a duração dessa reação, removendo dois antigos obstáculos – o caráter local da informação e as barreiras à reação grupal.

A Igreja católica é uma das instituições mais antigas no mundo em atividade contínua e possui um sistema hierárquico de administração há bem mais de mil anos, tempo suficiente para já ter passado por mudanças tecnológicas radicais. O aperfeiçoamento da impressão com o tipo móvel por Gutenberg ajudou a catalisar a Reforma protestante na Europa no século XVI. Como agora, naquela época um poder antes conferido à hierarquia católica tornou-se amplamente acessível. Quando a invenção foi a imprensa tipográfica, o resultado foi o acesso direto ao texto da Bíblia em outras línguas além do latim. Hoje, com as ferramentas sociais, é a participação organizacional pela comunidade leiga. Embora ainda seja muito cedo para sabermos se essa mudança na tecnologia das comunicações e o consequente desafio à Igreja serão igualmente significativos em suas ramificações, a luta básica é a mesma, e ela não está restrita ao VOTF. Muitas organizações integradas por leigos estão se beneficiando de novas formas de ferramentas colaborativas.

Durante a maior parte da história da instituição, a hierarquia sacerdotal *era* a Igreja; a comunidade leiga reunia-se nas paróquias, mas todo o poder e todas as decisões estavam nas mãos dos sacerdotes – mesmo após os anos 1960, quando o famoso Concílio Vaticano II declarou que a Igreja era composta tanto pelos padres quanto pelos paroquianos. Intencionalmente ou não, o Vaticano II, como o concílio tornou-se conhecido, foi mais uma panaceia que de fato uma receita para a mudança – era ótimo sugerir que a comunidade leiga integrava de alguma maneira o corpo da Igreja, mas, sem um mecanismo que permitisse aos católicos dar a conhecer seus sentimentos, o efeito prático sobre a hierarquia era mínimo. Ao longo de séculos, a Igreja católica vinha sendo fustigada por incríveis pressões institucionais, mas durante todo esse tempo os verdadeiros empurrões rumo à mudança tinham tido origem sempre no sacerdócio, desde as *Noventa e cinco teses* de Martinho Lutero no século XVI até a Teologia da Libertação das Américas Central e do Sul nos anos 1980. Jamais um desafio significativo à hierarquia veio diretamente da comunidade leiga – até agora. A reação da comunidade católica ao escândalo dos abusos está nos mostrando um modo pelo qual o Vaticano II poderia ser implementado, um modo pelo qual um grupo de indivíduos antes impedidos de compartilhar informações e opiniões entre paróquias pode ter um efeito duradouro sobre a Igreja ao agir em conjunto.

A Igreja católica não é a única organização afetada por essa mudança. Em 2007, várias paróquias conservadoras da Igreja episcopal na Virgínia votaram por romper com a Igreja americana em protesto contra a ordenação de um bispo declaradamente gay, Gene Robinson. Em vez de formar sua própria Igreja dissidente, porém, as paróquias ingressaram na Igreja nigeriana, cujo bispo, Peter Akinola, é profundamente contrário a qualquer forma de envolvimento de homossexuais com a Igreja. A ideia de que uma paróquia em Fairfax, na Virgínia, podia simplesmente declarar-se parte de outra diocese em um continente diferente subverte séculos de tradição. Tal como a proibição por Edyvean de que paroquianos se organizassem entre paróquias, os bispos anglicanos não podem controlar igrejas situadas fora dos limites geográficos de sua diocese. O que a diocese da Virgínia fez não foi se mudar para um novo lugar, foi deixar de se situar em um lugar. Ao anunciar que as igrejas da Virgínia são parte da diocese nigeriana, contrariando qualquer senso geográfico, os paroquianos estão fazendo mais que seguir sua consciência sobre a questão da aceitação dos gays; estão contestando a geografia como princípio organizador para a Igreja. Em um mundo no qual ação grupal significa encontros face a face, o ideal era que pessoas que precisam agir com um grupo estivessem fisicamente próximas. Agora que a formação de grupos tornou-se ridiculamente fácil, contudo, essa restrição está mais fraca, e o resultado é que organizações que adotam a geografia como princípio organizador fundamental, mesmo aquelas que têm operado dessa maneira durante séculos, estão enfrentando desafios a esse princípio outrora basilar.

Antes que as ferramentas sociais se tornassem amplamente disponíveis, a Igreja não precisava proibir que a comunidade leiga de paróquias diferentes se organizasse – isso não era nem possível. Ao exigir que católicos comuns não cruzassem as fronteiras das paróquias, Edyvean estava tentando substituir pela doutrina o que antes era imposição de obstáculos físicos. O que ele não compreendia era que o fato de o laicato não ter, na história, desafiado a Igreja não era um caso de abstenção, mas de incapacidade. A promessa de engajamento pelo Vaticano II foi, até muito recentemente, um gesto vazio, mas não é mais. Algum arranjo novo e estável acabará sendo encontrado, como ocorreu após Martinho Lutero, mas, seja ele qual for, por certo não incluirá uma opção: o retorno aos tempos de um laicato subdividido e desorganizado.

Algo curioso sobre a tecnologia é que ela cria novas características em instituições antigas. Antes da difusão do tipo móvel, os escribas não escreviam devagar; escreviam a uma velocidade normal, o que significa que, na ausência de uma alternativa comparável, a velocidade com que um homem escrevia era a norma para toda publicação. Após a introdução do tipo móvel, os escribas passaram a escrever devagar, muito embora sua velocidade não tivesse mudado; ocorreu simplesmente que eles passaram a ser comparados a algo muito mais rápido. De maneira semelhante, antes do século XXI, a Igreja católica não era desfavorável à organização global improvisada de seus paroquianos, porque isso simplesmente não era uma opção; mesmo para um grupo que acredita em milagres, esse tipo de coisa estava obviamente fora da esfera de possibilidades. Agora que é uma opção, a Igreja tem de reagir, e essa reação, forçada pela presença de grupos usando ferramentas sociais, consiste em lutar contra algo que dez anos antes não era sequer uma possibilidade abstrata.

Ferramentas comuns, efeitos extraordinários

Depois que algo se torna comum, é difícil lembrar como era a vida sem aquilo, mas vale a pena ressaltar que antes do e-mail tínhamos poucas ferramentas para a comunicação grupal, e nenhuma delas era muito boa. Que vantagens o e-mail apresenta em relação às demais tentativas de comunicação de "muitos para muitos"? Para começar, o preço. E-mails para o outro lado do oceano não custam mais que e-mails para o quarteirão vizinho, e um e-mail para dez pessoas não custa mais do que para uma só. Com ele, ter uma conversa longa, duradoura e distanciada geograficamente não acarreta nenhuma despesa. A entrega do e-mail é quase instantânea, diferentemente do correio comum, mas não exige que remetente e destinatário estejam sincronizados entre si, como ocorre com o telefone. Essa assincronia reduz os custos transacionais para a comunicação grupal da mesma maneira como o modelo econômico do e-mail reduz os custos financeiros. Essas vantagens ajudam a explicar o incrível sucesso do e-mail para conversas em grupo, se comparado a todas as tentativas anteriores.

Essas características não são de fato vantagens do e-mail em si. Os primeiros programas de e-mail, escritos na década de 1970, eram ferramentas de incrível simplicidade, mas as vantagens de custo e assincronia já existiam. Elas estavam incorporadas na rede em que o e-mail foi construído: a internet. A internet foi a primeira grande rede de comunicação a fazer da comunicação grupal parte inerente de seu repertório. A lógica básica da internet, chamada "comunicação ponta a ponta", diz que ela própria nada mais é que um veículo para mover informação de um lado para outro – cabe aos computadores que a enviam e recebem lhe dar sentido. Enquanto a rede telefônica foi planejada para a transmissão de voz (e a companhia telefônica travou árduas batalhas legais para impedir que ela fosse usada para qualquer outro fim), a internet não sabe para que está sendo usada. Esse fato tem muitas ramificações, mas duas das mais significativas são as comunicações de "muitos para muitos" a um custo quase nulo e a flexibilidade que permite às pessoas projetar e testar novas ferramentas de comunicação sem ter de pedir permissão a ninguém. O mais importante desses experimentos foi a web. Criada no início dos anos 1990 como esforço de pesquisa por sir Tim Berners-Lee (nomeado cavaleiro, na verdade, por causa dessa invenção), a web tornou-se parte essencial da vida moderna de maneira tão rápida precisamente devido a sua flexibilidade, sendo um ambiente aberto a que pessoas experimentem coisas novas.

As ferramentas de comunicação de ampla adoção naquela década são as primeiras a se adequar bem a redes sociais humanas e, como são facilmente modificáveis, podem ter sua adequação melhorada com o tempo. Em vez de limitar nossas comunicações a ferramentas de "um para um" e "um para muitos", que sempre se adaptaram mal à vida social, temos agora ferramentas de "muitos para muitos" que sustentam e aceleram a cooperação e a ação.

E as possibilidades para a organização global proporcionadas por essas ferramentas continuam a crescer. Um desafio mais recente à Igreja católica veio nos calcanhares das revelações de Boston: em 2006, a BBC transmitiu um documentário, *Sex Crimes and the Vatican*, sobre a maneira como a Igreja lida com os casos de abuso sexual cometido por padres. Pouco depois, o canal de TV italiano RAI adquiriu os direitos para transmitir o vídeo, mas membros do partido do governo, a Igreja e diretores do canal opuseram-se à exibição. Acreditando que o documentário merecia ser mais conhecido na Itália, um grupo de blogueiros que operavam no Bispensiero.it resolveu se encarregar disso. Depois de legendar o documentário de quarenta minutos em italiano, eles o postaram em um site que hospeda vídeos, no qual foi visto mais de 1 milhão de vezes. *Avvenire*, o jornal da Conferência de Bispos da Itália, atacou o vídeo como calunioso, mas, depois que ele ficou disponível na Itália pela web, o assunto estava de fato decidido: a RAI levou sua versão ao ar no início de junho, vários dias depois que o Bispensiero a obrigou a isso. O primeiro desafio significativo que a comunidade leiga recém-organizada lançou para a Igreja não foi uma anomalia – foi o início de uma era. A capacidade do VOTF de usar o artigo do *Boston Globe* como ponto de união para a ação grupal foi o primeiro de muitos eventos semelhantes que a Igreja virá a enfrentar nos próximos anos.

Uma maneira de pensar sobre a mudança na capacidade dos grupos de se formar e agir é usar uma analogia com a disseminação de doenças. O modelo clássico para a disseminação de doenças considera três variáveis – probabilidade de infecção, probabilidade de contato entre duas pessoas quaisquer e tamanho total da população. Se qualquer uma dessas variáveis aumenta, a disseminação geral da doença aumenta também. Esse modelo também se aplica bem à difusão de fofoca e a outras comunicações boca a boca. O que aconteceu na arquidiocese de Boston entre 1992 e 2002 foi que tanto o tamanho do público quanto a facilidade de contato aumentaram enormemente. O resultado foi que a disseminação da informação e seu valor como força coordenadora também aumentaram muito. (Na verdade, grande parte do mundo da publicidade passou os últimos anos investindo em "marketing viral" baseado exatamente nessa analogia.) O que a ascensão de novas e poderosas organizações leigas nos mostra é que nos casos certos as pessoas estão dispostas e até ávidas por unir-se e influenciar o mundo. Motivação, energia e talento para a ação estão todos presentes nesses tipos de grupo – o que não existia até recentemente era a capacidade de se coordenar com facilidade.

Vistas sob essa luz, as ferramentas sociais não criam ação coletiva – apenas removem os obstáculos a ela. Esses obstáculos, contudo, eram tão consideráveis e onipresentes que, à medida que vêm sendo removidos, o mundo tem se tornado um lugar diferente. É por isso que muitas das mudanças significativas se baseiam não nos lançamentos mais recentes e sofisticados da tecnologia, mas em ferramentas simples e fáceis de usar como o e-mail, os celulares e os sites de internet, porque essas são ferramentas a que a maior parte das pessoas tem acesso e, sobretudo, que podem ser usadas na vida cotidiana sem dificuldade. A revolução não acontece quando a sociedade adota novas tecnologias – acontece quando a sociedade adota novos comportamentos.

7. Cada vez mais depressa

À medida que mais pessoas adotam ferramentas sociais simples, e que estas permitem comunicação cada vez mais rápida, a velocidade da ação grupal também aumenta, e assim como mais é diferente, mais depressa é diferente.

Ação coletiva é diferente da ação individual – é mais difícil desencadeá-la e, quando em curso, também é mais difícil detê-la. Nas palavras do juiz Richard Posner: "As conspirações são punidas à parte de atos criminosos perpetrados por um só indivíduo, e muitas vezes com a mesma severidade ainda que a ação tenha fracassado, porque um grupo que possui um objetivo ilegal é mais perigoso do que um indivíduo que tem o mesmo objetivo." Isso não se aplica apenas ao intento criminoso. Os grupos são capazes de exercer uma força diferente da que está ao alcance dos indivíduos, e quando essa força se volta para uma instituição existente, eles criam um tipo diferente de ameaça.

Para compreender a diferença, considere os eventos de 1989 em Leipzig, na Alemanha Oriental. No início daquele ano, um punhado de cidadãos da cidade começou a protestar contra a República Democrática Alemã (RDA), muitas vezes encenando esses protestos durante outro evento – um festival de música na rua, uma feira –, de modo a reunir um grande número de pessoas sem despertar suspeitas. A princípio os protestos eram pequenos – em janeiro, quinhentas pessoas compareceram, e o governo prendeu cinquenta delas. Mas isso não deteve os manifestantes. À medida que o ano avançou, os protestos tornaram-se mais regulares, ocorrendo todas as segundas-feiras. Com a sucessão de protestos, mais espectadores perccbiam que não havia qualquer gesto sistemático do governo para impedi-los.

Em consequência, a cada nova segunda-feira mais pessoas aderiam, o que por sua vez estimulava ainda mais cidadãos.

No início as passeatas eram pequenas demais para o governo dispersá-las sem parecer histérico, e a cada semana cresciam só um pouquinho. Do ponto de vista do governo, uma pequena passeata parecia insignificante demais para ser reprimida, e o mesmo valia para outra ligeiramente maior na semana seguinte. Só em setembro Erich Honecker instruiu os governos locais a "cortar essas atividades inimigas pela raiz" e "não permitir que tivessem uma base ampla". Mas então já era tarde demais; as raízes estavam bem profundas. O que Honecker não teria como saber era que a "base ampla" era medida não pelo número de participantes, mas pelo de pessoas que compreendiam que os protestos não estavam sendo punidos. A historiadora Susanne Lohmann chama os protestos de Leipzig de "informação em cascata". Para cada cidadão de Leipzig havia um limite a partir do qual poderia aderir a um protesto. Toda semana que a passeata acontecia sem repressão fornecia mais indícios de que as manifestações proporcionavam um meio de expressar a insatisfação; a cada passeata bem-sucedida, mais pessoas sentiam o medo diminuir.

Os militares costumam falar de "consciência compartilhada", que é a capacidade que muitas pessoas e grupos diferentes têm de compreender uma situação, e de compreender quem mais tem a mesma compreensão. Se vejo um incêndio começar, e vejo que você também está vendo isso, podemos coordenar nossas ações mais facilmente – você liga para o 193, eu pego um extintor – do que se eu precisasse chamar sua atenção para o fogo, ou se eu tivesse alguma dúvida sobre como você vai reagir a um incêndio. A consciência compartilhada permite que grupos, que em outras circunstâncias não estariam coordenados, comecem a agir em conjunto de maneira mais rápida e eficaz.

Esse tipo de consciência social tem três níveis: quando todos sabem alguma coisa, quando todos sabem que todos sabem e quando todos sabem que todos sabem que todos sabem. Muitas pessoas na RDA perceberam por conta própria que o governo era corrupto e que a vida sob ele era ruim; essa era a condição "todos sabem". Com o tempo, muitas daquelas pessoas descobriram que a maioria de seus amigos, vizinhos e colegas também sabia a mesma coisa – "todos sabem que todos sabem". Nesse ponto o sentimento estava generalizado, mas, como ninguém falava a respeito do que todos sabiam, o Estado nunca precisava reagir de qualquer maneira formal. Por fim as pessoas em Leipzig puderam ver outras agindo com base no conhecimento de que a RDA estava podre – "todos sabem que todos sabem que todos sabem". Essa consciência compartilhada é o passo necessário para a verdadeira ação pública: quando as pessoas nas ruas de Leipzig sabiam a mesma coisa que as que assistiam a tudo das janelas.

Até setembro de 1989, a informação fluíra como uma cascata de um pequeno grupo para outro maior, e as passeatas haviam passado a reunir dezenas de milhares de pessoas. Em outubro, o número superou a marca dos 100 mil. Na primeira segunda-feira de novembro, 400 mil pessoas foram para as ruas em Leipzig. Quando o governo percebeu que estava sendo desafiado, ninguém no Exército se dispôs a enfrentar tantos cidadãos, e, sem o apoio de uma ameaça crível de força letal, o governo da Alemanha Oriental simplesmente desabou. No dia seguinte a esse primeiro protesto de novembro, todos os membros do governo renunciaram. Dois dias depois a derrubada do Muro de Berlim começou. A RDA desaparecera.

A lição legada a manifestantes posteriores aos eventos de Leipzig foi que era preciso protestar de tal modo que fosse improvável uma interferência do Estado e divulgar amplamente as evidências das ações tomadas. Caso o Estado não reagisse, a divulgação serviria como prova de que o protesto era seguro. E se o Estado *reagisse*, o registro da repressão poderia ser usado para instigar um clamor internacional. A lição para os Estados repressivos foi o contrário: não permita que protestos, mesmo pequenos, se iniciem, pois eles podem crescer, e não permita que qualquer registro se espalhe. Essas duas lições instalaram um jogo de gato e rato entre manifestantes e instituições contestadas que persiste até hoje. Como em tudo que envolve ação coordenada, as ferramentas sociais mudaram o equilíbrio de poder nesse jogo.

Flash mobs

Em uma tarde no início de junho de 2003, mais de cem pessoas chegaram ao nono andar da loja de departamentos Macy's e se puseram a examinar um tapete particularmente grande e muito caro. Quando o perplexo vendedor perguntou se precisavam de ajuda, os membros do grupo explicaram que moravam juntos em uma república, que estavam querendo comprar um "tapete do amor", e todas as suas decisões eram tomadas em grupo. Dez minutos mais tarde, a multidão dispersou-se de repente, as pessoas tomando diferentes direções sem nenhuma coordenação óbvia.

O evento foi a primeira *flash mob* bem-sucedida, um grupo que se envolve em um comportamento aparentemente espontâneo, mas na verdade sincronizado. A forma foi inventada por Bill Wasik, um editor da revista *Harper's*, como uma espécie de performance de rua, e também como um comentário irônico ao conformismo da cultura dos moderninhos. Trabalhando anonimamente como "Bill de New York", Wasik enviava e-mails para um grupo de pessoas com instruções sobre onde e quando todos deveriam se reunir e descrevendo o que fariam quando estivessem lá. *Flash mobs* posteriores levaram dezenas de pessoas a se empoleirar em uma plataforma de pedra no Central Park e imitar ruídos de aves, a fazer uma "caminhada de zumbis" em São Francisco e a encenar um baile silencioso na estação Victoria, em Londres. Essas aglomerações tinham um pouco de espírito de palhaçada – uma maneira inofensiva de divertir-se, mas que atrai atenção. Mas, como o escritor William Gibson comentou sobre a tecnologia, a rua descobre seus próprios usos para as coisas, e, depois de sua fase brincalhona, as *flash mobs* entraram na esfera política.

O primeiro uso delas para expressão política ocorreu pouco depois da aglomeração do "tapete do amor". A campanha presidencial de Howard Dean nos Estados Unidos propôs uma *flash mob* em Seattle em setembro. (O convite foi publicado na história em quadrinhos *Doonesbury*, de Garry Trudeau.) No ano seguinte, foi promovida uma *flash mob* contra o primeiro-ministro russo Vladimir Putin em sua cidade natal, São Petersburgo, duas semanas antes das eleições presidenciais russas. Cerca de sessenta jovens apareceram usando máscaras de Putin, vestindo camisas com mensagens contra ele, como "Vá embora, Vova!" (Vova é um apelido de Vladimir). Foi na Bielo-Rússia, porém, que o uso de *flash mobs* como instrumento de protesto atingiu seu apogeu.

A Bielo-Rússia é um dos países mais repressivos da Europa. Ex-membro da União das Repúblicas Socialistas Soviéticas, tornou-se independente após o colapso do comunismo europeu nos anos 1990. Em geral, os antigos Estados soviéticos adotaram mercados livres e o processo democrático, mas a Bielo-Rússia conservou uma economia dirigida pelo Estado e empossou um presidente autocrático, Alexander Lukashenko, eleito pela primeira vez em 1994 com a promessa de erradicar a corrupção. Nos anos seguintes, Lukashenko governou o país com um poder cada vez mais ilimitado. Quando concorreu à reeleição para um terceiro mandato, em março de 2006, obteve quase 85% dos votos, resultado que observadores europeus qualificaram de fraudulento. Em protesto, mais de 10 mil pessoas apareceram na praça Oktyabrskaya, em Minsk. O governo Lukashenko, que antes das eleições prometera esmagar qualquer oposição, levou centenas de manifestantes e o principal candidato da oposição para a cadeia depois do pleito. Lukashenko aprendera a lição dos protestos de Leipzig. O problema para a oposição era decidir como protestar em um ambiente em que o Estado exercia tamanho controle.

Em maio, alguém que assinava by_mob usou o serviço de blog LiveJournal para propor uma *flash mob* no dia 15 daquele mês. O evento em Minsk teve pouco do caráter intencionalmente desnorteante da aglomeração promovida por Wasik – a ideia era simplesmente que as pessoas aparecessem na praça Oktyabrskaya e tomassem um sorvete. O resultado foi um pouco ridículo e muito deprimente: a polícia estava esperando na praça e prendeu vários tomadores de sorvete, enquanto toda a ação era documentada por outros participantes no padrão agora usual de fotos digitais postadas no Flickr, no LiveJournal e em outros veículos on-line. Essas fotos foram por sua vez difundidas por pessoas como Andy Carvin e Ethan Zuckerman, blogueiros sobre política que cobrem o uso de tecnologia como ferramenta de mudança social. Assim, imagens de uma

Bielo-Rússia repressiva espalharam-se para muito além das fronteiras de Minsk. Nada proclama um "Estado policial" com mais eloquência que a prisão de jovens por tomarem sorvete.

A aglomeração do sorvete não foi um incidente isolado. Foram realizadas *flash mobs* para protestar contra a extinção da União dos Escritores da Bielo-Rússia ("Compareça ao Supremo Tribunal, leia livros de autores pertencentes à organização") e o fechamento do jornal *Nasha Niva* no dia em que o periódico devia encerrar suas atividades ("Reúnam-se na Oktyabrskaya lendo exemplares do *Nasha Niva*"). No outono, ocorreu o que talvez tenha sido a mais simples *flash mob* já proposta: "Caminhem pela Oktyabrskaya sorrindo uns para os outros." Essa ação produziu a mesma reação do Estado; participantes relataram que a polícia estava prendendo um dos sorridentes por posse de armas porque ele tinha um canivete.

A polícia não estava reagindo aos atos de tomar sorvete, ler ou sorrir propriamente ditos. O comportamento escolhido era intencionalmente inócuo, porque a verdadeira mensagem não estava nele em si, mas na ação coletiva. Depois dos protestos que se seguiram às eleições em março, qualquer ajuntamento coordenado de pessoas em público, em especial na praça Oktyabrskaya, tinha uma dimensão política; o mero indício de que jovens bielo-russos estavam agindo de qualquer maneira organizada era ao mesmo tempo uma ameaça e uma humilhação para o Estado. O governo tem razão para temer: a lição histórica de Leipzig sugere que todo foro para expressão pública é perigoso, porque, por mais inócua que seja a forma original de organização, se o Estado parece tolerá-la, ela pode se tornar um foro para insatisfações mais focadas. A ameaça representada por um grupo que toma sorvete não está no sorvete, mas no grupo. Por isso o governo Lukashenko teme a ação coordenada de se tomar sorvete – mas, se ele aprendeu a lição de Leipzig, por que simplesmente não impede as aglomerações antes mesmo que aconteçam? De que adianta ter polícia secreta se não se consegue espionar dissidentes e obstruir suas atividades? Com essa estratégia, afinal, seria bem menos provável que fotografias da polícia arrastando pessoas para fora da praça principal aparecessem pelo mundo todo.

É aí que a mudança nas ferramentas sociais ocorrida desde 1989 se manifesta. Em Leipzig, a organização inicial dos protestos era razoavelmente visível, e os protestos em si eram razoavelmente invisíveis. Em junho de 1989, por exemplo, a RDA cancelou todo o Festival de Música de Rua de Leipzig, organizado por grupos independentes de cidadãos, e prendeu todos os músicos que participariam. O grau de planejamento prévio necessário fez do festival um alvo fácil. Por outro lado, os protestos propriamente ditos eram visíveis apenas para outros cidadãos de Leipzig, dado o rigoroso controle que o governo exercia sobre a mídia. O problema que Lukashenko enfrenta é que, nos anos transcorridos desde então, nossas ferramentas sociais tornaram possível para os dissidentes inverter a fórmula. Agora a organização do esforço em grupo pode ser invisível, e os resultados podem ser imediatamente visíveis. Como os custos de compartilhamento e de coordenação despencaram, novos métodos de organização estão disponíveis para cidadãos comuns, métodos que permitem a promoção de eventos sem muito planejamento prévio. Como as aglomerações eram propostas por meio de blogs, o Estado não tinha como saber quem vira o plano. Não podia obstruir o plano, pois não havia plano; o evento era proposto em público, de modo que não havia nenhuma informação secreta a descobrir. Mesmo que o governo tivesse um aparato de vigilância capaz de identificar todos os leitores de blogs, não teria meios de prever quais deles pretendiam comparecer.

Usar a reação do Estado contra ele mesmo é uma espécie de jiu-jítsu. Os dissidentes da Bielo-Rússia acreditam que o governo estará menos disposto a usar a força se souber que está sendo observado pelo mundo exterior, em particular pela Europa Ocidental e pelos Estados Unidos. Em consequência, a oposição quer promover protestos amplamente observáveis, ao passo que o governo quer impedir que eles ocorram ou, se isso for impossível, impedir que o registro seja amplamente distribuído. Com *flash mobs*, porém, o governo não pode interceptar de antemão os membros do grupo, porque não há grupo previamente formado: como no caso dos fotógrafos da Mermaid Parade, o grupo é latente até que o evento propriamente dito ocorra, e forma-se apenas no local, como resultado das ações dos participantes individuais. (Também como no caso dos fotógrafos da Mermaid Parade, o by_mob, que propôs o evento, não sabia nem tinha como saber de antemão quem poderia aparecer.) Usando ferramentas públicas, os promotores iniciais da *flash mob* obrigavam o Estado a reagir após o fato, mas essa é apenas metade da batalha. Um protesto não é um protesto a menos que seja público, e essa é a segunda metade da mudança. Quando o Estado reage, os participantes da *flash mob* podem documentar e divulgar o que se passa, usando câmeras de celulares e sites de compartilhamento de fotos, cujo controle é muito mais difícil que o da mídia tradicional. Embora tenha havido apenas alguns dias entre o anúncio de que o *Nasha Niva* seria fechado e o dia da sua última publicação, a oposição foi capaz de levar algumas centenas de pessoas para a rua nesse dia. A rapidez dessa organização é acompanhada pela relativa permanência do registro. No final de abril de 2006, alguém sob o nome freejul criou uma conta no LiveJournal. No dia 28, essa pessoa postou fotos da *flash mob* do *Nasha Niva* e depois outra série de fotos de um evento realizado em 1º de maio em solidariedade aos presos políticos da Bielo-Rússia. O último post ocorreu no dia 5 maio, pouco mais de uma semana após a primeira, mas as fotos continuam lá para quem quiser ver. Outra vantagem dos blogs em relação aos meios de comunicação tradicionais é que ninguém pode fundar um jornal de repente, publicar dois números e em seguida encerrá-lo, tudo isso sem incorrer em nenhum custo, mas deixando um registro permanente.

Como é grande o número de pessoas com acesso à web, o governo bielo-russo não pode estancar de antemão a formação de *flash mobs*, e como os participantes têm câmeras, não pode dispersar as aglomerações sem chamar a própria atenção que ele quer evitar. Nessa situação, o governo está limitado ou a uma reação grosseira e exagerada (um toque de recolher em Oktyabrskaya, uma proibição dos sorvetes ou da internet) ou a esperar que a aglomeração se forme para depois dispersá-la.

Esses protestos podem não conseguir derrubar o governo. Os protestos de Leipzig foram impelidos por quarenta anos de insatisfação. O governo Lukashenko não é tão controlador quando era o da RDA, e o Ocidente estava consideravelmente mais empenhado na queda da URSS e seus satélites do que está na democratização da Bielo-Rússia. E grupos de todo tipo podem usar essa técnica. John Robb, autor de *Brave New War*, chama a atual geração de terroristas de "Guerrilheiros de Código Aberto" e destaca os vários usos que eles estão fazendo de ferramentas e padrões sociais para coordenar seus esforços. Como os manifestantes bielo-russos, a integração interna das redes terroristas é menos estreita, e por isso é mais difícil detectá-las e interceptá-las antes que ajam. Mas, quem quer que use essas ferramentas, a ação política mudou quando um grupo de atores antes não coordenados pôde criar um protesto público que o governo não é capaz nem de impedir que aconteça nem de reprimir sem desencadear um registro público.

Poderíamos optar por deplorar a banalidade da cultura do mundo desenvolvido por usar *flash mobs* para diversão e distração (o tapete do amor) e não para engajamento político. Esse juízo é razoavelmente correto, mas apenas por ser uma reformulação da observação original, de que pessoas que têm mais em jogo estão fazendo uso mais qualitativo dessas ferramentas. Por quê? As ferramentas sociais criam o que os economistas chamariam de choque positivo de oferta na quantidade de liberdade existente no mundo. A velha máxima de que a liberdade de imprensa só existe para os donos dos jornais aponta para a importância da mudança. Falar na internet é publicar, e publicar na internet é conectar-se com outros. Com o advento da publicação globalmente acessível, liberdade de expressão agora é liberdade de imprensa, e liberdade de imprensa é liberdade de reunião. Naturalmente, as mudanças ocasionadas por novas fontes de liberdade são mais significativas em ambientes menos livres. Sempre que aumentamos a capacidade que um grupo tem de se comunicar internamente, mudamos as coisas de que ele é capaz. O que o grupo faz com esse poder é outra questão.

Em vez de planejar, coordenar

A Blitzkrieg, ou "guerra-relâmpago", é uma das poucas estratégias militares cujo nome é conhecido por quem não é historiador. A visão dos tanques alemães Panzer atropelando desafortunadas defesas francesas em maio de 1940 está gravada na memória coletiva; depois da primeira vitória alemã, a França levou apenas seis semanas para se render. Mas, por mais onipresente que ela seja, a imagem da força alemã e da debilidade francesa tem muito de enganoso. Na década de 1930 o Exército alemão era menor que o da França (uma condição imposta no final da Primeira Guerra Mundial) e em 1940 a Alemanha estava praticamente falida; seus temíveis tanques Panzer III e IV, decisivos para a Blitzkrieg, eram em muitos aspectos inferiores aos Char Bs franceses que eles iriam enfrentar. Para que os alemães levassem a melhor de maneira tão decisiva, algo além de armas e blindagem esteve em jogo.

Embora tivessem armas menores e menos blindagem, os Panzers vinham equipados com algo que os tanques franceses não possuíam: rádios. Não costumamos pensar em rádios como arma de guerra, mas eles permitiram aos comandantes dos tanques compartilhar informação e tomar decisões no calor da batalha, ao passo que os franceses, cuja comunicação com os comandantes de seus tanques era limitada, tinham dificuldade em coletar informações. Essa desvantagem restringiu severamente sua capacidade de reagir a mudanças no campo de batalha. Os rádios transformaram os Panzers em uma espécie de arma de grupo coordenada, em vez de peças independentes de equipamento militar.

Uma razão para que os tanques franceses, com suas armas e blindagem superiores, não tenham vencido, nem mesmo com a vantagem natural da posição defensiva, foi sua incapacidade de processar informação tão rapidamente quanto os alemães. Teria o curso do século XX sido radicalmente diferente se os tanques franceses estivessem munidos de rádios? É sempre perigoso imaginar histórias alternativas, dado o número de variáveis envolvidas, mas os franceses estavam instalando rádios em seus tanques na primavera de 1940, quando os alemães atacaram. Se tivessem feito isso um mês antes, ou se os alemães tivessem atacado um mês depois, teriam os franceses vencido?

É improvável, porque os alemães levaram uma segunda vantagem para o campo de batalha; eles compreendiam para que os rádios serviam. Os franceses encaravam o tanque como uma plataforma móvel para acompanhar soldados de infantaria. Os alemães, por outro lado, entendiam que o tanque permitia um novo tipo de combate, um estilo rápido de ataque que exigia um grau muito maior de autonomia entre os comandantes e um nível muito maior de coordenação no campo.

Em outras palavras, a capacidade de transformar um conjunto de tanques em uma força coordenada baseava-se em dois fatores muito diferentes. Primeiro, exigia meios de comunicação com que coordenar os tanques. Sem rádios, não haveria Blitzkrieg. Segundo, exigia uma estratégia que levasse em conta as novas possibilidades. Sem uma nova estratégia, também não haveria Blitzkrieg. Nem a mudança tecnológica nem a estratégia teriam sido suficientes por si sós para assegurar a vitória alemã, mas juntas elas mudaram o modo como o mundo funcionava.

Ao contrário da imagem que temos dela como envolvendo uma esmagadora força alemã, a Blitzkrieg foi, na verdade, uma estratégia para usar forças menores, porém mais ágeis, contra um adversário bem-preparado. Ela usou a mesma vantagem que os manifestantes bielo-russos têm aproveitado – uma ferramenta social que permitia a ação coletiva. Embora a *flash mob* seja uma adição relativamente nova ao repertório, a capacidade de grupos fracos de coordenarem suas ações contra grupos fortes é um traço característico de muitas ações políticas. Em 1999, a Falun Gong, uma organização religiosa chinesa, impressionou e aterrorizou o governo chinês ao reunir 10 mil pessoas em Zhongnanhai, um complexo de edifícios de acesso restrito em Pequim onde residem muitos líderes chineses. A concentração foi pacífica, mas sua execução atordoou o governo chinês, pois as autoridades não tinham a menor ideia de que ela aconteceria, uma vez que fora organizada mediante mensagens de texto enviadas por celulares. Em *Smart Mobs*, Howard Rheingold documentou um evento nas Filipinas em que milhares de cidadãos indignados coordenaram rapidamente um protesto em Manila depois que o governo votou a favor de debilitar o julgamento do presidente Joseph Estrada por corrupção. A rápida reunião de milhares de filipinos nas ruas, os quais encaminhavam mensagens de texto informando às pessoas aonde ir e exortando-as a "Vestir preto", convenceu o governo a deixar o julgamento prosseguir, terminando com a condenação de Estrada. Na Espanha, depois que Partido Popular (PP), então no poder, acusou erroneamente terroristas bascos pelo horrível atentado nos trens de Madri, a oposição arregimentou-se para derrubá-lo, enviando a simples frase "Quem foi" de telefone para telefone.

A maioria de nós já viu esse tipo de abandono do planejamento prévio com a adoção dos telefones celulares. À medida que eles se difundiram, as pessoas passaram a fazer planos menos definidos. Não dizemos mais: "Vou encontrá-lo às seis na esquina da rua 33 com a Terceira Avenida." Dizemos: "Dê um toque quando sair do trabalho" ou "Ligo para você quando chegar ao bairro". As mensagens de texto permitem que grupos inteiros também experimentem essa mudança. Os exemplos políticos anteriores demonstram a crescente facilidade desse tipo de coordenação. A Falun Gong, sendo uma organização, ainda tinha algumas das vantagens da coordenação central. Os filipinos não tinham esse grau de coesão, mas vinham testemunhando durante meses o espetáculo da luta de Estrada para escapar de acusações de corrupção. Na Espanha apenas quatro dias se passaram entre os atentados e as eleições, para as quais o PP era franco favorito. Quanto mais um método de comunicação for onipresente e utilizado, mais a coordenação em tempo real pode substituir o planejamento e menos previsíveis se tornam as reações de grupo.

Passageiro irritados, ação mais rápida

Em 3 de janeiro de 1999, o voo 1829 da Northwest Airlines decolou de Miami com destino a Detroit. Em geral esse voo parte do local turístico caribenho de St. Martin, mas na véspera, em razão de uma nevasca em Detroit, fora desviado para Miami. O avião deixou Miami um pouco depois do meio-dia e pousou em Detroit às 14h45. Menos de um terço do trajeto que os passageiros deveriam fazer naquele dia havia terminado.

Embora a neve tivesse parado de cair, a tempestade pegara o aeroporto de Detroit desprevenido. Devido aos voos adicionais decorrentes do fechamento na véspera, à neve ainda por ser removida e à insuficiência de pessoal, não havia portões suficientes abertos. Depois que o voo 1829 pousou, o piloto foi orientado a dirigir-se para uma pista lateral, e os passageiros foram informados de que haveria um atraso de duas horas, o que teve o efeito previsível sobre seu estado de ânimo. Duas horas se passaram e nenhum portão foi aberto; os comissários de bordo esforçavam-se para apaziguar os passageiros com provisões limitadas. O avião não tinha sido abastecido de alimentos e bebidas em Miami (deveria ter sido um voo curto), e o estoque de bebidas alcoólicas estava se esgotando à medida que os passageiros continuavam a beber para mitigar seu aborrecimento. Três horas se passaram, depois quatro. Os sanitários começaram a cheirar mal, depois a entupir, depois a vazar. Advogados a bordo faziam listas de querelantes em potencial. Fumantes, cardíacos, passageiros com bebês, todos suplicavam à tripulação que os deixassem sair do avião. Essas súplicas foram enviadas ao comandante, que por sua vez se comunicou com o pessoal de terra, que pouco fez além de assegurar que sabia que a situação estava difícil e estava empenhado em resolvê-la.

Cinco horas se passaram. Os comissários de bordo começaram a estimular os passageiros a escrever cartas de reclamação para o diretor executivo da companhia. Uma pessoa sugeriu que, em vez disso, ligassem para ele. Descobriram seu nome, John Dasburg, na revista de bordo, e o telefone de sua casa solicitando ao serviço de telefonista. Fizeram a ligação. Ele não estava em casa, mas sua mulher atendeu e ouviu poucas e boas dos passageiros. O comandante, ao saber que um passageiro havia telefonado para Dasburg, chamou-o à cabine e pediu o número. Em seguida, ligou ele mesmo para o diretor executivo a fim de pedir que um portão fosse aberto. Isso – finalmente – surtiu efeito. O avião saiu da fila (para a compreensível frustração dos outros pilotos que esperavam) e rumou para o portão recém-aberto. Às 21h42 os passageiros finalmente desembarcaram, sete horas depois de terem aterrissado.

Essa história resultou em críticas terríveis para a Northwest e as companhias aéreas em geral. O resultado líquido, contudo, foi insignificante. Se alguma das cartas de reclamação foi entregue a Dasburg, não produziu nenhuma mudança perceptível. O processo por "cárcere privado e quebra de contrato" foi extinto por acordo extrajudicial, e as companhias aéreas adotaram uma voluntária e ineficaz Iniciativa de Serviço ao Cliente (algo que devia ser redundante, dado o ramo de atuação). Pessoas haviam sido submetidas a um incrível tormento por uma empresa cujo negócio era supostamente fornecer um serviço, mas no final das contas quem detinha o poder nessa situação em particular era a companhia aérea, não seus clientes.

Foi precisamente esse desequilíbrio de poder que tornou o que aconteceu na vez seguinte tão digno de nota.

Os números dos voos, as cidades e as datas foram diferentes, mas a trama básica foi a mesma. Em 29 de dezembro de 2006, vários voos da American Airlines foram desviados para Austin em razão de fortes tempestades em Dallas. Depois de pousar, os aviões esperaram durante horas, os comandantes incapazes de obter a abertura de portões, os passageiros cada vez mais agitados, comida e água insuficientes e sanitários transbordando. Foi uma reprise de Detroit, sem o vento gelado mas com atrasos mais longos – após aterrissar, alguns aviões ficaram mais de oito horas na pista antes que os passageiros tivessem permissão para desembarcar.

Kate Hanni, uma corretora de imóveis da Califórnia e passageira do voo 1348 da American Airlines, ficou furiosa. Nos dias seguintes ao incidente ela formou um grupo para representar os direitos dos passageiros. Eles propuseram uma Carta dos Direitos dos Passageiros de Companhias Aéreas (uma amostra: "Atender às necessidades essenciais dos passageiros durante atrasos de mais de três horas no ar ou em terra"), fizeram pressão sobre o Congresso (conseguindo que a adoção da carta dos passageiros fosse proposta na Câmara e no Senado) e convidaram o público geral a participar de seu abaixo-assinado; foram recolhidas milhares de assinaturas em algumas semanas. Esse foi um dos motivos por que agora qualquer nova história de horror associada a companhias aéreas – como os atrasos épicos na pista sofridos em 2007 pelos passageiros da JetBlue no Dia de São Valentim, o Dia dos Namorados nos Estados Unidos, ou o atraso de oito horas de outro voo da American Airlines em abril daquele ano – é coberta pela imprensa como parte de uma questão mais ampla, em vez de um evento isolado, disseminando ainda mais a consciência sobre o problema.

Depois do desastre da JetBlue, o diretor executivo pediu demissão e a companhia adotou sua própria Carta de Direitos dos Passageiros.

Os resultados dos atrasos em Detroit e Austin foram completamente distintos. Em Detroit, apesar dos maus-tratos recebidos, a fúria cumulativa dos passageiros dissipou-se em pouco tempo. Em Austin, ela impeliu a criação dias depois de uma organização que logo adquiriu âmbito nacional e causou um impacto quase imediato, alterando a pauta legislativa, a cobertura da imprensa e as expectativas públicas em relação às companhias aéreas. Os passageiros de Detroit foram tão maltratados quanto os de Dallas, e ficaram igualmente irritados. Por que um atraso enfurecedor não deu em nada, ao passo que o outro levou a um verdadeiro aumento da pressão sobre as companhias aéreas?

A mudança decisiva foi que Kate Hanni tinha em mãos as ferramentas para estimular e sustentar participação. Ela desejava fazer alguma coisa e em 2007 foi capaz de comunicar esse desejo de modo a criar um movimento público, usando ferramentas que haviam se tornado corriqueiras.

Tudo começou com uma simples conversa. Ao procurar detalhes sobre o voo na web, Hanni encontrou uma notícia breve sobre os atrasos em um jornal de Austin, o *American-Statesman*. Postou então dois comentários no artigo, expondo com todos os detalhes o que havia acontecido com os passageiros naquele dia. (Os dois comentários juntos eram pelo menos quatro vezes mais longos que a notícia propriamente dita.) Ao final de seu segundo comentário, escreveu: "Qualquer pessoa que tenha estado nesse voo, por favor, entre em contato comigo."

Outro passageiro no voo respondeu diretamente a Hanni e forneceu os contatos de mais passageiros. Depois que o *American-Statesman* passou a permitir comentários dos leitores, o que antes era uma plataforma unidirecional (jornalista fala com leitores) tornou-se primeiro uma plataforma compartilhada (Hanni oferece suas observações para o mundo) e depois cooperativa (Hanni usa o artigo para se comunicar com outros passageiros). Em poucos dias ela havia entrado em contato com um número suficiente de pessoas para formar um grupo com uma missão e um nome – Coalition for an Airline Passenger's Bill of Rights (Coalizão a Favor de uma Carta de Direitos dos Passageiros de Companhias Aéreas). Ela criou um abaixo-assinado on-line; mais de 2 mil pessoas o assinaram no primeiro mês, um número muito maior que o de passageiros que haviam sido diretamente afetados. Hanni e outros membros da coalizão foram entrevistados pelo *New York Times*, pela CNN e pela CBS, e vários sites de viagens publicaram links para o blog da coalizão. Toda essa atenção criou não só consciência, mas possibilidade de novas ações – novas assinaturas, novos apelos ao Congresso, novas doações.

Assim como criam membros do antigo público, as ferramentas sociais criam também legiões de antigos consumidores, se por "consumidor" entendemos um comprador de bens e serviços isolado e sem voz. Agora os consumidores respondem às empresas e falam para o público geral, e podem fazer isso em massa e de forma coordenada. A divisão do banco HSBC no Reino Unido vinha atraindo estudantes e recém-formados com a promessa de contas correntes com cheque especial sem juros. Em agosto de 2007, o banco decidiu revogar essa conduta, avisando os estudantes da mudança iminente com apenas poucas semanas de antecedência. A medida obviamente fazia sentido do ponto de vista empresarial; empréstimos isentos de juros estavam custando dinheiro à instituição, e os chamados custos de mudança para os estudantes – os custos de encontrar outro banco e transferir contas – reduziria a probabilidade de uma deserção em massa. Tendo usado o cheque especial sem juros para atrair clientes, o HSBC raciocinou que poderia cancelar o programa com poucos prejuízos.

O banco não levara em conta o Facebook, rede social que nascera especificamente voltada para estudantes universitários. Wes Streeting, aluno da Universidade de Cambridge e vice-presidente do centro acadêmico, abriu um grupo de discussão no Facebook para se queixar da conduta, intitulando-o "Stop the Great HSBC Graduate Rip-Off!" (Pare a Grande Roubalheira do HSBC Universitário!). De maneira análoga ao caso dos Direitos dos Passageiros de Avião, milhares de estudantes alistaram-se em questão de dias. O Facebook era o único lugar onde era possível alcançar tanto estudantes atuais como recém-formados; em anos anteriores, era difícil se comunicar com os ex-alunos devido à sua dispersão, mas agora eles continuam fazendo parte do tecido social de uma faculdade mesmo depois de se afastarem fisicamente. O Facebook ajudou também a reduzir os custos de mudança, pois estudantes e ex-estudantes começaram a pesquisar e recomendar outros bancos do Reino Unido que continuavam oferecendo cheque especial sem juros. Como estavam mais bem-informados sobre as alternativas, e como ações individuais podiam ser parte de um movimento mais amplo, um número de estudantes muito maior do que o previsto pelo HSBC começou a ameaçar publicamente com o fechamento das suas contas.

Vendo a grande e crescente reação, o grupo do Facebook anunciou então que promoveria um protesto público na sede do HSBC em Londres no início de setembro. Esse protesto nunca aconteceu, pela simples razão de que o banco cedeu muito antes da data marcada; vendo o protesto on-line e ameaçado com outro no mundo real, e tendo subestimado o que a informação compartilhada podia fazer com os custos de mudança, o HSBC voltou atrás na medida. Andy Ripley, o chefe de desenvolvimento de produtos, explicou a decisão dizendo: "Como qualquer empresa de serviços, não somos grandes demais para dar ouvidos às necessidades de nossos clientes." Embora tenha salvado as aparências, essa é uma declaração curiosa, pois o HSBC poderia ter previsto a infelicidade dos estudantes com a mudança muito antes de implementá-la. A decisão não ocorreu porque eles estavam insatisfeitos; ocorreu porque estavam insatisfeitos e coordenados.

O enorme efeito da motivação é óbvio – os protestos da Coalizão a Favor de uma Carta de Direitos dos Passageiros de Avião e dos clientes do HSBC se deveram às iniciativas de Hanni e Streeting. Menos óbvia, mas igualmente importante, é a motivação limitada da maioria dos participantes nos protestos. Muitas pessoas se importam um pouco com o tratamento que recebem de companhias aéreas ou bancos, mas não muitas se importam o suficiente para tomar alguma atitude por si mesmas, tanto porque esse tipo de esforço é grande demais como em razão do pouco efeito que ações individuais surtem sobre grandes corporações. Antes, para se coordenar ações grupais, era preciso convencer as pessoas que se importavam um pouco a se importar mais, a fim de que fossem estimuladas a agir. Em vez disso, o que Hanni e Streeting fizeram foi reduzir os obstáculos à atitude, de modo que pessoas que se importavam um pouco pudessem participar um pouco, sendo, ao mesmo tempo, eficazes no conjunto. Ter um punhado de pessoas altamente motivadas e uma massa de outras pouco motivadas costumava ser uma receita para a frustração. As pessoas que estavam no fogo se perguntavam por que a população geral não se importava mais, e esta se perguntava por que aquela gente obcecada simplesmente não calava a boca. Agora as pessoas altamente motivadas podem criar com mais facilidade um contexto em que as pouco motivadas possam ser eficazes sem ter de se tornar ativistas.

Ferramentas banais em contextos notáveis

Evan Williams tem um talento natural como inventor de ferramentas sociais. Na década de 1990, sua companhia, Pyra, trabalhava em uma complexa ferramenta de administração de projetos que poderia ser vendida para empresas, mas ao mesmo tempo ela precisava de uma ferramenta de administração de projetos para si. Em vez de adotar a própria ferramenta (que não estava pronta e que, mesmo assim, era complexa demais para uma empresa pequena), Pyra desenvolveu o aplicativo praticamente mais simples que se poderia imaginar. Era um site que pegaria o texto introduzido por um usuário em um formulário e o aplicaria em uma página na web, posicionando as adições mais recentes no alto. A ferramenta, embora tão simples, revelou-se muito mais interessante que o software em que deveriam trabalhar, e eles acabaram dedicando-se mais à ferramenta de uso interno que a seu produto nominal. Batizaram a criação de Blogger e a lançaram no mundo. Ela se espalhou com a rapidez de um rastilho de pólvora – centenas de milhares de usuários o adotaram em poucos meses. (Mais tarde o Blogger foi comprado pelo Google.)

A ideia seguinte de Evan foi o blog sonoro, em que usuários postariam curtos arquivos de áudio em um site, para que outros pudessem ouvi-los.

Essa ideia não decolou da mesma maneira, mas o levou a dirigir sua atenção para os telefones celulares. Sua ideia seguinte baseava-se nos torpedos, as breves mensagens escritas que muitas pessoas podem mandar a partir de seus celulares. Seu serviço, chamado Twitter, era a simplicidade em essência. Para usar o Twitter, basta criar uma conta para si e depois mandar uma mensagem para lá pela web, via mensagem instantânea, ou pelo celular. Uma mensagem no Twitter, chamada *tweet*, é um pedacinho de texto, em geral uma atualização sobre o que você está fazendo; mandar um *tweet* é "twittar". A mensagem vai para os seus amigos que também estão no Twitter e, se você quiser, são postadas no "histórico público" do Twitter, uma página com os *tweets* públicos mais recentes.

Grande parte do conteúdo publicado no histórico público é frívola. Eis uma amostra aleatória dos *tweets* enviados em uma tarde qualquer de sábado:

> jmckible diz "Acabei de precisar limpar meu slot de DS estilo NES"
> truejerseygirl diz "Vou fazer uma festa de troca de CDs hoje à noite. Preparei os shots de gelatina, comprei bebida e batata frita, mas ainda não gravei todos os cds. Eca, sou preguiçosa"
> laurence diz "Na Maker Faire"
> josh Lawrence Putz, tô no céu comendo o fudge de chocolate gourmet da Trader Joe
> Mike Barrett mrmanager07 UAAAU os cursos de verão são MUUUITO LEGAIS

Grande parte dos posts públicos tem esse tipo de qualidade – videogames, música pop e *shots* de gelatina –, o que provavelmente não é do interesse da maioria dos usuários. Como os blogs escritos para pequenos grupos de amigos, a maior parte do *tweets* destina-se a amigos, não ao público geral. Essas mensagens são interessantes não tanto por serem informativas, mas porque o receptor se importa com o emissor. Você provavelmente não está interessado em saber que laurence está na Maker Faire (um evento no Vale do Silício organizado por um movimento de promoção ao "faça você mesmo"), mas, se conhecesse laurence, ou se também estivesse na Maker Faire, talvez se interessasse. Como sempre, mensagens socialmente inseridas são mais valiosas que transmissões públicas aleatórias. Mesmo admitindo que o Twitter cria uma espécie de visão periférica em relação ao que nossos amigos estão fazendo, ele pode ser terrivelmente banal. Até que vemos o *feed* de Alaa.

> Indo para promotor de doky o juiz murad acusou manal e a mim de difamação (10h11, 4 de abril)
> Esperando decisão dos promotores podemos até passar a noite presos (13h57, 4 de abril)
> Estamos indo para a delegacia de dokky (15h31, 4 de abril)
> Na delegacia não há nenhum policial graduado então estamos de molho (16h29, 4 de abril)
> Não seremos soltos da segurança de gizé teremos que voltar para a delegacia de dokki (19h59, 4 de abril)
> Voltando para a delegacia (22h25, 4 de abril)
> Estamos livres (11h22, 4 de abril)

O egípcio Alaa Abd El Fattah é um programador, blogueiro e ativista pela democracia que mora no Cairo. Aqui ele está documentando sua detenção, com a esposa Manal, em El Dokky, um bairro do Cairo, episódio que terminou doze horas depois com a libertação do casal. Sua prisão foi ordenada por Abdel Fatah Murad, um juiz egípcio que tentava bloquear dezenas de websites no Egito, sob a alegação de que eles "insultam o Corão, Deus, O Presidente e o país". Quando blogueiros egípcios pró-democracia começaram a cobrir a censura proposta, Murad acrescentou os sites deles à lista dos que pretendia proibir.

O que um serviço como o Twitter, cuja face pública é tão banal, oferece a Abd El Fattah e aos demais ativistas egípcios? Parte do valor é bastante prosaica – como ativistas pela liberdade de expressão são importunados ou presos em vários países do Oriente Médio, eles usam o Twitter para alertar uns aos outros quando passam em vários postos de controle (muitas vezes em aeroportos); a ausência de uma mensagem pode significar que foram detidos. Em outras ocasiões, porém, ele fornece uma maneira de difundir verdadeiras notícias. Alaa relatou da seguinte forma a notícia da detenção prolongada de Abdel Monem Mahmoud, outro blogueiro do Cairo.

> prenderam blogueiro ikhwani monem (http://ana-ikhwan.blogpost.com) temos que organizar uma campanha (10h07 13 de abril)
> acontece que Monem ainda não se entregou, está se escondendo da polícia até advogados descobrirem mais detalhes, mas invadiram a casa dele (15h31, 13 de abril)
> caso vocês não saibam monen foi preso hoje cedo no aeroporto do cairo (16h17, 15 de abril)
> monem compareceu diante do promotor de shobra e ficará preso por quinze dias (19h50, 15 de abril)
> Monem e co iniciam greve de forme por maus-tratos (15h36, 7 de maio)

Abd El Fattah e Mahmoud não têm a mesma posição política – o primeiro é um blogueiro não religioso, ao passo que o segundo é membro da organização conservadora Fraternidade Muçulmana –, mas ambos estão interessados na liberdade de expressão, e essas ferramentas permitem que cidadãos noticiem os fatos quando os veem, sem precisar passar pelos (ou enfrentar os atrasos e a censura dos) canais noticiosos oficiais. O Twitter oferece também uma possibilidade de coordenar as reações desses usuários ao Estado. Nas palavras de El Fattah: "Nós o usamos para informar uma rede estreita de ativistas sobre ações da segurança em protestos. Os ativistas usam então o Twitter para coordenar uma reação." Como os ativistas pró-democracia são cuidadosamente vigiados, o Twitter lhes permite uma combinação de coordenação grupal e em tempo real que ajuda a desequilibrar a situação em favor deles. Em uma das ocasiões anteriores em que eles fizeram uso do Twitter, El Fattah e mais uma dezena de colegas coordenaram movimentos para cercar um carro em que seu amigo Malek estava sendo mantido pela polícia, para evitar que o carro e o amigo fossem rebocados. Sabendo que estavam sendo monitorados, eles enviaram então mensagens dando a entender que muito mais gente estava chegando. A polícia enviou reforços, cercando o carro, e assim ela mesma o imobilizou. Isso manteve Malek no mesmo lugar até a chegada da imprensa e de parlamentares. A ameaça de publicidade negativa levou à libertação de Malek, um resultado que teria sido difícil orquestrar sem o Twitter.

O poder de coordenar grupos que em outras circunstâncias estariam dispersos seguirá aumentando; novas ferramentas sociais continuam sendo inventadas, e, por mais insignificante que possa parecer, qualquer ferramenta que amplie a consciência compartilhada ou a coordenação de grupos pode ser posta a serviço de fins políticos, porque a liberdade de agir em grupo é inerentemente política. Os avanços desde os protestos em Leipzig até os usos cada vez mais sociais e em tempo real de torpedos de Pequim ao Cairo nos mostram que adotamos essas ferramentas que ampliam nossas capacidades e modificamos nossas ferramentas para aperfeiçoar essa amplificação.

8. A solução de dilemas sociais

Há dilemas sociais reais e permanentes que podem apenas ser otimizados, nunca completamente resolvidos. O repertório social humano inclui muitas dessas otimizações, que as ferramentas sociais podem amplificar.

Digamos, para fins de ilustração, que você e eu saímos para tomar alguns drinques à noite no sábado passado e que por volta de duas horas da madrugada um de nós disse: "Ei, tive uma ideia! Vamos roubar um carro!" (Acho que foi você quem disse isso.) Então nós roubamos um carro, uma coisa leva a outra, erros acontecem, e meia hora depois atravessamos a vitrine de uma loja. Mal temos tempo de sair do carro e fingir não ter nada a ver com aquilo antes que a polícia chegue.

Os policiais não estão caindo muito na nossa história, mas, como não há nenhuma outra testemunha, nos colocam em salas diferentes para sermos interrogados. Assim que somos separados, fazem a cada um de nós a seguinte proposta: "Veja, achamos que você é inocente, mas suspeitamos que a outra pessoa no carro foi a responsável. Se você nos contar tudo o que sabe sobre ela, vamos lhe dar uma grande recompensa e indiciar a outra pessoa. Mas você tem de nos contar agora mesmo, senão vai passar a noite na delegacia." Como nós dois estamos recebendo a mesma proposta, criam-se quatro possibilidades:

1. Nós dois nos aferramos à nossa história, eles não obtêm evidência alguma, e somos detidos durante a noite.
2. Eu me aferro à história da inocência e você me delata. Você ganha uma recompensa e eu sou indiciado.

3. Eu delato você enquanto você se aferra à história. Eu ganho uma recompensa e você é indiciado.
4. Nós dois nos delatamos um ao outro. Somos ambos indiciados.

Portanto, sabendo que eu estou diante das mesmas opções que você – aferrar-me à minha história ou delatá-lo –, o que você faz?

O pior resultado seria claramente ser indiciado por um crime, e o melhor seria ganhar uma recompensa. Você sabe que eu também sei disso, e, se ambos tentarmos obter a recompensa, ambos seremos indiciados. O segundo melhor resultado seria passar a noite na cadeia, mas você sabe que eu também sei disso, e, caso você se aferre à sua história com a intenção de obter esse resultado, eu posso tentar ganhar a recompensa delatando-o. De maneira semelhante, se eu me aferrar à minha história a fim de pegar só uma noite na cadeia, você pode me delatar para ganhar a recompensa, mas, se ambos tentarmos ganhar a recompensa, seremos ambos indiciados – e assim voltamos ao pior resultado.

Essa é uma versão simplificada do Dilema do Prisioneiro, um experimento mental da ciência social sobre como as pessoas tomam decisões. (A matriz do resultado final é um pouco mais complexa na versão original, mas o dilema é o mesmo.) Supondo que as duas pessoas não podem se comunicar entre si e não confiam uma na outra (falarei mais sobre isso logo adiante), o pior resultado – número quatro – é o racional, um resultado chamado equilíbrio de Nash. A questão no Dilema do Prisioneiro é que, como essa é uma transação única em que você e eu não podemos nos comunicar um com o outro, não temos como coordenar um resultado melhor que o desolador equilíbrio de Nash. (Essa é a mesma matemática subjacente à Tragédia do Terreno Comunal, em que o equilíbrio de Nash estimula a defecção individual, mesmo quando ela prejudica o grupo.) As coisas mudam, porém, quando os prisioneiros interagem várias vezes um com o outro, uma versão chamada Dilema Iterado do Prisioneiro.

Robert Axelrod, sociólogo da Universidade de Michigan que estudou profundamente a versão iterada, encenou torneios entre diferentes softwares que emulavam os prisioneiros. Cada software recebia uma estratégia para quando cooperar e quando trair (as mesmas duas escolhas que você e eu tivemos em nossos interrogatórios imaginários). Essas estratégias eram medidas pela adição ou subtração de pontos para os vários resultados. Após realizar o torneio com muitas estratégias diferentes de participação, desde "trair sempre" até "cooperar ou trair ao acaso", Axelrod constatou que uma estratégia, chamada "Olho por Olho", era a mais bem-sucedida dentre todas as outras experimentadas. "Olho por Olho" começava tentando cooperar na primeira vez em que era emparelhada com qualquer outro programa. Se esse programa também cooperasse, ele se dispunha a cooperar na rodada seguinte, e assim por diante. Enquanto o outro programa se dispusesse a cooperar, "Olho por Olho" continuava a fazê-lo também. Mas, se o outro cometesse uma traição, tirando proveito do comportamento crédulo de "Olho por Olho", este também o trairia na rodada seguinte, na prática punindo-o de maneira a comunicar que sua confiança só se estendia aos que retribuíam.

Essa estratégia é uma versão muito simplificada do que ocorre na vida real – a lição mais geral é que, ao interagirem repetidamente umas com as outras, as pessoas comunicam-se por meio de suas ações, introduzindo o que Axelrod chama de "sombra do futuro". Todos nós enfrentamos o Dilema do Prisioneiro sempre que interagimos com pessoas das quais poderíamos tirar proveito, ou com pessoas que poderiam tirar proveito de nós, mas conseguimos confiar uns nos outros com frequência suficiente para realizar coisas em grupo. A sombra do futuro possibilita que eu aja em seu benefício hoje, mesmo com algum risco ou custo para mim, na expectativa de que você se lembrará disso e retribuirá amanhã.

Novas ferramentas para criar capital social

Em University Place, na parte sul de Manhattan, a algumas quadras de meu escritório, fica a pista de boliche local. O boliche muitas vezes evoca uma época de cercas de estacas e Coca-Colas a 25 centavos, e até o nome da nossa pista lembra aquele tempo – Bowlmor Lanes. Nas noites de sexta-feira, porém, o Bowlmor parece uma instituição muito badalada, com uma clientela de jovens bebendo drinques sofisticados em vez de operários que aparecem para tomar uma cerveja e relaxar. O boliche foi persistentemente reinventado através das décadas, e continua sendo uma atividade popular. Mas entre os anos 1950 e agora houve uma mudança importante: um acentuado declínio do boliche como esporte, com os associados, as temporadas, os uniformes e todo o resto. Embora vários grupos joguem boliche no Bowlmor Lanes, eles se constituem quase sempre de pessoas que já se conhecem; o jogo é mais uma consequência que uma causa da interação em grupo. O desaparecimento gradual das ligas de boliche é uma das muitas reduções dos mecanismos sociais mediante os quais pessoas podem ser apresentadas umas às outras em consequência de uma atividade compartilhada. Isso não importa muito para o destino do Bowlmor Lanes – um cliente é um cliente, quer pertença ou não a uma liga –, mas pode importar para o país.

Quando Robert Putnam, um sociólogo de Harvard, publicou *Bowling Alone* em 2000, o livro foi uma sensação imediata. Sua análise do enfraquecimento da comunidade nos Estados Unidos, baseada em uma enorme quantidade de indicadores, desde o declínio dos piqueniques até o abandono das ligas de boliche, ofereceu duas observações provocativas. Primeiro, grande parte do sucesso dos Estados Unidos como nação teve a ver com sua capacidade de gerar capital social, aquele conjunto misterioso, mas decisivo, de características de comunidades ativas. Quando seu vizinho passeia com o seu cachorro enquanto você está doente, ou quando o sujeito atrás do balcão confia que você pagará da próxima vez, o capital social está em ação. Ele é a sombra do futuro em uma escala social. Em grupos com mais capital social (isto é, com mais hábitos de cooperação), os indivíduos estão em melhor situação segundo numerosos critérios, desde saúde e felicidade até potencial de ganho, que aqueles em grupos com menos capital social. As sociedades caracterizadas pela abundância de capital social total saem-se melhor que aquelas com pouco capital social em uma variedade igualmente ampla de critérios, desde taxa de criminalidade até crescimento econômico, passando pelo custo de empreendedorismo.

Isso é a sombra do futuro em ação: a reciprocidade direta supõe que, se você fizer um favor para alguém hoje, essa pessoa lhe fará outro amanhã. A reciprocidade indireta é ainda mais notável – ela supõe que, se você fizer algum favor para alguém de sua comunidade hoje, alguém dessa comunidade poderá lhe fazer um favor amanhã, mesmo que não seja a mesma pessoa. As normas e os comportamentos que representam a sombra do futuro constituem o capital social, um conjunto de normas que facilitam a cooperação dentro de grupos ou entre grupos.

Foi a segunda observação de Putnam, contudo, que provocou a reação mais significativa. Em um espectro consideravelmente grande de critérios, a participação em atividades em grupo, veículo para a criação e a manutenção de capital social, estava em declínio nos Estados Unidos. Reunindo as duas observações, ele concluiu que um dos maiores recursos para o crescimento e a estabilidade do país estava se esvaindo. Uma causa do declínio no capital social era um simples aumento na dificuldade que as pessoas enfrentavam para se reunir – um aumento dos custos transacionais, para usar a expressão de Coase. Quando uma atividade torna-se mais dispendiosa, seja em custos diretos ou em incômodo, as pessoas vão deixando de praticá-la, e várias mudanças ocorridas nos últimos cinquenta anos – como famílias menores, casamentos tardios, famílias em que o casal trabalha, a difusão da televisão e a suburbanização – elevaram os custos transacionais para a coordenação de atividades em grupo fora do trabalho. Para a maioria das pessoas, a única reação possível à conclusão de Putnam era a nostalgia por um mundo perdido de Rotary Clubs e quermesses. Uma pessoa, porém, viu nisso uma oportunidade. Nos anos 1990, Scott Heiferman havia fundado e vendido uma bem-sucedida empresa de web na cidade de Nova York e estava procurando uma ideia para seu próximo negócio quando leu *Bowling Alone*. Em vez de encará-lo como a constatação de um declínio inevitável, decidiu tentar revigorar a criação de capital social por meio de interação no mundo real. A solução que ele arranjou era surpreendentemente simples.

Primeiro Heiferman supôs que as pessoas sabiam o que estavam perdendo e gostariam de tê-lo de volta se pudessem; em uma era de capital social declinante, elas tomariam medidas para aumentar sua participação comunal se alguém conseguisse fazer com que isso voltasse a ser fácil. Segundo, ele reconheceu que tratar a internet como uma espécie de espaço distinto – o ciberespaço, como ela frequentemente era chamada – fazia parte do problema. Essa palavra, cunhada por William Gibson em seu romance *Neuromancer*, refere-se a uma espécie de realidade alternativa mediada pelas redes de comunicação do mundo. O ciberespaço de *Neuromancer* é uma representação visual de todos os dados do mundo. John Perry Barlow, ativista dos direitos digitais, depois usou o termo para designar os espaços sociais da internet. Fosse ele visual ou social, porém, o sentido básico de ciberespaço era de um mundo distinto e à parte do mundo real. O ponto final previsto desse processo era uma separação progressiva entre a vida social e o espaço real, levando à morte das cidades, à medida que as populações se dispersassem para locais mais bucólicos.

A suposição de que as ferramentas de comunicação são (ou serão algum dia) um bom substituto para as viagens pressupõe que as pessoas se reúnem sobretudo por motivos utilitários de compartilhamento de informação. As companhias vêm nos vendendo essa ideia desde a invenção do telégrafo, e o famoso Picturephone da AT&T, lançado na Feira Mundial de 1964, foi promovido como uma forma de reduzir a necessidade de se viajar. Essa redução não aconteceu, nem em 1964, nem nunca. Se comunicações fossem um substituto para as viagens, os efeitos já teriam aparecido a esta altura, mas não apareceram. Em 1978, o presidente Carter desregulamentou as companhias aéreas, provocando uma queda dos preços das passagens, mas as ações das empresas de telecomunicação não despencaram; elas subiram. De maneira semelhante, em 1984 o juiz Harold Greene dividiu a AT&T, o que levou a uma rápida redução dos preços de telefonemas interurbanos; nesse ano, a clientela das companhias aéreas aumentou. Comunicação e viagem se complementam, não se substituem. Chris Meyer, consultor do Monitor Group que viaja pelo mundo todo, observa: "Melhores comunicações facilitam meu contato com o escritório, então eu passo *mais* tempo na estrada, conversando com clientes."

Nós nos reunimos porque é útil, mas também porque gostamos. Supor que videofones, e-mails ou realidade virtual vão reduzir a quantidade total de viagens é como supor que as lojas de bebida vão acabar com os bares, já que vendem bebida a preços muito menores. Na verdade, as pessoas não vão a bares simplesmente para beber, mas para fazê-lo em um ambiente de convívio. De maneira semelhante, as cidades não existem só porque as pessoas precisam estar próximas umas das outras para se comunicar; existem porque as pessoas gostam de estar perto umas das outras, e é esse fato, e não a mera troca de informações, que gera capital social. (Quem prevê a morte das cidades certamente já está casado.) Essa óbvia preferência humana foi desconsiderada no início da difusão pública da internet, em grande parte porque o usuário médio interagia com pessoas diferentes na web e fora dela.

No ano da fundação do Meetup, o que havia parecido uma profunda mudança social da década de 1990 se revelara um acidente temporário. A ideia de um ciberespaço fazia sentido quando a população da internet tinha só alguns milhões de usuários; naquele mundo, as relações sociais na web eram separadas das relações fora dela, porque as pessoas que conhecíamos em um universo eram diferentes das que conhecíamos no outro, e esses dois mundos raramente se sobrepunham. Mas essa separação era um acidente resultante da adoção parcial da rede. Embora a internet tenha começado a funcionar em sua forma mais primitiva em 1969, foi só em 1999 que um país chegou a ter a maioria de seus cidadãos conectados. (A Holanda foi o primeiro, mas hoje essa é a situação da maioria dos países desenvolvidos.) No mundo desenvolvido, a experiência de uma pessoa comum de 25 anos é de uma substancial sobreposição entre amigos e colegas dentro e fora da internet. Na verdade, a sobreposição é tão grande que tanto a palavra quanto o conceito de "ciberespaço" caíram em desuso. A internet não fornece uma alternativa à vida social do mundo real, ela a incrementa. Em vez de se tornar um ciberespaço à parte, nossas redes eletrônicas estão se tornando profundamente implantadas na vida real.

Heiferman percebeu que, se houver um número suficiente de pessoas conectadas, não é preciso agrupá-las apenas por afinidade (amantes do boxe, fãs do White Stripes, libertários etc.). Em vez disso, é possível agrupá-las por afinidade *e* proximidade (amantes do boxe em Poughkeepsie, fãs do White Stripes em Walla Walla). Ele criou o Meetup para ajudar as pessoas a se encontrar na internet e depois no mundo real, tirando das mãos dos usuários em potencial o fardo da coordenação. Os usuários do Meetup podem fazer buscas por interesse ("Há algum Meetup pertinente em minha cidade?") ou por área ("Moro em Milwaukee, há algum Meetup por perto?").

Ao registrar os interesses e a localização das pessoas, o Meetup pode identificar grupos latentes e ajudá-los a se reunir. Heiferman apostou que, por todos os Estados Unidos (e mais tarde, o mundo), grupos latentes adorariam se reunir se alguém resolvesse o problema da coordenação. Armado com essa intuição (e o trabalho de um talentoso grupo de programadores e designers), ele lançou o serviço. Em conversas iniciais com usuários ou investidores em potencial, ele às vezes apresentava o Meetup como uma espécie de máquina do tempo, que revigora os clássicos grupos de interesse americanos – pessoas que compartilhavam um interesse por boliche, automóveis ou chihuahuas. (Na verdade, ele falava com tanta frequência sobre pessoas que gostavam de chihuahuas que essa se tornou uma marca registrada de sua argumentação.)

Os grupos que acabaram realmente usando o Meetup não corresponderam em nada ao que Heiferman esperava. Eis a lista dos quinze Meetups mais ativos no ano em que o site foi lançado:

Assunto	Número de Meetups	Número de membros
Bruxas	442	6.757
Slashdot	401	11.809
LiveJournal	311	10.691
Bloggers	136	4.222
Pagãos	90	2.841
Fark	81	4.621
Ex-testemunhas de Jeová	67	1.609
BookCrossing	56	4.414

Xena	51	1.641
Tori Amos	47	2.261
Ultima	38	2.467
Jornada nas estrelas	35	1.196
Radiohead	32	1.986
Vampiros	28	1.339
Ateus	27	1.338

Essa lista é diferente de qualquer lista de grupos americanos já montada. Ela mede algo importante (ou melhor, reúne várias coisas importantes diferentes) porque demonstra que o poder de reunião do Meetup reside não em recriar grupos cívicos antigos, mas em criar novos.

Os grupos representados aqui podem ser divididos em três categorias amplas. A primeira, que inclui Bruxas, Pagãos, Ex-testemunhas de Jeová e Ateus, é de pessoas que compartilham algum ponto de vista religioso ou filosófico, mas não têm apoio da cultura americana mais ampla. Há muito mais presbiterianos que pagãos nos Estados Unidos, mas os presbiterianos não estão nessa lista porque não precisam do Meetup para descobrir quando e como se reunir; eles se encontram todos os domingos na igreja presbiteriana. Como dispõem ao mesmo tempo de organização interna e apoio externo, os presbiterianos são menos afetados pelos custos transacionais que os pagãos, que não têm nenhum lugar ou hora culturalmente tradicionais para se encontrar e nenhuma maneira fácil de divulgar seus interesses sem censura. As testemunhas de Jeová gozam de vantagens semelhantes às de outras seitas cristãs, mas ex-testemunhas recorrem ao Meetup porque não desfrutam desse tipo de coordenação socialmente apoiada.

A segunda categoria de grupos Meetup inclui membros de sites e serviços que gostariam de se reunir na vida real com outros usuários desses serviços. Esse grupo inclui Slashdot, LiveJournal, Bloggers, Fark, Ultima e BookCrossing. (Curiosamente, os números mostram como esses grupos estão concentrados; embora tivessem mais membros que Bruxas, Slashdot e LiveJournal reuniam-se em um número menor de cidades; em outras palavras, as bruxas estavam mais distribuídas na sociedade americana que os *geeks* ou os blogueiros.) É este o fim do ciberespaço: a popularidade desses grupos de Meetup sugere que encontros virtuais não são o bastante e que, depois de se comunicarem uns com os outros usando esses vários serviços, os membros se convencem de que compartilham interesses suficientes para quererem se encontrar no mundo real. Especialmente relevante para essa tese é o grupo Ultima. O Ultima é um jogo on-line ambientado em Britannia, um mundo imaginário elaborado em 3D, no qual os jogadores interagem uns com os outros. Ele pertence a uma classe de jogos chamada *"massively multiplayer online role-playing games"* (jogos de interpretação on-line para jogadores em massa, ou MMOs). Se as interações virtuais fossem plenamente satisfatórias em algum contexto, seria nesses mundos virtuais. Mas a popularidade dos grupos Meetup para a formação de contatos virtuais mostra que até mesmo comunicação pela internet que emula a interação face a face deixa as pessoas com vontade de contato humano verdadeiro.

A terceira categoria inclui fãs de ícones culturais idiossincráticos o bastante para que esses fãs queiram estar na presença uns dos outros. Usuários do LiveJournal podem, ao menos potencialmente, entrar em contato uns com os outros no próprio site, mas os fãs de Tori Amos estão simplesmente apostando que vão se encontrar no Meetup. (O grupo Vampiros cai tanto na primeira quanto na terceira categoria.) A vontade que as pessoas sentem de estar na companhia de outras sem nunca ter conversado com elas antes, com base em uma afinidade cultural compartilhada, é uma excelente publicidade para a tese inicial de Heiferman – de que, mesmo em uma era mediada, as pessoas anseiam por contato humano real.

Essas três categorias têm várias coisas em comum. Primeiro, representam não só coisas que as pessoas fazem, mas as maneiras como elas pensam sobre si mesmas (e sobre os outros). Muito mais pessoas usam o Google que o LiveJournal, mas não há um amplo interesse por um grupo Meetup de usuários do Google. Segundo, essa imagem de si mesmo traduz-se em um desejo de conhecer outras pessoas que compartilham os mesmos interesses. Havia muito mais gente assistindo a *Everybody Loves Raymond* em 2002 que a *Xena: A princesa guerreira*, mas o conjunto de fãs de *Xena* foi um indicador melhor de interesses de fato em comum. Por fim, antes do Meetup o mundo não proporcionava a essas pessoas nenhuma maneira fácil para se encontrarem. Como o público de *Xena* era entusiasmado, mas pequeno, também era pequena a probabilidade de que os fãs dessa série se encontrassem por acaso, mas é precisamente devido a esse status minoritário que era maior que a média a probabilidade de que, uma vez que reunidos, eles se sentissem de certo modo aparentados. Esse efeito é geral. Lada Adamic, pesquisador nos HP Labs, estudou os usuários de um centro estudantil on-line em Stanford chamado Club Nexus e descobriu que dois estudantes tinham probabilidade de tornarem-se amigos se seus interesses se sobrepusessem e que, quanto mais específicos fossem esses interesses comuns, maior essa probabilidade. (É mais provável que duas pessoas interessadas em esgrima sejam amigas que duas que gostem de futebol.) A conclusão é que é mais fácil gostar de pessoas que têm as mesmas esquisitices que você, mas é mais difícil encontrá-las. O Meetup, ao resolver o problema do encontro, permitiu a formação de muitos novos grupos – grupos que antes nunca tinham podido se reunir.

O Meetup acabou não recriando o velho modelo de comunidade, porque forneceu um conjunto diferente de possibilidades; os grupos que aproveitaram melhor e primeiro essas possibilidades foram aqueles que tinham um desejo latente de se encontrar, mas enfrentavam obstáculos até então insuperáveis. Esses grupos não são os clássicos grupos de interesse americanos de outrora; muitos dos mais populares entre eles revelam-nos coisas surpreendentes sobre como é nossa sociedade neste exato momento.

Mães que não trabalham fora e a política de exclusão

Um dos grupos mais populares no Meetup hoje em dia é o Stay at Home Moms (SAHM). Mães com filhos pequenos já se reuniam antes da invenção da internet; na verdade, já se reuniam antes da invenção da agricultura.

Sendo esse um padrão tão antigo, por que os grupos SAHM são tão populares? A resposta, em uma só frase, é que a vida moderna elevou tanto os custos transacionais que até hábitos antigos de gregarismo foram derrotados. Em consequência, coisas que costumavam acontecer como efeito colateral da vida normal hoje exigem alguma coordenação explícita.

Alguns dos obstáculos enfrentados são físicos. Segundo o censo de 2000, a maior parte da população americana vivia nos subúrbios, e nos Estados Unidos suburbanizados a distância física ergue várias barreiras. Como as casas muitas vezes estão distantes do comércio, grande parte do tempo gasto em atividades cotidianas ou levando crianças de lá para cá é passada dentro de um carro. Em um contexto pedestre, topar com alguém é uma boa coisa; em um carro, nem tanto. Tanto a distância entre o mercado e a casa quanto o fato de que a viagem entre um e outro é extremamente fechada reduzem a probabilidade de encontros sociais (e, em consequência, a matéria-prima para a construção de capital social).

À medida que famílias em que os dois cônjuges possuem renda se tornaram mais normais, o centro de gravidade para a interação social deslocou-se da vizinhança para o local de trabalho. Não só os subúrbios reduziram a probabilidade de encontros casuais, mas o fato de uma maior porcentagem da população estar empregada, com um crescimento acentuado entre as mulheres, significa que o local de trabalho tem agora muitas das características que a vizinhança costumava ter. É mais provável que sejamos apresentados a novos colegas de trabalho que a novos vizinhos, e as interações no trabalho produzem o tipo de familiaridade e confiança outrora mais presentes no tecido de nossas comunidades.

O Meetup simplifica a coordenação de grupos, oferecendo uma maneira de desfazer pelo menos parte do dano infligido a esse tecido. Essa é uma das razões por que grupos como o Stay at Home Moms são tão importantes. É de se esperar que alguns grupos sejam obcecados por tecnologia; o sexo masculino, o estado de solteiro e a juventude são todos correlacionados com a tecnofilia, mas o sexo feminino, a maturidade e a vida familiar não são. Por isso, quando um grupo de mães adota um produto tecnológico, isso indica uma expressão de preferência muito mais séria que o entusiasmo de um menino de treze anos com um Xbox. A popularidade de grupos como o Stay at Home Moms indica que o serviço que o Meetup presta ao ajudar as pessoas a se reunirem no mundo real é suficientemente valioso para atrair a atenção de gente ocupada demais para se interessar pela maioria das novas ferramentas.

O grupo de pais mais bem-sucedido no Meetup não vem a ser o mais geral. O serviço arrola também um Parents and Kids Playgroup, que abrange uma classe muito maior de membros em potencial que o SAHM, mas é significativamente menos popular. Esse é um dos enigmas essenciais do capital social – inclusão implica exclusão. O próprio nome Stay at Home Moms é uma tomada de posição no debate que vem se desenvolvendo há décadas sobre a estrutura ideal de uma família – esse grupo destina-se a mães que estão desempenhando um papel relativamente tradicional na criação dos filhos. Embora seja difícil imaginar que um homem com um filho vá ser expulso do SAHM de North Charlotte, digamos, é também difícil imaginar que um grande número de homens vá aparecer.

A autoajuda que não aprovamos

Em 2002, ministrei na pós-graduação da Universidade de Nova York uma disciplina chamada "Social Weather", sobre a experiência de participar de grupos na internet. O título do curso era uma analogia com a maneira como as condições meteorológicas afetam nosso estado de ânimo; nele, examinávamos como grupos sociais criam um ambiente emocional que afeta todos os participantes. Uma das alunas, Erika Jaeggli, trabalhava também no site da revista *YM*. A *YM* (antigamente *Young Miss*, depois *Your Magazine*, por fim só *YM*) foi concebida para atrair meninas adolescentes. Em 2002, como quase todas as outras revistas do país, a *YM* enfrentava o problema de como abraçar a web. Além de pôr os artigos da publicação na rede, a equipe criou um conjunto de fóruns de discussão que permitia às leitoras conectar-se e conversar umas com as outras sobre qualquer coisa que lhes passasse pela cabeça. Assuntos populares incluíam roupas, escola, romance, saúde e beleza – um conjunto bem normal de interesses de adolescentes. O trabalho de Erika era em parte acolher e em parte vigiar, tentando estimular as meninas a se sentir à vontade ao conversar entre si, cuidando ao mesmo tempo para que o papo não degenerasse em xingamentos ou se desviasse para assuntos impróprios. Especialmente ao lidar com leitoras que estavam na idade de explorar assuntos antes proibidos como sexo e o uso de álcool e outras drogas, o papel de uma editora era alcançar um equilíbrio. Intervenção de menos, e a conversa se transformaria em confusão; intervenção demais pareceria uma tentativa desajeitada de disciplinar as meninas – precisamente o tipo de tratamento por parte dos adultos do qual elas estavam tentando escapar no site da *YM*.

Alguns meses depois do início do semestre, Erika deteve-me no corredor e contou-me que a *YM* ia encerrar seu fórum sobre saúde e beleza. Quando expressei surpresa ao saber que uma revista destinada a adolescentes decidira liquidar esse tipo de discussão, ela respondeu: "A maior parte das meninas estava bem, mas não conseguimos descobrir como impedir um grupo específico de ficar trocando sugestões sobre como se manterem anoréxicas." Essas meninas Pró-Ana (abreviação de pró-anorexia) estavam postando fotografias de modelos e atrizes com caixas torácicas à mostra como "*thinspiration*" (inspiração para emagrecer) e exortando umas às outras com frases como: "Você tomou uma decisão – não vai parar. A dor é necessária, especialmente a dor da fome. Ela confirma que você é forte – capaz de suportar qualquer coisa – e que NÃO é uma escrava do seu corpo; você não cede à pirraça dele."

O mais perigoso era que as meninas Pró-Ana estavam trocando conselhos práticos (embora a palavra "prático" pareça estranha neste contexto):

> Você pode treinar para esquecer a fome socando suavemente o estômago cada vez que sentir fome, porque vai sentir dor demais para comer.
>
> Tome antiácidos para ajudá-la com as dores da fome; como eles têm cálcio, vão ajudá-la nessa área também.
>
> Limpe algo que você ache realmente nojento. Depois, passará mais umas duas horas sem vontade de comer.

O problema para a *YM* não era o fórum ter fracassado em atrair o interesse de suas leitoras. Era que havia conseguido isso de uma maneira para a qual a revista estava despreparada.

Sempre que indivíduos querem se encontrar, a sociedade mais ampla na qual eles estão inseridos pode fornecer ou recusar apoio para essa associação. Falamos sobre identidade em grande parte como se ela fosse um atributo pessoal, mas a sociedade mantém controle sobre o uso da identidade como ferramenta de associação. Um viciado em drogas passando por recuperação acharia muito arriscado pedir a colegas de trabalho ajuda para encontrar um grupo de apoio, tal como poderia ocorrer com alguém que estivesse procurando a comunidade gay da região. Contudo, se a sociedade fornece ou recusa esse apoio é uma questão que importa cada vez menos.

Nisso reside o dilema que a equipe da *YM* enfrentou. Para hospedar uma conversa entre suas leitoras mais ativas e engajadas, era preciso monitorar o site, mas se Erika e os outros editores on-line extirpassem todas as menções à anorexia, pareceriam tirânicos, sobretudo porque algumas das conversas eram genuinamente contra a anorexia. Para complicar ainda mais, as meninas Pró-Ana pareciam muito determinadas a conversar abertamente. No fim das contas, o possível ponto ideal entre falta e excesso de intervenção passou a parecer ilusório, e a *YM* simplesmente encerrou o grupo, em vez de empreender uma censura diária ou arriscar-se a comprometer a saúde das meninas que haviam se reunido na *YM*. Mas o que exatamente as meninas fizeram que constituía um desafio tão novo? A anorexia vem sendo uma fonte de preocupação pública desde os anos 1960, e há décadas grupos de meninas reúnem-se e conversam sobre tudo, desde sexo e drogas até moda e comida. Teria a *YM* agido em função do medo comum de que uma nova tecnologia pudesse destruir a sociedade? Ou tratava-se de alguma coisa diferente?

Há alguma coisa de diferente. A formação de grupos sem aprovação social está mais fácil. Como era de se esperar, o movimento Pró-Ana simplesmente deslocou-se de espaços de conversa monitorados como o da *YM* para ferramentas mais abertas, como blogs e sites de redes sociais como o MySpace. A *YM* foi capaz de retirar seu apoio para o grupo em seu site, mas nem ela nem qualquer outra organização poderiam impedir as meninas de formar grupos e conversar entre si se elas assim quisessem. Antes que tivéssemos de fato qualquer tecnologia para a formação de grupos, a mera procura por pessoas interessadas nas mesmas coisas que nós era difícil, e a maioria das maneiras de que dispúnhamos para fazê-lo – de distribuir panfletos pela vizinhança a publicar um anúncio no jornal local – era cara e demandava tempo. Em razão dessas dificuldades, a aprovação social podia facilitar muito a formação de grupos, e a desaprovação pode torná-la muito mais difícil. Mecanismos formais como a lei são um fator: é mais fácil encontrar um grupo de pessoas com quem beber do que com quem fumar um baseado, porque a lei trata o álcool e a maconha de maneiras diferentes. Mas restrições legais só dão conta de um pequeno número desses casos: há muito mais mecanismos informais para criar o mesmo efeito.

Lembra-se dos fotógrafos da Mermaid Parade? Ou do Voice of the Faithful? Ou das ex-testemunhas de Jeová? Todos esses grupos, por mais que tenham integrantes, atitude e objetivos diferentes, compartilham duas características essenciais. Primeiro, todos nasceram como grupos latentes – seus membros tinham coisas em comum, mas o custo e o incômodo que enfrentariam para se encontrarem eram altos demais. Segundo, a sociedade em que viviam não facilitava seu encontro. Em alguns casos, como no das pessoas que compareciam à Mermaid Parade, isso decorria simplesmente da velha disparidade entre esforço e resultado. Em outros casos, porém, decorria do fato de as instituições em melhor posição para fazer as apresentações serem ativamente contrárias aos objetivos do grupo latente. Não se poderia esperar que as testemunhas de Jeová ou a Igreja católica despendessem tempo e dinheiro ajudando a coordenar pessoas que querem criticá-las ou obrigá-las a mudar suas maneiras de se conduzir.

Grupos como o das ex-testemunhas de Jeová e o das meninas Pró-Ana não precisam mais de apoio social para se reunir; todos eles operam abaixo do piso coaseano, em que custos transacionais reduzidos simplificaram a tal ponto a reunião de pessoas que qualquer um pode promovê-la. Registrar, procurar e transmitir informação, sobretudo informação a respeito de nós mesmos, é algo que nossas redes de comunicação fazem muito bem e sem nenhum esforço. A enorme visibilidade da vida social e a facilidade com que tudo pode ser procurado significam que a capacidade que as pessoas com ideias afins têm de encontrarem umas às outras, e de se reunirem e cooperarem entre si, existe agora independentemente da aprovação ou desaprovação social. A reunião das meninas Pró-Ana não é um efeito colateral de nossas ferramentas sociais, é seu efeito precípuo.

Quando a sociedade está mudando, queremos saber se a mudança é boa ou ruim, mas esse tipo de julgamento perde o sentido em se tratando de transformações tão grandes. É bom que os garotos na Bielo-Rússia tenham agora *flash mobs* como ferramenta para se opor à opressão política, mas para outros grupos, seja o Voice of the Faithful ou os passageiros que exigem um tratamento melhor por parte das companhias aéreas, a mudança parece diferente dependendo do ponto de vista. Católicos leais podem ver as exigências do VOTF como uma ameaça à Igreja que amam, e membros de sindicatos podem não querer que a posição financeira das companhias aéreas seja enfraquecida pelas exigências dos passageiros.

Distinguir entre o bom e o ruim é um desafio, em parte por estarmos acostumados a ver a reprovação social dificultar a formação de grupos. Os Alcoólicos Anônimos têm mais apoio da sociedade que as meninas Pró-Ana, mas ambos os grupos usam a linguagem da autoajuda para descrever o que fazem. O movimento Pró-Ana, da mesma maneira que movimentos afins como o Pró-Mia (bulimia) e o Cortadores (automutilação), demonstra que a definição de autoajuda sofreu o mesmo golpe que o jornalismo. Durante grande parte do século XX, os Alcoólicos Anônimos – a primeira organização de autoajuda – deu o tom para o modo como a autoajuda era socialmente concebida: era um lugar de devoção e cura e promovia um fim que contava com aprovação geral. O movimento Pró-Ana é chocante porque parece virar muitos desses aspectos pelo avesso, ajudando pessoas a continuar doentes ou ficar ainda mais.

Na verdade, o choque é injustificado: o movimento Pró-Ana é realmente um movimento de autoajuda, porque o conteúdo da autoajuda é determinado por seus praticantes. A lógica da autoajuda é afirmativa – um pequeno grupo reúne-se para defender seus valores contra desafios internos e externos. Quando o pequeno grupo é um punhado de bêbados tentando ficar sóbrios, contrariando as normas estabelecidas por seus companheiros de copo, a sociedade geralmente aprova. Quando o grupo é um bando de meninas adolescentes tentando ficar ou continuar perigosamente magras, contrariando o juízo de seus pais e amigos horrorizados, nós reprovamos. Mas o mecanismo básico de apoio mútuo permanece o mesmo.

O declínio de custos transacionais beneficia todos os grupos, não apenas aqueles que por acaso aprovamos. Antes, o que impedia fenômenos como o movimento Pró-Ana de se espalhar era o custo. Ao longo da história, os custos transacionais de reunir um grupo de indivíduos com ideias semelhantes, especialmente de maneira anônima, eram grandes, e grupos autofinanciados e aprovados pela sociedade como o AA eram os únicos capazes de arcar com esses custos. Com a queda dos custos transacionais, contudo, as dificuldades de se formar esses grupos desapareceram; agora os membros em potencial de um grupo assim podem se reunir e estabelecer seus próprios fins sem precisar de nenhum tipo de patrocínio ou aprovação social.

Três tipos de perda

Nossas novas liberdades não estão isentas de problemas; não há revolução quando ninguém perde. O aumento da liberdade de reunião está gerando três tipos de perdas sociais. A primeira e mais óbvia atinge as pessoas cujos empregos consistiam na solução de um problema até então árduo. Esse é o efeito sentido pelos meios de comunicação desafiados pela amadorização em massa. O problema básico de se copiar e distribuir informação, antes um serviço essencial de indústrias como a musical e a jornalística, agora é resolvido em grande parte graças às redes digitais, solapando a lógica comercial de muitas indústrias que dependiam de antigas ineficiências.

Em *O culto do amador*, Andrew Keen descreve uma empresa que promoveu uma campanha de 50 mil dólares para obter anúncios gerados por usuários. Keen observa que, com isso, alguma agência profissional de publicidade deixou de faturar centenas de milhares de dólares de honorários. Essa perda é obviamente uma adversidade para os funcionários da agência, mas será que eles realmente valiam o dinheiro se amadores trabalhando nas horas vagas são capazes de criar algo que satisfaça o cliente? Assim como o advento do tipo móvel abalou os escribas, a difusão de ferramentas criativas baratas e amplamente disponíveis é triste para as pessoas do ramo da publicidade – a perda ocasionada por esse tipo de mudança é real, mas limitada, e é acompanhada por uma mudança social em geral benéfica.

O segundo tipo de perda prejudicará pactos sociais correntes. Muitos países impõem restrições à mídia na reta final das campanhas eleitorais, mas isso suscita a questão de quem é "a mídia" hoje e que controles deveriam ser impostos a ela. Diferentes países estão chegando a diferentes respostas – Cingapura proibiu os blogs durante as últimas semanas antes das eleições de 2005, mas não conseguiu controlar a atividade de cingapurenses blogando a partir do exterior; o governo tailandês proibiu todos os blogs sobre assuntos políticos, sem grande efeito; e a comissão das eleições dos EUA decidiu nem sequer tentar aplicar aos blogs suas regras para a cobertura da mídia. A natureza provisória e variável dessas restrições sugere que as antigas relações entre a mídia e o Estado, mesmo quando elas são amplamente apoiadas pelos cidadãos, estão se tornando tão insustentáveis quanto as velhas definições de jornalismo, que hoje é menos uma profissão que uma atividade.

O terceiro tipo de perda é o mais sério. Organizações interconectadas são mais resilientes graças a melhores ferramentas de comunicação e a estruturas sociais mais flexíveis, mas isso se aplica tanto a redes terroristas ou quadrilhas criminosas quanto a wikipedistas ou manifestantes estudantis. Essa terceira perda, quando os danos não são simplesmente passageiros, leva a uma difícil questão: o que faremos com relação aos efeitos negativos da liberdade? É fácil dizer aos que trabalham em jornais que parem de se lamentar, porque as cartas estavam na mesa desde que a internet se tornou acessível ao público no início dos anos 1990 – a resposta deles foi inadequada em parte por terem esperado tanto tempo para lidar com a mudança. É mais difícil, porém, dizer o que deveríamos fazer a respeito das garotas Pró-Ana ou das redes criminosas recém-revigoradas.

Antigamente, era difícil reunir pessoas e fácil dissolver os grupos existentes. Hoje, reunir grupos latentes é simples, e os grupos, uma vez formados, podem mostrar-se bastante robustos em face da indiferença ou até da oposição direta da sociedade mais ampla. (Em alguns casos, essa mesma oposição pode *fortalecer* a coesão do grupo, como acontece com as meninas Pró-Ana.) Quando a formação de grupos é difícil, evitam-se tanto os grupos potencialmente bons quanto os potencialmente ruins; quando ela se simplifica, passamos a ter tanto os bons quanto os ruins. Isso forçará a sociedade a parar de simplesmente impedir a criação dos grupos e passar a decidir ativamente a quais dos grupos existentes ela tentará se opor, uma mudança análoga à adoção geral do padrão "publique, depois filtre".

9. Adaptando nossas ferramentas a um mundo pequeno

Os grupos sociais grandes são diferentes dos pequenos, mas ainda estamos aprendendo a plena extensão dessa diferença. Inovações recentes nas ferramentas sociais fornecem um apoio mais explícito a um padrão de rede social chamado padrão de Mundo Pequeno, que é subjacente à ideia dos Seis Graus de Separação.

Imagine que você está sentado ao lado de alguém em um avião, e, após uma breve conversa, vocês se dão conta de que têm um amigo ou conhecido em comum. Nesse ponto espera-se que ambos expressem surpresa diante dessa descoberta, e um dos dois pode até fazer o comentário canônico: "Como este mundo é pequeno!" Afinal, quais eram as chances de que os dois conhecessem uma mesma pessoa?

A resposta surpreendente é que elas eram na verdade muito boas, por motivos que têm a ver com a estrutura das redes sociais. Considere a forma mais básica do problema. Escolhidas duas pessoas ao acaso em uma população de 6 bilhões, cada uma delas teria de conhecer cerca de 60 mil pessoas para que houvesse uma chance de 50% de que elas tivessem um conhecido em comum. Mesmo para uma chance de 10%, seria necessário que elas conhecessem 25 mil pessoas. A maioria de nós não conhece dezenas de milhares de pessoas, e ainda assim descobrimos essas conexões de "mundo pequeno" o tempo todo. Como isso é possível?

O primeiro fator é algo chamado "homofilia", ou agrupamento de semelhantes. A porcentagem da humanidade que viaja de avião é pequena, de modo que vocês não foram, por definição, extraídos ao acaso de um banco de 6 bilhões; foram extraídos de uma população muito menor.

Além disso, vocês têm pelo menos duas outras coisas em comum (além do fato de estarem ambos sentados na fileira nove): suas cidades de partida e de destino, o que aumenta a probabilidade de que as pessoas que você conhece morem em uma cidade que seu vizinho de poltrona visita e vice-versa. As escolhas que ambos fizeram com relação a onde morar e trabalhar aumentam as chances de que seus amigos e conhecidos compartilhem um contato.

Agora considere seus amigos. É provável que você seja moderadamente relacionado – nem tão sociável quanto Paris Hilton, nem tão recluso quanto J.D. Salinger. (Isso não diz nada sobre você especificamente – por definição, a maioria das pessoas recai entre esses extremos.) E a maior parte de seus conhecidos está (de novo por definição) também na posição média. É tentador, portanto, supor que todo mundo está mais ou menos na média, mas essa suposição é errada (pela mesma razão por que "a média" nada significa em distribuições de lei de potência). Imaginar que uma rede social é mantida pelos integrantes médios nos leva a subestimar gravemente a probabilidade de compartilharmos um vínculo com alguém que encontramos. Na verdade, as redes sociais são mantidas não graças à massa de pessoas que têm centenas de conexões, mas àquelas poucas que têm dezenas de milhares.

Considere a lista de pessoas que você conhece. É improvável que ela inclua muitos reclusos, já que os reclusos por definição não têm muitos contatos. Na outra ponta do espectro, é muito provável que ela inclua uma ou mais pessoas extremamente conectadas, já que, justamente para terem tantas conexões, elas precisam conhecer muitas pessoas como você. A chance de você ser uma pessoa com muitas conexões é baixa, o que vale para todo mundo, mas a chance de você ter uma é alta. E o vínculo "ter um conhecido em comum" – aquilo que o faz comentar "Como este mundo é pequeno!" com seu vizinho de poltrona – diz respeito especificamente a esse tipo de conexão. Quando se está tentando encontrar um vínculo com alguém, é improvável que você conheça qualquer contato específico da outra pessoa, como seria de se esperar em um ambiente de relações esparsas. Mas é muito provável que você conheça uma das pessoas mais conectadas que ela conhece. É a presença dessas pessoas altamente conectadas que forma a espinha dorsal das redes sociais.

Tudo isto parece senso comum, mas foi só em 1998 que alguém propôs uma explicação convincente para o padrão. Até aquele ano, os sociólogos entendiam que as redes sociais conseguem de algum modo ser esparsamente conectadas (a maioria das pessoas tem apenas um número moderado de ligações), mas que, apesar disso, são ao mesmo tempo eficientes (quaisquer duas pessoas estão conectadas entre si através de apenas uns poucos vínculos – o padrão dos Seis Graus de Separação) e robustas (a perda de uma relação qualquer, ou até de várias, não destrói a rede). O que eles não compreendiam era como essas redes se mantinham.

Em 1998, Duncan Watts e Steve Strogatz publicaram sua pesquisa sobre um padrão que chamaram de "rede de Mundo Pequeno". As redes de Mundo Pequeno têm duas características que, quando devidamente equilibradas, permitem a circulação eficiente de mensagens. A primeira é que grupos pequenos são densamente conectados. Em um grupo pequeno, o melhor padrão de comunicação é que todos se relacionem com todos. Em um grupo de amigos, Alice conhece Roberto, Carolina, Dora e Eunice, e cada um deles conhece os outros. Em uma aglomeração de cinco pessoas haveria dez conexões (pela matemática do Paradoxo dos Aniversários), de modo que cada pessoa pudesse se comunicar diretamente com qualquer das outras. Se alguém saísse do grupo, em caráter temporário ou permanente, nenhum dos outros vínculos entre as pessoas seria interrompido. (Esse padrão altamente conectado aparece, entre outros lugares, em aglomerações estreitamente relacionados de amigos que usam redes sociais como o MySpace e o Facebook, ou em plataformas de blogs como LiveJournal e Xanga.)

A segunda característica das redes de Mundo Pequeno é que os grupos grandes são esparsamente conectados. Um conjunto maior de pessoas – um que vá de Alice a Zoroastro, por exemplo – teria muito mais conexões em potencial. À medida que o tamanho de sua rede crescesse, seu padrão de grupo pequeno, em que todos estão ligados a todos, primeiro deixaria de ser prático, e depois impossível de concretizar. Quando você desejasse conectar 5 mil pessoas (o que não chega a ser nem o tamanho de uma cidadezinha), precisaria de meio milhão de ligações (a matemática do Paradoxo dos Aniversários de novo). Por outro lado, se você deixasse que todos continuassem mantendo um punhado de conexões, à medida que a rede crescesse, quaisquer duas pessoas escolhidas ao acaso teriam uma longa cadeia de vínculos entre si, na verdade muito mais que seis vínculos. Uma rede como essa seria inútil, já que as pessoas que a compõem dificilmente iriam se conectar umas com as outras.

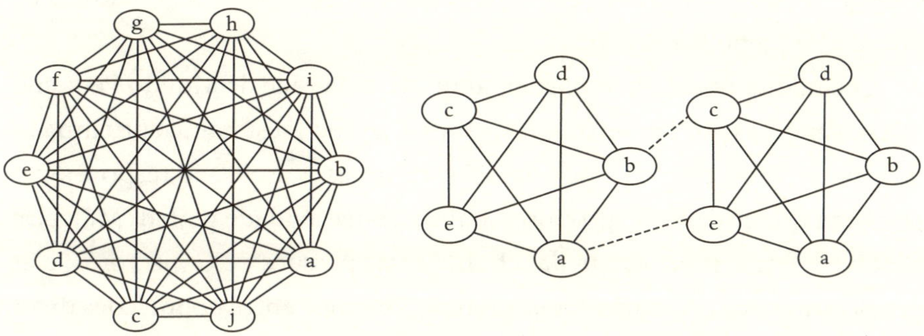

FIGURA 9-1: Duas maneiras de conectar dez pessoas. A rede da esquerda mostra todos ligados a todos, o que logo se torna denso demais mesmo para quantidades moderadas de pessoas. A rede da direita conserva as ligações, mas mantém uma rede mais esparsa.

Então o que fazer? A solução é adotar ambas as estratégias – conexões densas e esparsas – em escalas diferentes: deixar os grupos pequenos conectarem-se estreitamente e depois conectá-los uns aos outros. Mas não se pode realmente conectar grupos – é preciso conectar pessoas dentro deles. Em vez de um grupo frouxo de 25 pessoas, chega-se a cinco grupos coesos de cinco. Contanto que umas duas pessoas em cada pequeno grupo conheçam outras duas em outros grupos, haverá as vantagens de uma conexão estreita na pequena escala e frouxa na grande escala. A rede será esparsa, mas eficiente e robusta.

Uma rede de Mundo Pequeno trapaceia a natureza, proporcionando um equilíbrio melhor-que-aleatório entre o número de vínculos requerido para conectar uma rede e a eficiência dessa rede na transmissão de mensagens. Ela ocupa um ponto ideal entre o inconcretizável e o inútil, e, como efeito colateral, é muito resistente a danos casuais, já que a pessoa média não desempenha uma função decisiva. (Por outro lado, em uma hierarquia quase todos são decisivos, pois a perda das conexões de qualquer pessoa interrompe a comunicação com todos os que estão relacionados através dela.) Um punhado de pessoas é extremamente decisivo para manter toda a rede, porque, à medida que ela cresce, a existência de um pequeno número de indivíduos extremamente conectados permite o próprio equilíbrio entre conectividade e eficácia que faz o padrão de Mundo Pequeno funcionar.

Quando você arrola os participantes de uma rede de Mundo Pequeno classificando-as por número de conexões, o gráfico resultante aproxima-se de uma distribuição de lei de potência: algumas pessoas são responsáveis por uma quantidade desproporcional da conectividade global. Malcolm Gladwell, em *O ponto da virada*, chama essas pessoas de Conectores; elas funcionam como embaixadores, criando vínculos entre populações diversas em redes mais amplas. Sem elas, as grandes redes sociais teriam de fato de escolher entre serem pouco práticas e inúteis. Com elas, todos estão conectados com todos os outros em seis graus de separação.

Até aqui, tudo isso é pura sociologia – Watts e Strogatz descobriram um padrão comum às sociedades modernas, embora as conexões dentro dos grupos menores e entre eles variem. (Algumas sociedades são mais tribais que outras, com as conexões locais mais densas e as globais mais esparsas.) O que está acontecendo agora é que temos ferramentas que ao mesmo tempo sustentam e estendem esses padrões. A maioria dos membros do Meetup pertence a um único grupo, mas em qualquer cidade grande há algumas pessoas que são membros de vários grupos. O Meetup é uma rede de Mundo Pequeno, assim como o MySpace. (A média de amigos das centenas de milhões de usuários é de menos que sessenta, ao passo que a mediana é cinco, exatamente o tipo de desproporção que seria de se esperar.) Os blogs também exibem o padrão – os que possuem mais conexões são milhares de vezes mais conectados que os comuns, ao passo

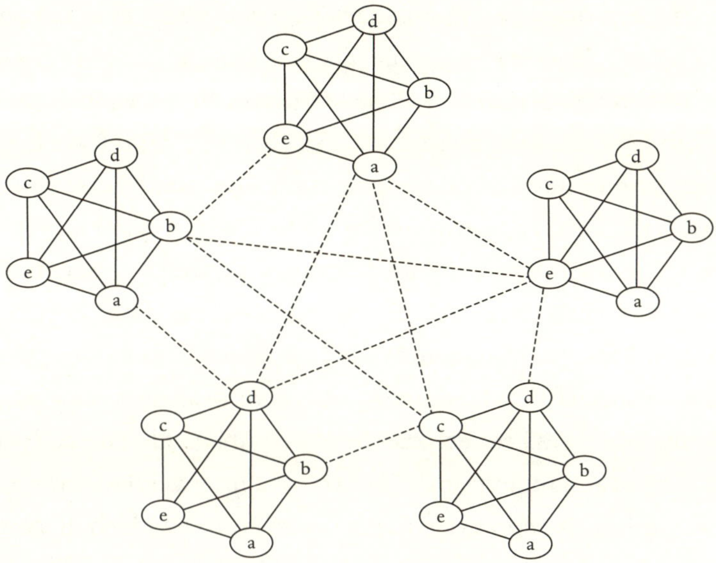

Figura 9-2: Rede de grupinhos densos. A rede tem muito menos conexões do que se todos estivessem conectados com todos, mas, ainda assim, deixa todas as pessoas a no máximo três graus de distância de todas as demais. Observe que alguns nodos assumem uma importância desproporcional na manutenção da coesão do todo.

que estes, com poucos leitores, têm bem mais chances de ser parte de uma aglomeração densamente conectada.

Um exemplo do modo como as ferramentas sociais podem ao mesmo tempo se basear no padrão do Mundo Pequeno e estendê-lo: o dodgeball, um serviço de relacionamento social, inventado por Dennis Crowley e Alex Rainert (ambos meus ex-alunos), projetado para usuários de telefones celulares. No final de setembro de 2007, vendo-me com uma noite atipicamente livre, decidi ir ao The Magician, um bar no Lower East Side frequentado por alguns amigos meus. Antes de chegar lá, enviei uma mensagem de texto de meu telefone para o dodgeball. Ela era a própria simplicidade: "@magician." O serviço do dodgeball reconheceu The Magician como um bar (ele havia sido introduzido previamente em seu banco de dados) e me reconheceu como usuário registrado. Então pôde enviar mensagens de texto para meus outros amigos usuários do dodgeball, comunicando-lhes onde eu estava. Todos eles receberam em seus celulares mensagens dizendo: "Seu amigo Clay está no The Magician, na rua Rivington."

Ele também fez uma coisa mais complicada. Como todo usuário do dodgeball tinha uma lista de amigos, o serviço sabia não só que Dennis é amigo de Clay, mas que Andy é amigo de Dennis, que é amigo de Clay. Isso é interconexão *friend-of-a-friend* ("amigos de amigos", por vezes conhecida como interconexão FOAF), e é assim que redes como o MySpace e o Facebook funcionam. Mas, como o dodgeball sabia também alguma coisa sobre a localização física de seus usuários, e como as câmeras digitais eram onipresentes na turma conectada que era o público-alvo do dodgeball, ele era capaz de usar a interconexão FOAF para intermediar apresentações.

Assim, minutos depois que me conectei com o dodgeball, recebi uma mensagem de resposta do serviço dizendo: "Andy Krucoff também está no The Magician. Você conhece Andy através de Dennis." A mensagem vinha acompanhada por uma foto digital de Krucoff. Ela era pequena e granulosa, mas, graças à fabulosa capacidade humana de reconhecer rostos (grande parte do aparato de processamento visual de nosso cérebro é dedicado ao reconhecimento de rostos), foi suficiente para me permitir localizá-lo, mesmo na penumbra. Ao vê-lo, aproximei-me, estendi a mão e disse: "Sou Clay. Se o Dennis estivesse aqui, ele nos apresentaria." Meu encontro com Krucoff foi ao mesmo tempo menos e mais social do que se não houvesse nenhuma tecnologia envolvida (menos porque Dennis, nosso amigo em comum, não estava à vista, e mais porque sem o dodgeball eu não teria sido capaz de travar conhecimento com Krucoff de maneira alguma, mesmo estando a dois metros de distância um do outro). O dodgeball usou a interconexão FOAF para tomar um vínculo latente (nesse caso, entre mim e Krucoff, passando por Dennis) e torná-lo real, ou melhor, deu-me a informação de que eu precisava para torná-lo real. Quando me apresentei, tanto a rede de Krucoff quanto a minha ganharam um vínculo mais denso, e muitas pessoas que conheço ficaram um grau mais próximas dele, e vice-versa.

O software não chegou a nos apresentar; simplesmente me forneceu a ferramenta para que eu mesmo me apresentasse. Como o número de pessoas que você *poderia* conhecer em qualquer momento é sempre uma fração minúscula das que *realmente* conhece, as ferramentas sociais têm de nos ajudar a decidir quando de fato fazer uma conexão. Em consequência, ferramentas baseadas na interconexão FOAF funcionam melhor quando ampliam as escolhas sociais humanas em vez de tentar substituí-las. Centenas de ferramentas baseiam-se nas redes sociais, desde o Cyworld (o megasite coreano, com representações pictóricas dos usuários) até o aSmallWorld (uma comunidade intencionalmente exclusiva para os extremamente conectados e bem-sucedidos), passando pelo Dogster (para donos de cachorros). Todas fazem as mesmas suposições subjacentes sobre os vínculos humanos, e todas jogam de algum modo com a tensão entre a homofilia e o desejo de conhecer novas pessoas.

Quando compreendemos esse padrão – que uma rede mais ampla é um grupo esparsamente vinculado de sub-redes densamente vinculadas –, podemos ver como ela poderia operar em múltiplas escalas. É possível criar uma rede conectando-se várias redes de poucas pessoas. As conexões nessas redes mais amplas ainda acontecem entre indivíduos, mas agora esses indivíduos tornaram-se ainda mais importantes; na verdade, quanto maior é a rede, mais os indivíduos muito relacionados são importantes para manter toda a estrutura. Mesmo em extremos aparentemente absurdos, o padrão se preserva: pares aleatórios de pessoas da cidade de Nova York, que possui uma população de milhões, têm maior probabilidade de estar ligados em uma cadeia mais curta que pares extraídos do Nordeste, e pares extraídos do Nordeste têm maior probabilidade de estar ligados em uma cadeia mais curta que pares aleatórios de todos os Estados Unidos. As camadas são arbitrárias, mas a comparação, não: como as redes menores são mais densas que a rede mais ampla da qual são parte, o padrão se repete em muitas escalas.

Redes de Mundo Pequeno operam tanto como amplificadores quanto como filtros de informação. A informação no sistema é passada adiante por amigos e amigos de amigos (ou pelo menos contatos e contatos de contatos), então as pessoas tendem a obter informação que é de interesse também de seus amigos. Quanto mais amigos seus se importarem com determinada informação – sejam mexericos, vagas de emprego ou uma nova música de que eles gostem –, mais provável que você também ouça falar dela. O corolário é também verdadeiro: coisas que não despertam interesse em nenhum dos seus amigos ou nos amigos deles provavelmente não vão chegar a você. Esse par de funções, amplificação mais filtragem, estava em ação nos enormes protestos no MySpace na Califórnia em 2006. No final de março daquele ano, dezenas de milhares de estudantes no Los Angeles Unified School District saíram da escola e rumaram para a prefeitura, interrompendo o trânsito no caminho, como parte de um protesto mais amplo contra um projeto de lei anti-imigração, HR 4437. Como os protestos bielo-russos e filipinos, o boicote às escolas foi rapidamente mobilizado por meio de páginas do MySpace e telefones celulares, e as autoridades escolares foram pegas desprevenidas. A marcha perturbou os administradores tanto por ser uma ameaça à sua capacidade de manter a ordem quanto porque a Califórnia paga suas escolas com base no comparecimento diário médio, de modo que a saída dos estudantes também as ameaçava com uma penalidade financeira. Diferentemente do velho modelo para protestos, "anuncie para todos, mas atinja uma população insignificante", a rede de Mundo Pequeno do MySpace e das mensagens de texto significaram que a mensagem foi endereçada sobretudo para estudantes que já deviam estar interessados em participar, sem se tornar pública antes do evento em si.

Redes de Mundo Pequeno significam que as pessoas não se associam simplesmente ao acaso. Elas se associam em aglomerações, o que garante que haverá interação frequente com as mesmas pessoas, mesmo em redes grandes. Isso por sua vez reduz o Dilema do Prisioneiro e ajuda a criar capital social. Uma razão para que a expressão "capital social" seja tão evocativa é que ela conota um aumento de poder, de maneira análoga ao capital financeiro. Em termos econômicos, capital é uma reserva de riqueza e ativos; capital social é aquela reserva de comportamentos e normas que permite, em um grupo grande, que seus membros se deem apoio mutuamente. Quando falam sobre capital social, os sociólogos muitas vezes fazem uma distinção entre capital de ligação e capital de ponte. Capital de ligação é um aumento na profundidade das conexões e na confiança dentro de um grupo relativamente homogêneo; capital de ponte é um aumento nas conexões dentro de um grupo relativamente heterogêneo. Para compreender a diferença, considere o número de pessoas a quem você emprestaria dinheiro sem lhes perguntar quando o devolveriam. Um crescimento do capital de ponte aumentaria o número de pessoas a quem você emprestaria; um crescimento do capital de ligação aumentaria a quantia que emprestaria àquelas já incluídas na lista.

Uma ilustração muito pública da diferença entre capital de ponte e de ligação foi a campanha presidencial de Howard Dean. No fim de 2003, Dean era o pretendente a candidato pelo Partido Democrata com mais recursos financeiros e melhor divulgação. A convicção de que ele estava na liderança estava tão generalizada que a inevitabilidade de sua vitória era um tema amplo de discussão. Mesmo quem contestava essa inevitabilidade admitia a ideia; ninguém se dava o trabalho de debater a inevitabilidade de qualquer dos outros candidatos. No entanto, a campanha de Dean fracassou. Ela fez muitas das coisas que as campanhas bem-sucedidas fazem – foi coberta pela imprensa, levantou dinheiro, entusiasmou as pessoas e conseguiu até que eleitores em potencial afirmassem para cabos eleitorais e institutos de pesquisa que votariam nele quando chegasse a hora. Quando a hora chegou, porém, não o fizeram. A campanha nunca conseguiu fazer de Howard Dean a primeira opção de nenhum grupo de eleitores com o qual ele se defrontou.

A campanha de Dean transmitiu de maneira brilhante a seus partidários, em particular os jovens, a ideia de que eles poderiam mudar o mundo com sua energia e entusiasmo. Parte dessa mensagem foi concebida intencionalmente, mas em grande medida ela foi criada por pessoas que estavam procurando alguma coisa, encontraram-na em Dean e depois usaram ferramentas como Meetup e blogs para se organizar. Como nenhuma outra, a campanha de Dean foi capaz de criar capital de ligação entre seus partidários mais ardorosos. Eles se sentiam valorizados apenas por participar; e no fim a participação passou a ser mais importante que o objetivo (uma fragilidade bastante séria em uma operação destinada à conquista de votos). O prazer de trabalhar na campanha de Dean estava em saber que se estava no lado certo da história; o esplêndido uso que a campanha fez das ferramentas sociais para reunir pessoas com ideias afins alimentou ainda mais esse sentimento. É natural para uma campanha que atrai tantos jovens ávidos exaltá-los demais quanto ao efeito que produzirão, quando a dura verdade é: o jovem vai trabalhar oitenta horas por semana, dormindo no sofá de alguém, e no fim das contas sua heroica contribuição será uma gota d'água no oceano do que é necessário. De modo que palavras de estímulo de vez em quando não podem fazer mal.

Mas uma campanha pode ir longe demais. Nesse caso, longe demais é quando as pessoas acreditam que basta acreditar, sem considerar a diferença entre os poucos apaixonados que conduzem a campanha e os muitos superficialmente interessados que de fato votam. O ato de votar, que é o cerne da questão, é ao mesmo tempo enfadonho e deprimente. Ficar plantado na cantina de uma escola não é uma maneira excelente de sentir que sua energia e seu entusiasmo vão transformar o mundo, porque a matemática da cabine de votação solapa qualquer senso de inevitabilidade: cada pessoa na fila que não vota em Dean cancela o seu voto. A campanha de Dean havia criado acidentalmente um movimento para um punhado de apaixonados, não uma operação de conquista de votos.

O capital de ligação tende a ser mais exclusivo, e o de ponte, mais inclusivo. Em redes de Mundo Pequeno, a ligação tende a acontecer dentro das aglomerações, ao passo que a ponte ocorre entre essas aglomerações. A campanha de Dean foi excelente em tudo que uma campanha pode fazer com capital de ligação – reunir partidários ardorosos e levantar milhões em fundos –, mas para convencer as pessoas a votar no candidato era necessário capital de ponte, estender-se para pessoas fora do núcleo. Os grupos Pró-Ana também têm capital de ligação e o usam bem – os membros são relativamente homogêneos no tocante à idade e à classe e quase por completo quanto ao gênero. O Meetup baseia-se em (e produz) capital de ligação e de ponte ao longo de um espectro, dependendo do grupo. Um grupo Meetup para pingue-pongue produziria capital de ponte (qualquer pessoa pode ingressar nele, qualquer que seja sua idade, classe ou gênero), ao passo que o Stay at Home Moms baseia-se na homogeneidade como parte de seu atrativo.

Os efeitos da homofilia afetam todos os sistemas sociais; a tecnologia não nos liberta de nossas preferências ou preconceitos sociais. Como observou danah boyd, a grande estudiosa das redes sociais (que não escreve seu nome com maiúsculas), as populações do MySpace e do Facebook, dois grandes sites de relacionamento social, espelham divisões na estrutura de classes americana. O Facebook começou como um site para estudantes universitários; assim, quando abriu suas portas virtuais para estudantes de ensino médio também, foi visto como destinado aos que queriam ingressar na universidade, ao passo que o MySpace continuou sendo, nas palavras de boyd, o lugar para "os garotos socialmente excluídos na escola porque são nerds, esquisitos ou diferentes". Mesmo nossas modestas preferências pela ligação podem levar a divisões em grande escala desse tipo.

Talvez o efeito mais significativo de nossas novas ferramentas, porém, resida na maior influência que conferem às pessoas mais conectadas. A coesão de uma grande rede social decorre menos do aumento do número de conexões que o membro médio da rede pode sustentar que do aumento do número de conexões que aqueles mais conectados podem sustentar.

Capital de ponte, 24/7

Joi Ito é um misto de investidor, escritor, fissurado por jogos de computador e membro do conselho de diversas instituições sem fins lucrativos e empresas. Sua agenda de endereços contém vários milhares de nomes. Ele está sempre viajando; em 2005 viajou tanto que sua velocidade média no ano foi de oitenta quilômetros por hora. Ito é também um adepto inveterado das novas tecnologias; experimenta um número extraordinário de ferramentas sociais e organizacionais todo ano e aferra-se às que fazem sentido para ele. Uma das ferramentas que adotou alguns anos atrás foi o Internet Relay Chat, ou IRC, uma ferramenta antiga (criada em 1988) que gera uma sala de bate-papo em tempo real chamada de canal. Todas as pessoas que usam determinado canal de IRC podem falar com todas as outras ali dentro. (Uso "falar com" aqui no sentido coloquial de "teclar rapidamente para".) Os canais no IRC são como conversas em mensagem instantânea ou torpedo, mas, em vez de serem centradas em pessoas, são centradas em assuntos. O nome de um canal dá aos usuários alguma ideia do tema sobre o qual os participantes estão conversando ou pelo menos do que eles têm em comum. Alguns canais têm vida longa – há um canal com décadas de existência chamado #hottub (os canais do IRC sempre começam com um sinal #), dedicado sobretudo à paquera entre universitários entediados do mundo inteiro. Outros canais de IRC são passageiros – uma dúzia deles foi criada durante a perseguição policial em baixa velocidade a O.J. Simpson em 1994, com especulações sobre os resultados da caça enquanto ela se desenrolava.

Em 2004, Ito criou um canal de IRC chamado #joiito, no qual seus amigos e contatos poderiam se reunir e conversar. A ideia era fazer, nas palavras dele, "não um lugar meu, mas um lugar semipúblico, onde eu poderia ser um anfitrião". Ele usou seu nome tanto por ser reconhecido em muitas comunidades (não há vaidade nisso, só constatação – uma busca por "Joi Ito" na web produz quase 1 milhão de resultados) quanto por querer ser capaz de exercer uma espécie de persuasão moral sobre os procedimentos no canal. Se este tivesse seu nome, ele teria mais chance de impor um comportamento cortês. O canal logo chegou a reunir cerca de cem pessoas conectadas ao mesmo tempo. A maioria delas não falava durante grande parte do tempo – permanecia conectada, mesmo que não estivesse prestando atenção ao canal, ou mesmo se não estivesse sentada diante de seu computador. Mas sua presença assegurava uma conversa relativamente regular entre os participantes.

Um dos frequentadores, um programador chamado Victor Ruiz, escreveu um software chamado jibot (abreviatura de #joiito bot", em que "bot" é um programa interativo). A função do jibot seria monitorar o canal e responder a perguntas especialmente formatadas, inclusive consultando palavras em um dicionário personalizado. Um dos participantes regulares levou para o canal uma usuária nova, Jennie Cool, que se tornou uma anfitriã não oficial. Ela adotou o jibot como ferramenta social, registrando no dicionário "definições" associadas aos nomes dos outros usuários. Vendo isso, Kevin Marks, outro frequentador regular, modificou o jibot para anunciar essa "definição" cada vez que alguém se conectasse ao canal (uma função chamada "anúncio"). Por exemplo, assim que o usuário mmealling se conecta, o jibot posta a frase: "mmealing é Michel Mealling. Ele mora em Atlanta, GA." Esse programa, com toda a sua simplicidade, ajudou a transformar o #joiito, um lugar criado sobretudo para gerar capital de ligação (*geeks* que conheciam Joi), em um lugar que produzia capital de ponte (pessoas que conheciam *geeks* que conheciam Joi). Em outras palavras, o jibot deixou o #joiito mais parecido com uma liga de boliche, em que é possível ingressar sem conhecer a maioria dos membros.

A interseção entre redes sociais e redes eletrônicas é simples em seus elementos, mas complexa em seus resultados, em parte pela existência de tantos circuitos de retroalimentação. Joi adotou o IRC porque era uma boa maneira de oferecer um site permanente para que as pessoas que ele conhecia interagissem. As pessoas que se reuniam ali ficaram se conhecendo melhor por meio de suas interações, e, como ocorre com qualquer comunidade bem-sucedida, outras pessoas foram convidadas a ingressar no canal. Esses novos membros não conheciam, como os membros originais, todo o contexto, e, para suprir essa necessidade, Ruiz usou suas habilidades técnicas para personalizar um software e criar os anúncios. O importante é que o uso do jibot como ferramenta social precedia o anúncio – a alteração do software foi um reflexo do comportamento, não o contrário. Até o momento em que escrevo este livro, há todo dia cerca de oitenta pessoas conectadas ao #joiito. A existência do canal permite a Joi criar um ambiente duradouro no qual pessoas que o conhecem podem se encontrar, mesmo que ele não esteja presente. Depois que o canal alcançou uma espécie de estabilidade social, ele passou a se conectar com frequência cada vez menor; no #joiito há pessoas do mundo todo 24 horas por dia que não precisam muito de Joi Ito para fazer as coisas acontecerem. (O dodgeball também se baseava no capital social de seus usuários para ajudar a intermediar apresentações sem que a presença deles fosse necessária.) Nesse aspecto, o #joiito é uma representação do papel de Joi como conector; se todo mundo criasse seu próprio canal de IRC, ninguém falaria nunca com ninguém, pois todos estariam em seus próprios espaços individuais. Um canal chamado #joiito faz sentido do ponto de vista social – contamos com Joi para providenciar capital de ponte insubstituível – enquanto um chamado #jusuarioqualquer não faria sentido algum. Como um bar ou um café, #joiito abriga o tipo de conversa informal de que o capital social é feito; diferentemente de um bar ou café, seu funcionamento não custa nada.

O canal de IRC de Joi é inusitado, mas não a capacidade que uma pessoa ou um grupo pequeno tem de criar esse tipo de valor social. Outro canal de IRC, o #winprog, é um ponto de encontro para alguns dos mais talentosos programadores para Windows. Como muitos pontos de encontro de *geeks*, o canal é uma meritocracia técnica brutal (regra número um do canal: "não se queixe"), mas é inestimável para pessoas que levam a programação para Windows a sério, servindo tanto como fonte de informação quanto como um meio de programadores empenhados se integrarem em uma comunidade de prática. Como uma fonte tanto de informação quanto de camaradagem, o #winprog é satisfatório e eficaz para seus membros.

De maneira semelhante, o Howard Forums é um fórum de discussão na web fundado por Howard Chui, um programador de computação que se tornou obcecado por telefones celulares. Chui fundou o Howard Forums após responder a algumas perguntas técnicas enviadas por vários leitores a seu blog sobre celulares; ele raciocinou que pôr seus leitores em contato uns com os outros seria mais fácil que tentar responder ele mesmo a todas as perguntas. A intuição provou-se correta: menos de cinco anos depois de sua fundação, o site recebe meio bilhão de acessos por ano para consultas sobre assuntos incrivelmente detalhados, como formas de personalizar marcas específicas de telefones ou os méritos das várias redes de celular. A informação produzida é tão boa que engenheiros das companhias telefônicas por vezes remetem seus clientes ao site quando eles têm uma dúvida particularmente complicada. Embora o Howard Forums não seja parte oficial de nenhuma companhia telefônica, a qualidade da informação técnica ali encontrada é extraordinária, um produto da paixão (ou obsessão) da comunidade por telefones.

Tim O'Reilly, o editor e organizador de conferências, fundou a conferência FOO Camp (Friends of O'Reilly). Essa conferência começa com a lista de convidados – reunir uma centena de pessoas interessantes – e deixa que elas elaborem o programa e o conteúdo do encontro (em um wiki, é claro). Todas essas formas sugerem que a agregação estruturada de interesses e talentos individuais pode criar um tipo de valor que é difícil reproduzir em formas institucionais comuns e impossível reproduzir a um custo tão baixo.

A questão não é quantas pessoas você conhece, é quantos tipos de pessoa

Em um dos artigos de título mais sugestivo na história das ciências sociais, "The Social Origins of Good Ideas" (As origens sociais das boas ideias), Ronald Burt, da Universidade de Chicago, detalhou sua pesquisa sobre a relação entre capital social, estrutura social e boas ideias. O método de pesquisa foi simples e relativamente direto (mas não a interpretação dos dados). Em 2001, Burt voltou sua atenção para uma grande companhia norte-americana de produtos eletrônicos que estava passando por uma mudança administrativa e conseguiu que a nova administração concordasse em participar de um experimento. Os gerentes responsáveis pela cadeia de abastecimento da companhia seriam solicitados a apresentar ideias para a melhoria do negócio e revelar com quem mais na empresa eles tinham conversado sobre essas ideias, se é que as haviam discutido com alguém. Esse experimento forneceu um bom contexto para a observação das relações sociais entre o pessoal da companhia, já que os funcionários responsáveis pela cadeia de abastecimento costumavam ficar isolados do resto da empresa. Depois, dois dos novos gerentes classificariam as ideias em uma escala de um a cinco; eles também tinham a opção de rejeitar uma ideia de imediato, se fosse "de natureza excessivamente local, incompreensível, vaga ou queixosa", nas palavras de um dos gerentes seniores. (Observe a resistência às queixas, tal como em #winprog – um dos requisitos comuns para a participação em grupos é deixar de lado questões puramente pessoais no contexto do grupo.)

A essência da tese de Burt pode ser resumida em um par de observações relacionadas. Primeiro, a maioria das boas ideias veio de pessoas que estavam servindo de ponte sobre "buracos estruturais", isto é, pessoas cuja rede social imediata incluía funcionários de fora de seu departamento. Segundo, servir de ponte sobre esses buracos estruturais era valioso mesmo quando outras variáveis, como posição e idade (que se correlacionam ambas com graus mais elevados de conexão social), eram controladas. Repare que esse experimento foi um teste para o capital de ponte, não a mera sociabilidade – a maior porcentagem de boas ideias veio de pessoas cujos contatos estavam fora de seus próprios departamentos. Por outro lado, gerentes que eram altamente conectados, mas somente com outros membros de seus próprios departamentos, tiveram ideias que não receberam classificação tão elevada. A ponte predizia boas ideias; a ausência de pontes predizia ideias ruins.

Na análise de Burt, uma rede social densa de pessoas de um mesmo departamento (que tendiam, portanto, a estar pessoalmente conectadas umas com as outras) parecia criar um efeito de câmara de eco. Os novos gerentes rejeitaram ideias provenientes desse conjunto com uma frequência desproporcional, muitas vezes argumentando que elas estavam muito voltadas para as minúcias daquele departamento específico e não proporcionavam nenhuma vantagem estratégica à companhia como um todo.

Esse experimento também não foi um teste de capacidade intelectual. Como diz Burt no artigo:

> As pessoas cujas redes transpõem buracos estruturais são as primeiras a ter acesso a informações e interpretações diversas, muitas vezes contraditórias, o que lhes confere uma boa vantagem competitiva na proposição de boas ideias. É de se esperar que pessoas conectadas com outros grupos além dos seus acabem propondo ideias valiosas, como se elas fossem dotadas de cria-

tividade. Essa criatividade não nasce de profunda capacidade intelectual. É uma criatividade semelhante a um negócio de importação e exportação. Uma ideia banal em um grupo pode ser um valioso achado em outro.

Burt verificou que o capital de ponte expõe mais as pessoas ao risco de ter boas ideias (a frase é dele) do que quaisquer traços individuais. No caso de algo como administração de cadeia de abastecimento, é fácil ver o porquê disso – o departamento que lidava com essa função estava separado do resto da companhia de produtos eletrônicos, e sua função não era considerada a principal. O contrário também era verdade: se o propositor de uma ideia estava em contato somente com pessoas de seu próprio departamento, era muito mais provável que a ideia fosse paroquial. Parece tão simples – basta misturar as pessoas, sentar e ver as boas ideias surgirem aos borbotões. Aí deve haver algum pulo do gato.

E há. Mesmo quando o uso judicioso de conexões sociais aumenta a proporção de boas ideias, a maioria do total ainda é ruim. Não basta encontrar uma maneira de aumentar o número de ideias bem-sucedidas. É preciso encontrar maneiras de tolerar os fracassos também.

10. Fracassos de graça

A lógica do "publique, depois filtre" significa que novos sistemas sociais têm de tolerar quantidades enormes de fracassos. A única maneira de descobrir e promover os raros sucessos é contar, mais uma vez, com uma estrutura social sustentada por ferramentas sociais.

O grupo Stay at Home Moms (ver Capítulo 8) se apropriou das capacidades genéricas do Meetup para criar um senso de comunidade local que teria sido difícil estabelecer de outro modo em uma cultura fisicamente dispersa. É óbvio por que o Meetup deve lhes ter parecido valioso. Menos óbvio, mas pelo menos igualmente notável, foi a *maneira* como esse grupo em particular ganhou existência. Todo grupo Meetup tenta encontrar um ponto de equilíbrio entre a especificidade e o tamanho. Um grupo Meetup perfeitamente adequado para um indivíduo (pais carecas de dois filhos que moram no Brooklyn, lecionam na Universidade de Nova York e gostam de música de gaita de fole) teria exatamente um membro, enquanto um Meetup que incluísse uma quantidade imensa de membros em potencial (pais, ou pessoas que veem televisão, ou habitantes de Atlanta) pouco forneceria em matéria de comunalidade ou assunto de conversa: "Então você também vê televisão, é?" O grupo ideal existe em algum ponto de equilíbrio entre o específico e o genérico. O grupo Stay at Home Moms corresponde a essa descrição bem o bastante para ser o mais popular de todos os grupos de pais e uma das categorias mais populares de todo o Meetup.

Mesmo aceitando que os grupos Stay at Home Moms existem em algum ponto ótimo entre tamanho e especificidade, continua havendo um mistério em sua formação. Como pôde o Meetup saber que o grupo seria tão atraente? Em sua maioria, as pessoas que trabalham no serviço vivem em cidades, são instruídas demais e casadas de menos, enfrentam um conjunto de problemas completamente distinto do das mulheres integrantes do Stay at Home Moms de North Charlotte. Como puderam saber que os grupos SAHM teriam tanto sucesso?

Elas não sabiam. Para prever uma coisa como essa, os funcionários do Meetup teriam precisado pesquisar sobre a face cambiante das comunidades americanas, as tendências atuais na autodefinição das mães, as interações entre os moradores de subúrbios etc., além de dados demográficos, psicologia, sociologia. Mesmo que alguém lhes tivesse dito que o Stay at Home Moms era uma boa ideia de grupo Meetup, a equipe poderia ter relutado em propor tal coisa. Vindo de um bando de citadinos solteiros, ela poderia ter parecido condescendente, para não dizer polarizante. A equipe poderia ter se tornado alvo de protesto político por pessoas contrariadas com a exclusividade sugerida pelo nome. O Meetup poderia não ter reunido informação suficiente para compreender sequer que grupos de pais sugerir, poderia não ter escolhido o grupo ideal mesmo se tivesse toda essa informação, e, mesmo que tivesse sido capaz de detectá-lo, poderia não ter lançado esse grupo devido à reação negativa em potencial.

Embora isso pareça curioso em um negócio de prestação de serviço, o melhor que o Meetup faz, na verdade, não é tentar fazer coisas no interesse de seus usuários, mas fornecer uma plataforma para que eles as façam uns pelos outros. O Meetup tem centenas de milhares de usuários, e cada um tem a possibilidade de ingressar em muitos grupos. Em uma cidade de tamanho médio, o número de combinações em potencial entre pessoas interessadas em grupos Meetup é atordoante. A única maneira sensata de resolver esse problema é transferi-lo para os usuários.

O serviço mais básico que o Meetup fornece é deixar seus usuários proporem grupos e deixar que outros decidam aderir ou não a ele, como a universidade fictícia que deixasse os estudantes traçarem rotas úteis pela grama antes de pavimentar caminhos. A maioria dos grupos propostos fracassa por ser genérica demais, ou específica demais, ou tediosa demais. A maior parte dos demais alcança apenas um sucesso moderado, e só um punhado de grupos é muito popular, como o Stay at Home Moms. Essa distribuição – grande quantidade de fracassos, alguns sucessos modestos e um pequeno número de grandes sucessos – segue o mesmo padrão (a distribuição de lei de potência) que vimos em outros lugares. Como o fracasso é normal e o sucesso significativo é raro, o Meetup precisa se adequar continuamente ao contexto atual. Ele faz isso se submetendo ao juízo dos usuários. A pergunta constante que o serviço faz a seus membros é: "Que tipo de grupo seria uma boa ideia neste momento?" Não no século XXI em geral, mas agora mesmo, neste mês, hoje. A ascensão de novos grupos e o declínio de velhos não é uma decisão empresarial, é um subproduto do comportamento do usuário. O Meetup não precisou estabelecer ou mesmo prever a popularidade dos grupos Wiccan ou LiveJournal; nem precisou prever o momento em que a popularidade desses grupos seria superada. Os usuários são livres para propor e opinar sobre grupos, e essa liberdade dá ao Meetup um aspecto paradoxal. Primeiro, ele hospeda milhares de grupos bem-sucedidos, que reúnem entre meia dúzia e algumas dezenas de pessoas dispostas a pagar ao serviço para que ele as ajude a se encontrar regularmente, em geral uma vez por mês, com outras pessoas de sua comunidade. Segundo, a maior parte dos grupos Meetup propostos nunca decola, ou se reúne uma vez e nunca mais.

Esses dois fatos não são incompatíveis. O Meetup está tendo sucesso não apesar dos grupos fracassos, mas *graças a* eles. Isso soa estranho aos nossos ouvidos. Em particular no mundo dos negócios, com sua atitude polianesca em relação a todos os pronunciamentos públicos, raramente ouvimos falar de fracasso. A oferta essencial do Meetup – um convite para que um grupo de pessoas se reúna em determinado lugar e hora – fracassa com notável frequência, quando os grupos propostos por usuários não se materializam. No entanto, o Meetup, a companhia, está prosperando, porque os grupos que dão certo se encontram regularmente, ganham mais membros e muitas vezes geram novos grupos em novos lugares. O Meetup é uma gigantesca ferramenta de processamento de informação, uma espécie de mercado em que os grupos são os produtos; é um mercado em que as opiniões são expressas não em dinheiro, mas em dispêndio de energia. O fracasso equivale a uma pesquisa gratuita de alta qualidade que fornece evidências diretas quanto ao que funciona e ao que não funciona. Diariamente, os grupos a que as pessoas querem aderir são separados daqueles a que elas não querem aderir. Ao abrir mão do direito de orientar o que os usuários tentam criar, o Meetup livra-se dos custos e das distorções resultantes do trabalho de guiar cada esforço individual. Em um sistema como o Meetup, o ensaio e erro tem ao mesmo tempo um custo mais baixo e um valor mais alto que em instituições tradicionais, nas quais o fracasso em geral está associado ao nome de um funcionário. De uma perspectiva corporativa convencional, o Meetup não tem controle de qualidade; de outra perspectiva, porém, *todo* ele é controle de qualidade. Para se beneficiar dessa espécie de mercado, são necessários apenas usuários dedicados e apetite por repetidos fracassos públicos.

O Meetup mostra que, com barreiras suficientemente baixas à participação, as pessoas estão não só dispostas, mas ávidas por se reunir e experimentar coisas, ainda que a maior parte dessas coisas termine não dando em nada. O Meetup não é incomum nesse aspecto. A maior parte das fotografias postadas no Flickr atrai muito poucas pessoas. A maioria dos blogs é abandonada em menos de um ano. A maioria dos posts em blogs atrai muito poucos leitores. No YahooGroups, uma enorme coleção de grupos de discussão sobre assuntos que incluem macramê, geopolítica e programas clássicos de TV, cerca da metade dos grupos propostos não consegue obter um número de membros suficiente para ser viável. E assim por diante. A distribuição de lei de potência de muitos fracassos e alguns sucessos extraordinários é geral. Como muitos dos efeitos das ferramentas sociais, não foi em serviços oferecidos ao público que esse padrão de experimentação apareceu pela primeira vez, mas entre programadores de software.

O banco global de talentos

Um efeito interessante do arquivamento digital é que agora muitas conversas informais são registradas e ficam armazenadas para a posteridade, de modo que é possível voltar no tempo e encontrar mensagens simples cuja importância só se torna óbvia com o passar dos anos. No mundo dos programadores de software, uma das mensagens mais importantes já enviadas teve exatamente esse caráter informal, mas desencadeou uma revolução. Em 1991, um jovem programador finlandês chamado Linus Torvalds postou uma nota para um fórum cujo tema era sistemas operacionais, o software básico que permite aos computadores funcionar. No texto ele anunciou sua intenção de trabalhar em um sistema simples e de licença gratuita:

> Estou fazendo um sistema operacional (gratuito; é só um hobby, não vai ser grande e profissional como o gnu) ... gostaria de saber que características as pessoas iriam querer. Qualquer sugestão é bem-vinda, mas não prometo implementá-las :-)

O sistema operacional que Torvalds propôs naquele dia acabou se tornando o Linux, que hoje roda em cerca de 40% dos servidores (computadores de grande porte) do mundo. A existência do Linux foi quase a única coisa que impediu que a Microsoft dominasse o mercado de servidores da mesma maneira que domina o mercado de computadores pessoais. A breve mensagem de Torvalds contém indicações do futuro sucesso do Linux, que podem ser identificadas com o benefício da visão retrospectiva. Ele anunciou na primeira sentença que seu novo projeto seria gratuito. (Em uma mensagem posterior, disse especificamente que pretendia usar uma licença especial de software, a GNU Public License ou GPL, para assegurar que ele permanecesse gratuito.) A garantia de liberdades contida na GPL foi decisiva para estimular o envolvimento comunal; ela prometia a quem quer que desejasse ajudar que seu trabalho não lhes poderia ser tomado no futuro. Assegurava também que, se Torvalds perdesse o interesse pelo projeto, outros poderiam retomá-lo no ponto em que ele o deixasse. (Ele acabou não perdendo o interesse, mas ninguém sabia o que aconteceria em 1991, nem o que acontecerá no futuro.)

Outro componente essencial da mensagem original de Torvalds foi que ele negou ter intenção de transformar o mundo. Não disse: "Pretendo escrever um software que impedirá a Microsoft de monopolizar os sistemas operacionais para servidores." Em vez disso, ele fez um pedido plausível: "Ajudem-me a começar esse pequeno projeto." O Linux conseguiu ser bom e revolucionário não prometendo ser ótimo, ou reunindo programadores remunerados sob a direção de um plano mestre, mas aprimorando-se gradativamente mediante contribuições voluntárias, versão por versão.

Por fim, Torvalds abriu a porta, em sua primeira mensagem pública, para a participação dos usuários: "Gostaria de saber que características as pessoas iriam querer. Qualquer sugestão é bem-vinda, mas não prometo implementá-las :-)." Esse tipo de abertura é a chave para qualquer projeto baseado na produção entre pares. A mensagem original recebeu apenas algumas respostas. (Quando Torvalds a postou, a população total da internet era de apenas cerca de 1 milhão de pessoas, menos de 0,1% do seu tamanho atual.) Mas uma das primeiras respostas, de alguém da Universidade da Áustria, dava uma ideia do que estava por vir:

> Estou muito interessado nesse OS [sistema operacional]. Já pensei em escrever meu próprio OS, mas concluí que não teria tempo de escrever tudo a partir do zero. Mas acho que poderia encontrar tempo para ajudar a construir um OS bebê :-)

O número de pessoas dispostas a começar alguma coisa é menor, muito menor, do que o daquelas dispostas a contribuir com algo que outra pessoa começou. Esse padrão é o mesmo verificado na criação de artigos da Wikipédia, em que um simples verbete de poucas palavras sobre asfalto pode, mediante constante melhoramento, transformar-se em um par de artigos detalhados e informativos. De maneira semelhante, o número de pessoas que se ofereceram para ajudar a melhorar o Linux foi suficiente para que o sistema desenvolvido por hobby se transformasse em uma peça essencial de infraestrutura digital e ajudasse também a promover a ideia de software criado de maneira colaborativa (ou "de código aberto") no mundo.

Os softwares de código aberto foram um dos grandes sucessos da era digital. A expressão refere-se ao código-fonte, o conjunto de instruções computacionais escritas por programadores que são depois convertidas em software. Como os softwares existem primeiro na forma de código-fonte, qualquer pessoa que distribua softwares tem de decidir se vai distribuir também o código-fonte, para permitir a usuários lê-lo e modificá-lo. A alternativa, é claro, é distribuir apenas o software, sem o código-fonte, reservando assim aos criadores originais o poder de ler e modificar o código.

Antes dos anos 1980, os softwares eram algo que em geral vinham gratuitamente com o computador, e grande parte deles era distribuída com o código-fonte. Quando as vendas de software tornaram-se um negócio à parte, a lógica econômica deslocou-se, e companhias começaram a distribuir apenas os softwares. Uma das primeiras pessoas a reconhecer esse deslocamento foi Richard Stallman. Em 1980, ele trabalhava em um laboratório no MIT que tinha acesso à primeira impressora a laser produzida pela Xerox, a 9700. O laboratório quis modificar a impressora para enviar uma mensagem aos usuários avisando que a impressão de seu documento fora concluída. Mas a Xerox não tinha enviado o código-fonte para a 9700, então ninguém no MIT pôde fazer esse aperfeiçoamento. Ao reconhecer uma tendência mais ampla na indústria, Stallman começou a defender o software livre ("*free as in speech, not free as in beer*"*). Em 1983, ele fundou a Free Software Foundation (FSF), com uma missão dupla. Primeiro, produzir software livre de alta qualidade compatível com um sistema operacional chamado Unix. (Chamava-se esse projeto, de brincadeira, de GNU, abreviatura de "GNU Não é Unix".) A segunda parte da missão da FSF era criar uma estrutura legal para assegurar que o software continuasse livre. (Esse esforço levou à GNU Public License, ou GPL, que Torvalds adotaria quase uma década mais tarde.)

---

* Expressão utilizada para esclarecer possíveis ambiguidades com a palavra *free*: "Livre [*free*] como liberdade de expressão, não grátis [*free*] como cerveja grátis." (N.T.)

O ano de 1983 era um mau momento para a defesa desse tipo de liberdade, pois a grande novidade no meio da informática foi o advento do computador pessoal, que era distribuído sob o modelo "sem código-fonte incluído". Na sua primeira década de existência, a FSF parecia estar engajada em uma batalha perdida. Os softwares com GPL compunham uma fração insignificante do total de softwares no mundo, e toda ela estava distribuída em pequenas comunidades de usuários com capacidade técnica, e não na população em franco crescimento de usuários domésticos e empresariais. No final dos anos 1980, parecia que o movimento do software livre ficaria limitado a um minúsculo nicho.

Para dizer em termos brandos, o movimento não ficou limitado porque o GPL provou-se útil para preservar grupos muito mais frouxos de colaboradores que quaisquer outros que já haviam trabalhado antes em conjunto, grupos como a tribo global que hoje trabalha no Linux. Quase uma década se passou entre a fundação da FSF e a mensagem original de Torvalds. Por que a visão de Stallman não se difundiu mais cedo? E por que, após uma década de adoção marginal, ela se tornou um fenômeno global nos anos 1990? Durante esse tempo, pouco mudou em relação aos softwares ou aos argumentos em favor da liberdade. O que mudou foi que os programadores haviam passado a dispor de um meio global para se comunicar. O Linux é a prova número um. Quando Torvalds anunciou o esforço para construir um pequenino sistema operacional, recebeu respostas imediatas da Áustria, da Islândia, dos Estados Unidos, da Finlândia e do Reino Unido, uma coleção global de colaboradores em potencial reunida em 24 horas. Em questão de meses, uma versão simples do sistema operacional já estava circulando, e a essa altura as conversas sobre o Linux (como ele veio a ser chamado) incluíam pessoas no Brasil, no Canadá, na Austrália, na Alemanha e na Holanda. Nos anos 1980, isso havia sido simplesmente menos possível; embora houvesse na rede pessoas de todos esses lugares, elas não eram numerosas. Mais é diferente, e a maior densidade de pessoas usando a internet tornou o início dos anos 1990 uma época muito mais fértil para o software livre que qualquer fase anterior.

Como disse Eric Raymond em "The Cathedral and the Bazaar", o ensaio que apresentou o código aberto ao mundo:

> O Linux foi o primeiro projeto a fazer um esforço consciente e bem-sucedido a fim de usar o mundo inteiro como seu banco de talentos. Não penso que tenha sido por coincidência que o período de gestação do Linux coincidiu com o nascimento da World Wide Web, e que o Linux saiu da infância no mesmo período de 1993-1994, que viu ... a explosão do interesse geral pela internet. Linus foi a primeira pessoa que aprendeu a jogar segundo as novas regras que aquela internet onipresente tornou possíveis.

Em outras palavras, o que aconteceu entre a fundação da FSF e a criação do Linux foi um prenúncio das coisas que aconteceram entre os dois escândalos de abuso na Igreja católica em Boston, ou entre os aviões parados na pista em 1999 e 2007. Foi transposto algum limiar de custo transacional para a coordenação de grupos, e além disso uma nova maneira de se trabalhar passou de impensável a ridiculamente fácil. Quando os custos caem, só falta que alguém reconheça o que acaba de se tornar possível. E foi Torvalds que fez isso.

Embora o FSF tenha lançado as bases de muitos dos métodos e das ferramentas adotados para a criação do Linux, os métodos de trabalho do Linux foram radicalmente diferentes dos do GNU. Stallman é um dos programadores mais brilhantes que já existiram, e grande parte do GNU foi escrita por ele, ou com a ajuda de poucas outras pessoas. Torvalds, em contraposição, foi loucamente promíscuo na solicitação de aportes, embora muito judicioso ao decidir que sugestões levaria em conta, como observou em sua primeira mensagem: "Não prometo implementá-las." Essa disposição a ouvir um amplo grupo de programadores, combinada com uma meritocracia brutalmente arbitrária com relação a que propostas mereciam inclusão, foi uma ruptura radical com o método de trabalho da FSF, ocasionada pela mudança dos custos transacionais para se reunir pessoas com ideias semelhantes sem uma estrutura tradicional de organização. Não foi apenas o compromisso filosófico, mas a escala da colaboração, que fez o Linux funcionar como software e como um farol para os projetos de código aberto.

Diminuindo o custo do fracasso

O Linux, o projeto de código aberto mais conhecido na história, transformou o trabalho de um grupo disperso de programadores, que empenharam seus esforços gratuitamente, em produtos de classe mundial. Ao longo dos anos, os softwares produzidos dessa maneira impuseram mudanças estratégicas significativas à Microsoft e a outras empresas de alta tecnologia, como IBM, Sun, Hewlett-Packard e Oracle, que tiveram de enfrentar não só o Linux, mas outros programas de código aberto, como servidores da web e processadores de texto gratuitamente disponíveis e, o que é mais importante, livremente aperfeiçoáveis. Mas seria um erro supor que, pelo fato de o Linux ser um projeto de código aberto, todos os projetos de código aberto assemelhem-se a ele. Na verdade, quando examinamos com atenção o ecossistema do código aberto, o quadro que emerge se caracteriza mais pelo fracasso do que pelo sucesso. A maior coleção de projetos de código aberto no mundo está no SourceForge.net, que fornece hospedagem gratuita para projetos de software. O SourceForge gaba-se de abrigar mais de 100 mil projetos de código aberto; ao todo, os mais populares foram baixados milhões de vezes, e atualmente vários vêm sendo baixados mais de 10 mil vezes por dia. É nesse tipo de atenção popular que a imprensa tem se concentrado ao cobrir o código aberto.

Logo abaixo desses projetos de desempenho excepcional, porém, o quadro muda. O SourceForge classifica os projetos hospedados por ordem de atividade. Aqueles situados no percentil 95 de atividade não alcançam 10 mil downloads por dia; na verdade, a maioria não chegou sequer a ser baixada mil vezes. Esses projetos são mais ativos que todos, exceto 5% dos que estão hospedado no SourceForge. Apesar disso, a frequência com que são baixados não chega 0,1% daquela dos 5% mais populares.

Os projetos abaixo do percentil 75 de atividade não têm nenhum download registrado. Nenhum. Quase três quartos dos projetos de código aberto propostos no SourceForge nunca alcançaram o grau de acabamento e utilidade necessários para a obtenção de sequer um usuário. Os projetos mais populares, com milhões de usuários, são de fato tão anômalos que podem ser vistos como golpes de sorte. (Essa é, mais uma vez, uma distribuição de lei de potência aproximada.)

Terá a imprensa, então, cometido um engano com relação ao código aberto? Terá caracterizado o movimento erroneamente, com base em sucessos como o Linux, quando a condição normal de um esforço de código aberto é o fracasso? A resposta é sim, óbvia e comprovadamente sim. A massa dos projetos de código aberto fracassa, e a maioria dos sucessos que restam é muito modesta. Mas significaria isso que a ameaça representada pelos sistemas abertos em geral é superestimada e a indústria comercial dos softwares pode respirar aliviada? Aqui a resposta é não. O código aberto é uma ameaça profunda, não porque o ecossistema do código aberto esteja tendo mais sucesso que esforços comerciais, mas porque está tendo mais fracassos que ele. Como o ecossistema do código aberto, e por extensão dos sistemas sociais abertos em geral, baseia-se em produção entre pares, o trabalho nesses sistemas pode ser consideravelmente mais experimental, a um custo consideravelmente menor, do que qualquer coisa que uma empresa tenha condições de fazer. Por quê? As razões mais importantes são que sistemas abertos reduzem o custo do fracasso, não favorecem resultados previsíveis mas aquém do desejável, e tornam simples integrar as contribuições de pessoas que oferecem apenas uma única ideia.

O efeito global de fracasso é sua probabilidade multiplicada por seu custo. A maioria das organizações tenta reduzir o efeito de fracasso diminuindo sua probabilidade. Imagine que você está dirigindo um esforço para uma empresa que quer se tornar mais inovadora. Dão-lhe uma lista de ideias promissoras, mas especulativas, e você precisa escolher um subconjunto delas para investir. Trata-se, portanto, de avaliar a probabilidade de sucesso ou fracasso de cada projeto. O problema óbvio é que ninguém sabe ao certo o que vai funcionar e o que vai fracassar. Um problema menos óbvio, mas potencialmente mais significativo, é que o possível valor de vários projetos não tem relação com nada que seus autores dizem sobre ele. (Lembre que Linus declarou especificamente que seu sistema operacional seria um hobby.) Nessas circunstâncias, será inevitável que você dê luz verde para fracassos e descarte sucessos em potencial. Pior ainda, mais pessoas se lembrarão das vezes em que você disse sim para um fracasso do que daquelas em que você disse não para uma ideia radical, mas promissora. Diante dessa assimetria, você é impelido a fazer escolhas seguras, solapando assim, de maneira sistemática, as bases para tentar ser mais inovador.

O movimento do código aberto não comete nenhum desses erros, porque não tem funcionários, não faz investimentos, nem sequer toma decisões. Ele não é uma organização, é um ecossistema, e um ecossistema dotado de extraordinária tolerância ao fracasso. O código aberto não reduz a probabilidade de fracasso, reduz seu custo; em essência, seus fracassos saem de graça. Essa inversão, em que o custo de se decidir que ideias tentar é mais alto que o custo de realmente experimentá-las, vale para os sistemas abertos em geral. Como no caso da amadorização em massa da mídia, o código aberto baseia-se no padrão "publique, depois filtre". Em organizações tradicionais, tentar qualquer coisa é dispendioso, mesmo que custe apenas o tempo de a equipe discutir a ideia, então é necessário que alguém tente separar de antemão os sucessos dos fracassos. Em sistemas abertos, o custo de se tentar algo é tão baixo que privilegiar a probabilidade de sucesso costuma ser uma preocupação desnecessária. Mesmo em uma empresa comprometida com a experimentação, dedica-se considerável trabalho à redução da probabilidade de fracasso. Isso não significa que comunidades de código aberto não discutam – ao contrário, há mais discussão nelas que na produção administrada, porque ninguém está em condições de impor o trabalho em um projeto específico. Ao reduzir o custo do fracasso, os sistemas abertos permitem a seus participantes fracassar loucamente, absorvendo os sucessos à medida que avançam.

O fracasso barato, valioso por si só, é também elemento-chave de uma vantagem mais complexa: a exploração de inúmeras possibilidades.

Imagine um deserto vasto e não mapeado contendo um punhado de oásis dispersos aleatoriamente. Ao viajar por um lugar assim, é provável que você se estabelecesse no primeiro oásis que encontrasse, simplesmente porque, se o abandonasse e não achasse outro, o prejuízo seria muito alto. Você gostaria de fazer com que várias pessoas explorassem o terreno ao mesmo tempo e comunicassem seus achados umas às outras, mas para isso seriam necessários grandes recursos e você teria de ser capaz de tolerar taxas de sucesso muito diferentes entre os grupos. Esse ambiente metafórico é por vezes chamado de "paisagem de aptidão" – a ideia é que, para qualquer problema ou objetivo, há uma vasta área de possibilidades a explorar, mas, dentro dela, poucos pontos valiosos a descobrir. Quando uma companhia, ou na verdade qualquer organização, encontra uma estratégia que funciona, o impulso de adotá-la e aferrar-se a ela é forte. Mesmo quando existe uma estratégia melhor, descobri-la pode ser proibitivamente dispendioso.

Para trabalhos que dependem de custos transacionais que acabam de despencar, no entanto, fornecer recursos básicos aos grupos que exploram a paisagem de aptidão custa pouco, e mesmo o fracasso de um número considerável de grupos acarreta poucos prejuízos. Em *Wikinomics*, Don Tapscott e Anthony Williams contam a história de uma paisagem de aptidão quase literal. A mineradora Goldcorp, após tornar públicos seus dados proprietários sobre um sítio de mineração em Ontário, desafiou terceiros a lhe dizer onde cavar em seguida, oferecendo um prêmio em dinheiro. Os participantes na disputa sugeriram mais de cem sítios possíveis, muitos dos quais não haviam sido explorados pela Goldcorp e muitos dos quais acabaram produzindo ouro. Tirar proveito da participação de muitas pessoas de fora foi uma maneira melhor de explorar a paisagem de aptidão do que se valer de especialistas da própria empresa.

O Meetup colhe os benefícios desse tipo de exploração, arregimentando seus usuários para a tarefa de encontrar novas propostas úteis. Ao não se comprometer em ajudar nenhum grupo específico a ter sucesso, e ao não orientar seus usuários na exploração de possíveis tópicos, o Meetup tem sido sempre capaz de encontrar esses grupos sem precisar prever sua existência nem arcar com os custos da experimentação. Ao criar um serviço que permite que grupos se estabeleçam por si próprios, o Meetup consegue explorar uma seção mais vasta da paisagem de aptidão, a um custo menor, que qualquer instituição já conseguiu contratando e dirigindo funcionários. Como no caso do mundo dos blogs, que opera como um ecossistema completo, serviços que toleram fracassos como se fossem a norma geram uma espécie de valor simplesmente inalcançável por instituições que tentam assegurar o sucesso da maior parte de seus esforços.

O custo de tentar coisas é o ponto de interseção entre a teoria coaseana sobre os custos transacionais e a lei de potência aplicada à participação. Instituições existem porque reduzem os custos transacionais em relação ao que o mercado poderia suportar. Mas, como toda instituição precisa de alguma estrutura formal para permanecer coesa, e como essa própria estrutura formal requer recursos, há um número considerável de ações potencialmente valiosas que nenhuma instituição tem condições de empreender. Para experimentá-las, seria preciso investir recursos muitas vezes maiores que os possíveis resultados. Isso, por sua vez, significa que há muitas ações que poderiam compensar, mas que não serão tentadas nem mesmo por empresas inovadoras, porque seu sucesso final não é previsível o bastante.

É dessa lacuna que a exploração distribuída tira proveito: em um mundo no qual qualquer pessoa pode tentar qualquer coisa, até o que é arriscado pode acabar sendo tentado. Se uma população grande o bastante de usuários estiver tentando coisas, os acidentes felizes têm uma chance muito maior de serem descobertos.

Isso constitui um enigma para os negócios. Sendo a economia coaseana o que é, uma empresa não pode experimentar tudo. Os custos gerais da administração são reais, e os custos dos fracassos não podem simplesmente ser jogados no colo dos funcionários; a empresa tem de absorvê-los de alguma maneira. Em consequência, a produção entre pares precisa necessariamente avançar livre da capacidade das empresas de dirigir todo o seu valor ou de se apossar dele.

Isso acontece em parte porque os respectivos custos de filtragem *versus* publicação se inverteram. No mundo tradicional, o custo de se publicar qualquer coisa cria não só um incentivo, mas uma necessidade imperiosa de se filtrar de antemão o bom do ruim. No mundo do código aberto, tentar alguma coisa muitas vezes sai mais barato que tomar uma decisão formal sobre experimentá-la ou não.

Nos negócios, o custo de investimento para produzir qualquer coisa pode impelir à aceitação do que é insuficiente. Você já experimentou esse efeito se alguma vez viu até o fim um filme de que não gostava muito para "compensar o dinheiro do ingresso". O dinheiro já foi gasto, e você continuar ou não vendo *Rocky XVII* não mudará esse fato. Depois que você já está sentado no cinema, o único gasto que pode decidir despender ou não é o do seu tempo. Curiosamente, nesse momento muitas pessoas optam por continuar assistindo ao filme de que já constataram não gostar, em parte como uma maneira de evitar admitir que desperdiçaram dinheiro.

Em razão dos custos transacionais, as organizações não podem se dar o luxo de contratar funcionários que dão apenas uma contribuição importante – elas precisam contratar pessoas que tenham boas ideias dia após dia. Contudo, como sabemos, a maioria das pessoas não é tão prolífica, e em qualquer área muitas pessoas têm apenas uma ou poucas ideias boas, assim como a maioria dos fotógrafos que documentam a Mermaid Parade ou o furacão Katrina fornece apenas uma foto cada (a distribuição da lei de potência mais uma vez). A resposta institucional a esse desequilíbrio é ignorar as pessoas com uma única boa contribuição; os ditames da otimização 80/20 forçam uma empresa a maximizar seus resultados ignorando participantes esporádicos. Em consequência, muitas boas ideias (ou boas fotos, ou boas músicas) são simplesmente inacessíveis em um contexto institucional, porque na maior parte do tempo a maioria das instituições tem de escolher a pessoa "de desempenho regular" em detrimento daquela "brilhante, mas errática". Não é que as organizações não gostariam de se beneficiar da ideia do participante ocasional – é que elas não podem. Os custos transacionais tornam isso caro demais.

Em 2005, Nick McGrath, um executivo da Microsoft no Reino Unido, disse o seguinte sobre o Linux:

> Existe um mito no mercado de que há centenas de milhares de pessoas escrevendo código para o *kernel* do Linux. Isso não acontece; elas são centenas, não milhares. Se considerar o número de pessoas que contribuem para a árvore do *kernel* [a parte essencial do sistema], você verá que parte significativa do trabalho é feita por apenas um punhado.

Se você prestar atenção, perceberá que McGrath está delineando uma distribuição de lei de potência – só centenas, não milhares, com o trabalho significativo sendo feito apenas por um punhado de pessoas.

É fácil ver por que, do ponto de vista de McGrath, o modelo de código aberto é a maneira errada de se projetar um sistema operacional: quando você contrata programadores, eles drenam seus recursos por meio de salários, planos de saúde, incluindo Coca-Colas gratuitas na sala de descanso. Nesse tipo de ambiente, é claro que é ruim contratar um programador que tem apenas uma boa ideia na vida. Mas não há funcionários sugando os recursos do Linux, porque o Linux não tem funcionários, tem apenas colaboradores. A Microsoft simplesmente não pode se dar o luxo de aproveitar qualquer boa ideia, onde quer que a encontre; os custos transacionais que advêm do fato de ser a Microsoft asseguram isso. A vantagem aparentemente óbvia de se possuir o código-fonte traz consigo todos os custos gerais de se administrar essa posse. Quando os concorrentes da Microsoft eram todos empresas que enfrentavam os mesmos problemas, essas despesas representavam apenas o custo de se fazer negócio, e empresas maiores podiam se valer de economias de escala para competir nos custos gerais. O desenvolvimento do Linux, por outro lado, não se baseia na ideia de posse corporativa, o que reduz vastamente esses custos operacionais. O Linux pode aproveitar uma boa ideia de qualquer pessoa, e frequentemente o faz. Ele se torna mais do que um novo concorrente da Microsoft; isso muda o ambiente competitivo dela, na medida em que as desvantagens do dilema institucional deixam de pesar de maneira uniforme sobre todos os concorrentes.

Em 2005, a Microsoft sugeria desesperadamente que um grupo ungido de profissionais pagos para criar softwares era o único modelo de desenvolvimento sensato, em grande parte porque ela não tinha nenhuma alternativa real. A Microsoft opera em um mundo regido pela regra 80/20; como o custo de se explorar todas as ideias possíveis é simplesmente alto demais, resta-lhe otimizar os recursos que possui. O modelo de desenvolvimento com código aberto, por outro lado, vira a regra 80/20 de cabeça para baixo, perguntando: "Por que se abster dos últimos 20%?" Se os custos transacionais são uma barreira ao aproveitamento do indivíduo que tem uma única boa ideia (e em um contexto comercial eles são), a única resposta possível é baixar os custos transacionais mediante uma drástica reorganização das relações entre os colaboradores.

O movimento do código aberto introduziu essa maneira de trabalhar, mas o padrão de agregar contribuições individuais para formar algo mais valioso tornou-se geral. Um exemplo da expansão para outros domínios é o Groklaw, um site para a discussão de questões jurídicas relativas ao reino digital. Quando a empresa de software Santa Cruz Operation (SCO) ameaçou processar a IBM, alegando que, ao oferecer o Linux a seus clientes, ela violava patentes que lhe pertenciam, esperava claramente que a IBM não quisesse enfrentar os custos de uma batalha judicial nem a possibilidade de perder e que pagasse para licenciar as patentes ou simplesmente comprasse a SCO imediatamente. Em vez disso, a IBM levou a SCO aos tribunais e iniciou o complexo processo de revelar e reunir o que se sabia sobre as patentes e os argumentos legais da SCO. O que esta não esperava era que o Groklaw, um site dirigido por uma assistente jurídica chamada Pamela Jones, se tornaria uma espécie de terceira parte na luta. Quando a IBM pagou para ver as cartas da SCO e o processo ameaçado foi adiante, o Groklaw passou a postar e depois explicar todos os vários documentos legais que estavam sendo apresentados. Isso por sua vez transformou o Groklaw em leitura obrigatória para todos os interessados no caso. O público instruído que Jones reuniu começou a postar comentários sobre a disputa, incluindo, de maneira mais danosa, comentários de ex-engenheiros da SCO que contradiziam explicitamente a versão que a empresa estava alegando no julgamento. O Groklaw funcionou como uma espécie de *amicus curiae* gratuito e disperso, revelando material que teria sido difícil e dispendioso demais para a IBM obter de qualquer outra maneira. O curso normal para uma ação judicial como aquela teria sido a disputa no tribunal entre a SCO e a IBM, enquanto a comunidade do código aberto observava. O que o Groklaw fez foi reunir essa comunidade de uma maneira que mudou efetivamente o panorama do caso.

Cooperação como infraestrutura

Em um exemplo emblemático dos dilemas criados pela vida de grupo, a expressão inglesa *"free-for-all"* não significa livre para todos, mas sim caos. Liberdade demais, com muito pouco controle, tem sido em geral uma receita de balbúrdia. Agora, contudo, não é mais. Com os tipos certos de ferramenta colaborativa e o tipo certo de pacto com os usuários, é possível fazer com que um grupo grande trabalhe em um projeto que seja livre para todos. McGrath deve ter ficado *horrorizado* diante da ideia de que um punhado de programadores, trabalhando ao lado de mil colaboradores casuais, conseguiria criar qualquer sistema operacional, que dirá um sistema bem-sucedido o bastante para competir com os produtos comerciais da Microsoft. O que ele não compreendia (ou pelo menos interpretava erroneamente em público) era que o desequilíbrio entre alguns programadores extremamente ativos e mil colaboradores casuais só era possível porque o Linux reduzira as fronteiras para a descoberta e a integração de boas ideias (diminuíra o custo da exploração da paisagem de aptidão) de uma maneira simplesmente impossível para a Microsoft. (A Encarta, a enciclopédia da Microsoft, não conseguiu atrair colaborações de usuários – compare isso com a Wikipédia.) Esse problema não é peculiar da Microsoft; Bill Joy, um dos fundadores da Sun Microsystems, disse certa vez: "Não importa quem você seja, a maioria das pessoas inteligentes trabalha para outra pessoa." O que o modelo do código aberto faz é permitir a essas pessoas trabalharem juntas. Esse padrão está se espalhando para outros domínios; um dos mais importantes é a saúde pública.

A síndrome respiratória aguda grave (SARS, da sigla em inglês), uma doença semelhante à gripe e frequentemente fatal, irrompeu primeiro na China em 2002. O vírus da SARS foi, de certo modo, o primeiro "pós-rede"; já se sabia o bastante sobre o vírus e sobre redes de viagem para permitir que aeroportos evitassem que viajantes levassem a doença consigo de um continente para outro. Esses tipos de interdição mantiveram a doença localizada, mas eram meras ações de contenção. O que era de fato necessário era uma compreensão da própria doença; estava dada a largada à corrida para descobrir a sequência genética do vírus, como precursora para uma vacina ou um tratamento.

As melhores chances de sequenciar o vírus estavam com os chineses, pois a ameaça da SARS foi mais significativa na Ásia e, sobretudo, na China. O país teve o maior número de casos confirmados no mundo e possui biólogos brilhantes, com significativo conhecimento em computação distribuída. Apesar desses recursos e incentivos, porém, a solução não veio de lá.

Em 12 de abril, o Genome Sciences Centre (GSC), um pequeno laboratório canadense especializado em genética de patógenos, publicou a sequência genética do vírus. No processo, eles haviam participado não de uma, mas de várias redes abertas. Quase toda a instalação de informática do GSC é de código aberto: ferramentas de bioinformática com nomes como BLAST, Phrap, Phred e Consed, todas rodando em Linux. O GSC confrontou seu trabalho com o Genbank, um banco de dados público de sequências genéticas. Publicou os achados em seu próprio site (operado, naturalmente, com o uso de ferramentas de código aberto) e publicou a sequência completa no Genbank, para todos verem. A história está crivada com o envolvimento em várias redes participatórias.

Mas, se a China tinha a maior capacidade intelectual e a maior infraestrutura de pesquisa biológica, e mais incentivo que qualquer outra nação do mundo para controlar a ameaça, o que a impediu de vencer a corrida para sequenciar o vírus? Uma pista veio em uma entrevista com Yang Huanming, do Instituto de Genômica de Pequim, um mês depois que o

GSC sequenciou a SARS. Yang disse que as barreiras na China não eram os limites dos talentos ou dos recursos, mas os obstáculos à cooperação; o governo simplesmente impunha restrições demais ao compartilhamento, seja de amostras do vírus, seja de informações sobre ele. Com recursos consideravelmente menores, o GSC suplantou os pesquisadores chineses por estar conectado a tantas redes de cooperação e colaboração.

"As pessoas que gostam dele cuidam umas das outras?"

Em meados dos anos 1990, nos primórdios do uso comercial da web, eu era o responsável pela tecnologia em uma pequena empresa de webdesign em Manhattan chamada Site Specific – éramos cerca de uma dezena de pessoas, trabalhando na sala do fundador. Como o proverbial cachorro que pegou o ônibus, conseguimos ter a AT&T como nosso cliente. Depois que a tinta secou no contrato, a AT&T começou a mandar seus engenheiros para trabalhar conosco na programação dos novos sites; quando nos sentamos para conversar com eles, o choque cultural foi imediato. A maioria do pessoal da Site Specific estava na casa dos vinte anos (com 31, eu era a pessoa mais velha da empresa), e os caras da AT&T (eram todos homens) eram veteranos grisalhos que tinham mais anos de AT&T do que nós de formados na faculdade.

A primeira discussão para valer que tivemos foi em torno de linguagens de programação (uma fonte comum de discordância entre técnicos). A AT&T usava uma linguagem muito poderosa chamada C++. Nós usávamos uma linguagem muito mais simples chamada Perl. Os caras da AT&T ficaram horrorizados, e discutimos sobre os méritos das duas linguagens, mas para eles o que realmente importava era a questão do suporte. A C++ tinha sido inventada na AT&T, e eles tinham pessoas pagas para dar suporte aos programadores de software caso encontrassem dificuldades. Onde, perguntaram-nos, conseguíamos nosso suporte comercial para a linguagem Perl? Respondemos que não tínhamos nenhum, o que provocou mais reações chocadas: Não tínhamos nenhum suporte? "Não foi isso que dissemos", retrucamos. "Só não temos nenhum suporte *comercial*. Obtemos nosso suporte na comunidade Perl."

Foi como se tivéssemos dito: "Obtemos nossas quintas-feiras em uma banana"; pôr "suporte" na mesma frase que "comunidade" simplesmente não fazia sentido algum. Comunidade era coisa sentimental; suporte era algo que se pagava para ter. Explicamos que havia um grupo de discussão para programadores que usavam Perl chamado comp.lang.perl.misc, no qual a comunidade Perl se reunia, fazendo e respondendo perguntas. O suporte comercial costumava ser lento, ressaltamos, ao passo que no grupo de discussão para os programadores de Perl havia gente dia e noite respondendo às perguntas. Explicamos que, depois que os recém-chegados acumulavam tempo suficiente de participação no grupo para saberem o que estavam fazendo, também começavam a responder a perguntas, de modo que o sistema, embora não fosse comercial, era autossustentável. Os caras da AT&T não acreditaram em nós. Chegamos até a lhes demonstrar como a coisa funcionava; pensamos em uma questão relativamente difícil e postamos no comp.lang.perl.misc. Alguém a respondeu antes que a reunião com a AT&T terminasse. Mas nem isso foi capaz de convencê-los. Eles não estavam interessados em saber se aquilo funcionava na prática, porque já estavam certos de que não podia funcionar na teoria. Suporte não provinha de coisas evanescentes como um acordo tácito em uma comunidade espontânea. Suporte provinha de coisas sólidas, como um contrato com uma empresa.

Essa luta ocorreu doze anos atrás. O que está acontecendo hoje? Com a explosão das ferramentas sociais, a comunidade Perl tem hoje muitos locais para se reunir, de modo que comp.lang.perl.misc não é mais seu epicentro, mas continua sendo um lugar em que pessoas formulam perguntas e fornecem respostas, então vai muito bem. A AT&T, por outro lado, não vai tão bem assim. Apesar de rodadas após rodadas de demissões em massa e estratégias alternativas, a companhia encolheu tanto que se tornou irrelevante, vendendo-se a outra companhia telefônica por 16 bilhões de dólares em 2005, apenas um quinto de seu valor em 1995, o ano em que nos contratou. Perl é uma linguagem de programação viável hoje porque milhões de pessoas acordaram hoje a amando, e, o que é mais importante, amando-se umas às outras no contexto de Perl. Os membros da comunidade dão atenção aos problemas uns dos outros e oferecem respostas como uma maneira de cuidar uns dos outros. Isso não é puro altruísmo; quem ensina aprende duas vezes, quem responde a perguntas melhora sua reputação na comunidade, e o padrão global de retorno distribuído e retardado – se eu cuidar de você, alguém cuidará de mim mais tarde – é uma maneira muito prática de se criar o capital social que torna Perl útil. Entre 1995 e 2005, Perl saiu-se melhor como estrutura viável que a AT&T, porque o interesse comunal revelou-se um melhor indicador de longevidade que a estrutura comercial.

A AT&T tinha razão em ver a comunidade com ceticismo; ela não tinha histórico de ser um bom fiador de longevidade. O fato de o interesse compartilhado poder agora gerar essa longevidade é o que torna histórica a mudança atual. Esse é o segredo do ecossistema do código aberto e, por extensão, de todas as formas de grande escala e duradouras de compartilhamento, trabalho colaborativo e ação coletiva que estão sendo testadas agora. Como qualquer pessoa pode tentar qualquer coisa, os projetos que fracassam fazem-no depressa, mas as pessoas que trabalham neles podem migrar com igual rapidez para o que veem que está funcionando. Diferentemente do que se passa no contexto corporativo, em que empresas têm incentivos para ocultar tanto sucessos (por motivos de vantagem competitiva) quanto fracassos (para impedir qualquer percepção de fraqueza), projetos de código aberto anunciam seus sucessos e não pagam nada por seus fracassos. Esse arranjo permite que os sucessos hospedem uma comunidade de interesse persistente.

O que o movimento do código aberto nos ensina é que o comunal pode ser pelo menos tão duradouro quanto o comercial. Para qualquer software, a pergunta "As pessoas que gostam dele cuidam umas das outras?" revela-se um melhor indicador de sucesso que "Qual é o modelo de negócio?". À medida que o resto do mundo ganha acesso a ferramentas antes reservadas aos técnicos, esse padrão está aparecendo em toda parte e, no processo, está transformando a sociedade.

11. Promessa, ferramenta, acordo

Não há receita para o uso bem-sucedido de ferramentas sociais. Na verdade, cada sistema em funcionamento é um misto de fatores sociais e tecnológicos.

Todas as histórias deste livro baseiam-se na fusão bem-sucedida de uma promessa plausível, uma ferramenta eficaz e um acordo aceitável com os usuários. A promessa é o "por quê" básico que leva qualquer pessoa a ingressar em um grupo ou colaborar com ele. A ferramenta auxilia no "como" – como as dificuldades de coordenação serão superadas, ou pelo menos como serão mantidas em níveis administráveis? E o acordo estabelece as regras de trânsito: se você estiver interessado na promessa e adotar as ferramentas, o que poderá esperar, e o que será esperado de você? A interação entre promessa, ferramenta e acordo não pode ser usada como uma receita, porque as interações entre os diferentes componentes são complexas demais. Como as condições meteorológicas, a interação complexa das várias forças faz com que os resultados sejam apenas parcialmente previsíveis.

Essa ordem de promessa, ferramenta e acordo é também a ordem de importância para o sucesso de qualquer grupo. Fazer uma promessa em que um número suficiente de pessoas acredite é o requisito básico; a promessa cria o desejo básico de participar. Depois vêm as ferramentas. Após definir bem (ou bem o bastante) a promessa, o obstáculo seguinte é descobrir que ferramentas mais ajudarão as pessoas a abordar juntas a promessa. Com um wiki, é mais fácil chegar a uma conclusão compartilhada do que abrigar uma discussão, ao passo que o e-mail tem o conjunto oposto de características, então acertar as ferramentas é importante para o tipo de interação em que o grupo se baseará. Por fim vem o acordo. As ferramentas não determinam totalmente o comportamento; diferentes listas de discussão têm diferentes culturas, por exemplo, e essas culturas muitas vezes são resultado de um acordo tácito entre os usuários. Um acordo possível para uma lista de discussão é: "Esperamos educação uns dos outros, e vamos repreender os mal-educados." Outro acordo muito diferente é: "Vale tudo." Como você pode imaginar, esses acordos levariam a culturas muito diferentes, mesmo entre grupos que usassem as mesmas ferramentas, e no entanto os dois padrões existem em abundância. Um acordo bem-sucedido entre usuários deve ser condizente tanto com a promessa quanto com as ferramentas usadas. Tomadas em conjunto, essas três características são úteis para se compreender tanto os sucessos quanto os fracassos de grupos baseados em ferramentas sociais.

A promessa é a peça essencial, aquilo que convence um usuário em potencial a se tornar um usuário efetivo. Todo mundo já tem muito o que fazer, todos os dias, e, seja qual for sua opinião sobre as escolhas dos outros ("Eu nunca veria tanta TV", "Por que eles estão trabalhando às dez horas da noite?"), cabe a eles fazê-las. Qualquer nova reivindicação do tempo de alguém deve obviamente oferecer algum valor, mas, sobretudo, um valor maior que alguma outra coisa que essa pessoa já faça, ou ela não desocupará esse tempo. A promessa tem de atingir um ponto ideal entre vários extremos. A promessa original do Voice of the Faithful não era nem banal demais ("Vamos expressar nossa raiva dos padres abusivos"), nem desrespeitosa demais ("Vamos pôr abaixo a Igreja católica"). Em vez disso, ela equilibrava lealdade com ira – "Conserve a fé, mude a Igreja". No ponto certo, ao menos para fins de recrutamento. De maneira semelhante, a mensagem original para convidar as pessoas a trabalhar no sistema operacional Linux não foi nem incerta demais ("Vamos ver se conseguimos fazer alguma coisa juntos"), nem ambiciosa demais ("Vamos criar um sistema operacional que transforme o mundo"). Em vez disso, a proposta de Linus foi modesta, mas interessante – um sistema operacional novo, mas pequeno, empreendido principalmente como uma maneira de aprender em conjunto. No ponto certo.

A promessa implícita de qualquer grupo importa mais que qualquer promessa explícita, o que significa que os princípios declarados do grupo não são necessariamente os experimentados. A promessa explícita de sites pró-anorexia é ser capaz de tornar-se e manter-se doentiamente magra, mas, quando lemos o material postado neles, podemos ver que a promessa real é algo mais parecido com: "Alguém vai lhe dar atenção." Grande parte do material nesses sites é escrita da perspectiva de meninas que se recuperaram da anorexia; como em outros clubes, o prazer da companhia de outras pessoas muitas vezes é tão importante quanto – ou às vezes mais importante que – o pretexto alegado para a reunião.

O problema de acertar a promessa não é o mesmo do marketing tradicional, porque este envolve em geral a venda de alguma coisa que será feita *para* os interlocutores, não *por* eles. "Compre Cheesy Poofs" é uma mensagem diferente de "Junte-se a nós, e vamos inventar Cheesy Poofs juntos". Esse segundo tipo de mensagem é mais complicado, por causa de algo chamado paradoxo dos grupos. O paradoxo é simples – não pode haver grupo sem membros (obviamente), mas tampouco pode haver membros sem grupo, porque eles seriam membros do quê? Ferramentas para um único usuário, de programas de processamento de texto ao jogo Tetris, têm uma mensagem simples para usuários em potencial: se você usar esta ferramenta, ela lhe parecerá satisfatória, ou eficaz, ou ambas as coisas. Com ferramentas sociais, o usuário é o grupo, então é preciso convencer indivíduos não só de que eles acharão a ferramenta satisfatória e eficaz, mas que outros também acharão o mesmo; por mais atraente que seja a promessa, não faz sentido ser o único usuário de uma ferramenta social. Em consequência, os usuários de ferramentas sociais estão fazendo dois juízos relacionados: Vou gostar de usar esta ferramenta ou de participar deste grupo? Será que um número suficiente de pessoas vai sentir o mesmo, de modo a fazê-la decolar?

Quanto maior for o número necessário de usuários, mais difícil será fazer o grupo engrenar, porque os usuários em potencial serão (com razão) mais céticos com relação ao ingresso de um número suficiente de outras pessoas para que valha a pena o esforço. (Um restaurante vazio enfrenta o mesmo paradoxo para atrair clientes.) Há várias estratégias para lidar com esse problema. A mais óbvia é facilitar o ingresso, de modo a fazer a promessa parecer atingível. O grupo Direitos dos Passageiros de Avião de Kate Hanni simplificou bastante a ação básica (subscrever o abaixo-assinado) e reservou ações mais complicadas (como telefonar para o Congresso e falar à imprensa) para membros mais comprometidos. Outras estratégias incluem criar valor pessoal para os usuários individuais, permitindo que o valor social só se manifeste mais tarde. O serviço de Joshua Schachter para marcar e rotular sites, chamado del.icio.us, funciona como um arquivo pessoal de páginas de internet; o valor resultante de agregar as visões que o grupo tem da web é opcional para qualquer usuário, mas um número suficiente de pessoas tirou proveito desse valor a ponto de fazer o serviço crescer de maneira espetacular.

Outra estratégia comum é subdividir a comunidade em um padrão de Mundo Pequeno, de modo que aglomerações pequenas, mas densamente conectados, tenham valor antes mesmo que o grupo cresça muito. A plataforma de blogs LiveJournal deveu muito de seu crescimento inicial a bandos de estudantes de ensino médio que aderiram ao mesmo tempo. Embora tenha passado a oferecer mais valor à medida que ficou maior (mais pessoas a conhecer, mais grupos possíveis em que ingressar), o LiveJournal ofereceu valor suficiente para pequenos grupos a fim de poder crescer. (O MySpace fez algo semelhante durante seu crescimento inicial.) E por vezes a boa e velha hospedagem à moda antiga ajuda a transpor o fosso, fazendo a promessa parecer plausível mesmo quando há muito poucos usuários. Parte da promessa do Flickr, a plataforma de compartilhamento de fotografias, era que o público poderia ver as suas fotos. (O site fez do compartilhamento de fotos a opção automática, embora os usuários possam desativá-la.) Mas para que houvesse interesse em publicar as fotos deveria haver um público, e o lugar lógico para obter esse público era entre outros usuários do Flickr. Como a proverbial sopa de pedra, a promessa só seria alcançada se todos participassem, e, como o viajante que convence a população da cidade a fazer sopa de pedra, a única maneira de manter o site funcionando antes que ele alcançasse massa crítica foi mediante o carisma pessoal. Caterina Fake, uma das fundadoras do Flickr, disse que havia aprendido desde os primeiros dias que "você tem de cumprimentar os primeiros 10 mil usuários pessoalmente". Quando o site era pequeno, ela e os outros membros da equipe não só postavam suas próprias fotos, mas também comentavam as de outros usuários, como um anfitrião circulando por uma festa. Isso permitiu aos primeiros usuários sentir como seria ter um público apreciativo, antes mesmo que ele existisse.

É claro que Fake não podia prometer de maneira convincente que as fotos dos usuários do Flickr seriam admiradas – a maioria das imagens é realmente bastante sem graça, tanto no Flickr quanto em outros lugares. O que ela podia lhes dizer era que, se trabalhassem para produzir fotos admiráveis, teriam chance de encontrar um público. A promessa da Wikipédia é também que você tem a chance de ver suas contribuições para um artigo durarem, e a dos blogs é que você tem a chance de encontrar pessoas interessadas em ler seus escritos. No final das contas, como o valor desses grupos é derivado da participação do grupo, a promessa é mais um desafio que uma garantia.

Ferramentas

Após a complexidade da questão de decidir a promessa de determinado grupo, tem-se a impressão de que a questão de se definir que ferramenta usar deve ser fácil. Mas aqui o contexto complica as coisas mais uma vez. Não existem ferramentas genericamente boas: há somente boas ferramentas para tarefas específicas. Ao contrário do que inúmeros administradores gostariam de acreditar, a tecnologia não é um pedaço de tecido infinitamente elástico que pode ser esticado para cobrir qualquer situação. Na verdade, uma boa ferramenta social é como uma boa ferramenta de carpintaria – deve ser projetada para se adequar à tarefa a executar, e deve ajudar as pessoas a fazer algo que elas realmente querem fazer. Se você projetasse uma pá melhor, as pessoas não sairiam correndo para cavar mais valas.

Uma ramificação surpreendente desse argumento do "grau de adequação" é que, quando você aperfeiçoa ferramentas disponíveis, o número de promessas plausíveis no mundo aumenta. Vista em retrospecto, a promessa original de Linus Torvalds para o Linux parece pequena, mas, formulada de maneira crua – "Vamos reunir um bando de gente do mundo todo para escrever um software incrivelmente complexo sem que ninguém seja remunerado" –, teria parecido completamente louca. (Na verdade, foi assim que muita gente tratou o Linux durante anos.) Os métodos mais gerenciados de Richard Stallman para criar softwares pareciam melhores que os de Torvalds porque até aquele momento eles haviam sido melhores. No início dos anos 1990, a proposta de Torvalds alcançou a ponta mais avançada do que as ferramentas sociais tornavam plausível, e, à medida que as ferramentas ficaram melhores, o campo do plausível foi ampliado. As ferramentas sociais que a comunidade Linux adotou eram como uma treliça para parreiras – elas não possibilitavam o crescimento, mas sustentavam-no e estendiam-no de maneiras que lhe permitiam desafiar a gravidade.

Estamos em meio a um enorme aumento da quantidade de ferramentas disponíveis: o lançamento do Twitter, a ferramenta de compartilhamento de mensagens de texto, aconteceu *enquanto* este livro era escrito. Levando em conta essa profusão, podemos dizer algo de útil sobre o futuro panorama social? Sim, mas só se desviarmos o foco das ferramentas individuais propriamente ditas para os tipos de grupos que se espera que elas sustentem. Duas das perguntas mais importantes são: "O grupo precisa ser pequeno ou grande?" e "Ele precisa ter vida curta ou longa?". Duas perguntas do tipo ou/ou significam quatro combinações possíveis; uma *flash mob* é um grupo de vida curta, ao passo que as pessoas que contribuem para o Linux formam um grupo grande e duradouro, e assim por diante.

A característica central dos grupos pequenos é a possibilidade que os membros têm de interagir mais intensamente uns com os outros, porque é mais fácil sustentar a densidade social nos grupos pequenos que nos grandes (resultado do cálculo do Paradoxo dos Aniversários e parte do que impulsiona o padrão do Mundo Pequeno). Portanto, grupos pequenos são ambientes de conversação melhores que os grandes e têm mais facilidade em promover pensamento convergente, em que todos acabam concordando com um único ponto de vista. Essa é uma das coisas que as ferramentas sociais não mudam na vida dos grupos – grupos pequenos são mais eficazes para criar e sustentar tanto a concordância quanto a consciência compartilhada.

As características principais dos grupos grandes são o inverso. Em média, as pessoas têm de estar conectadas menos estreitamente umas com as outras. O resultado é que esses grupos são mais capazes de produzir o que James Surowiecki chamou de "a sabedoria das multidões". Em seu livro com esse título, ele identificou as maneiras como grupos dispersos cujos membros não estão conectados podem muitas vezes gerar respostas melhores, reunindo seu conhecimento ou intuição sem precisar chegar a um acordo. Temos muitas maneiras de alcançar esse tipo de agregação, desde os mecanismos de fixação de preços do mercado até a votação, passando pelos mercados de previsão que Surowiecki defende, mas todos esses métodos têm duas características comuns: funcionam melhor em grupos grandes e não exigem que a comunicação direta entre os membros seja uma norma. (Na verdade, no caso dos mercados, essa comunicação costuma ser proibida, uma vez que pequenos aglomerados de colaboradores podem de fato perverter o funcionamento do grande sistema.)

Pequeno e grande são qualidades relativas, não absolutas. Em uma casa, doze pessoas à mesa para jantar formam (normalmente) um grande grupo, ao passo que, em uma escola, doze alunos em uma turma são um grupo pequeno. As questões de coordenação do jantar são mais intensas que as de uma discussão. De maneira semelhante, cem pessoas comparecendo ao Meetup são um grande grupo, ao passo que cem pessoas comparecendo a um comício político são um grupo pequeno. Mas, sejam quais forem as questões de tamanho relativo, a questão absoluta permanece – em grupos grandes os laços são mais frouxos.

Por definição, fazer uma promessa sem ter meios para cumpri-la não é plausível. As ferramentas estão vinculadas aos modos de interação grupal que precisam sustentar. Pode-se ver como isso funciona imaginando uma troca de ferramentas entre diferentes grupos. O grupo Direitos dos Passageiros de Avião e os ativistas pró-democracia do Egito desejavam ambos mudar as leis de seus respectivos países. O grupo Direitos dos Passageiros de Avião trabalhou de maneira deliberada, reunindo apoio ao longo de semanas por meio de blogs e abaixo-assinados virtuais. Os ativistas do Cairo usaram blogs, mas parte desse ativismo ocorreu em velocidades maiores, coordenada em plenas ruas da cidade por meio do Twitter. Imagine o que seria tentar forçar os membros dos Direitos dos Passageiros de Avião a usar o Twitter, e o que seria limitar a blogs aqueles dez ativistas ou pouco mais empenhados em salvar seu amigo Malek. Ambos os grupos teriam fracassado. O Twitter teria aborrecido as pessoas que gostariam de subscrever um abaixo-assinado – o abaixo-assinado na internet é uma ferramenta vagarosa, mas de grande visibilidade. De maneira semelhante, Alaa Abd El Fattah e seus amigos jamais poderiam ter se coordenado nas ruas de Cairo usando blogs – precisavam de uma ferramenta rápida mas de baixa visibilidade como o Twitter.

Compreendendo essas duas características básicas da ação grupal – o número de pessoas envolvidas e o tempo da interação –, é possível analisar o grau de adequação de qualquer ferramenta, nova ou conhecida. E, é claro, um único serviço pode oferecer mais de uma ferramenta e assim sustentar mais de uma forma de interação. Os programadores do Windows que se reúnem no canal de bate-papo #winprog usam uma ferramenta que sustenta a interação conversacional, mas expõem o conjunto de sua sabedoria grupal em algumas páginas de internet, incluindo um FAQ, com respostas para as perguntas mais frequentes. Um FAQ é um documento social, representando sabedoria acumulada sobre as questões mais comuns que surgem dentro de um grupo. Ele é atualizado em um ritmo muito mais lento que o da conversa no canal de bate-papo, permitindo à comunidade operar em mais de uma velocidade. De maneira semelhante, o grupo que se congrega para discutir determinado artigo da Wikipédia pode ser bem pequeno, ao passo que a base de colaboradores da enciclopédia como um todo é imensa, o que permite à Wikipédia operar em mais de uma escala.

Mas talvez o mais importante seja que ferramentas novas nem sempre são melhores. Na verdade, elas começam com uma enorme desvantagem social – o fato de não serem usadas pela maioria das pessoas –, e, sempre que existe um banco limitado a partir do qual membros em potencial podem ser extraídos, os efeitos sociais são limitados. Além disso, cada ferramenta social está cercada por um oceano de prática, que ajuda a determinar seu uso. Quando os participantes de Bronze, um fórum na internet sobre o programa de TV *Buffy, a caça-vampiros*, ficaram sabendo que a rede de TV não iria mais sustentar sua comunidade, eles se juntaram e levantaram dinheiro suficiente para encomendar um novo software em uma nova locação, como um caranguejo-ermitão requisitando uma nova carapaça. Quando contrataram uma firma para criar a nova ferramenta, fizeram uma única e simples exigência – nada de grandes mudanças. A velha ferramenta, com que haviam se acostumado, era totalmente rudimentar, e eles sentiam que, se a nova ferramenta adicionasse características complicadas, a comunidade sofreria. Em vez disso, solicitaram (e obtiveram) o que parece ridiculamente simples pelos padrões de softwares mais recentes. Sua intuição revelou-se correta: a comunidade sobreviveu à passagem da antiga locação para a nova, que eles batizaram de Bronze:Beta.

Muitas das histórias deste livro envolvem as ferramentas mais banais: as listas de e-mail e os fóruns de discussão existem desde os anos 1970, e até muitas das ferramentas mais novas, como blogs e wikis, já têm uma década de idade. Os efeitos mais profundos das ferramentas sociais produzem-se anos após sua invenção, porque os efeitos reais só começam a aparecer depois que elas adquirem uma massa crítica de adotantes, adotantes que as veem como naturais.

Acordos

O acordo vem por último, porque ele só importa se houver uma promessa e um conjunto de ferramentas já funcionando juntos. Ele é também o aspecto mais complexo de um grupo operante, em parte por ser o menos explícito e em parte por ser aquele em cuja criação os usuários mais intervêm, o que significa que não pode ser completamente predeterminado. A necessidade de um acordo remonta às questões mais básicas do esforço em grupo – os custos transacionais. Um acordo ajuda a elucidar o que você pode esperar dos outros e o que eles podem esperar de você. Imagine que você está viajando para um país estrangeiro e planeja dirigir um carro quando estiver lá. Vai querer dirigir pelo lado direito ou esquerdo da rua? A resposta, é claro, é que não se trata de direita ou esquerda – você vai querer dirigir pelo lado da rua em que todos os demais estiverem dirigindo, seja ele qual for; a sincronização com os nativos é um valor em si mesma. (Em Roma, como os romanos...) O mesmo vale para grupos mediados; expectativas sociais podem ser formuladas de muitas maneiras diferentes, mas, como no caso das regras de trânsito, o que importa é que haja uma maneira e que todos saibam qual é.

Em algumas ocasiões, o acordo com os usuários é simples e elegantemente equilibrado. Por exemplo, o acordo básico que um wiki oferece é que você pode alterar o escrito de qualquer pessoa, e qualquer pessoa pode alterar o seu. A maioria dos que supõem que wikis fracassarão em razão dessa liberdade subestima o valor de ela ser estendida a todos.

Alguns anos atrás, foi lançado um site de viagens wiki chamado WikiTravel.org; pedia-se aos usuários que descrevessem vários locais em termos que pudessem parecer úteis para viajantes. Ao ver o anúncio, fui dar uma olhada. Embora o site só tivesse alguns dias de existência, descobri que já havia sido criado um verbete básico para a cidade de Nova York. Ele começava assim:

> "Dois para a Glória, Três para a Vitória" dizia o velho grito de guerra em New York, New York. Essa antiga capital colonial portuguesa foi uma meca do comércio de peles e menta no século XVIII, quando o rio Wabash era uma importante rota comercial. A cidade declinou depois que a implantação de ferrovias permitiu aos viajantes deslocarem-se por terra de Ontário a Orlando.

Isto, claro, é um completo disparate – nenhuma dessas informações é verdadeira, e o verbete se estendia nesse estilo por mais dois parágrafos. Vendo isso, apaguei o verbete na mesma hora e passei a procurar outros feitos pelo mesmo usuário. Descobri que ele ou ela havia criado também verbetes falsos sobre Boston ("Boston, conhecida como a cidade a seis quilômetros de altitude, empoleira-se no alto de uma montanha de mais de 6 mil metros de altitude") e Massachusetts ("Tecnicamente, Massachusetts não é um estado, mas um *commonwhelk*"*). Apaguei esses verbetes também e então examinei a história dos vários verbetes que o usuário tinha alterado. Verifiquei que ele ou ela havia dedicado quase uma hora a conceber cuidadosamente aqueles três verbetes. Levei cerca de um minuto e meio para apagar os três, e foi o bastante; o engraçadinho nunca mais apareceu, talvez desapontado com a rapidez com que verbetes falsos podiam ser desfeitos. Os wikis enfrentam uma das questões mais básicas da filosofia política: quem guardará os guardiões? A resposta é: todos. O acordo básico de um wiki significa que as pessoas interessadas em que o site não seja usado para esse tipo de brincadeira tenham alguma vantagem, porque escrever um verbete adulterado exige muito mais tempo que corrigi-lo.

Outras vezes, o acordo é mais unilateral. O acordo para as primeiras *flash mobs* era aparecer no lugar e na hora designados e fazer o que tivesse sido determinado, provocando por sua vez o espanto de quem estivesse vendo as ações grupais. Em outras palavras, quase todo o poder da primeira *flash mob* pertencia a "Bill de New York", e suas multidões destinavam-se a zombar da disposição dos moderninhos para abrir mão do juízo pessoal a fim de desconcertar a burguesia. As *flash mobs* bielo-russas, em contraposição, usaram o contexto político para mudar consideravelmente o acordo (ele nunca pode estar completamente embutido em nenhuma ferramenta), transformando os que optavam por se juntar à multidão em atores políticos, não fantoches. Como a escolha do sufixo -pedia para a Wikipédia sugere, uma *flash mob* é uma espécie de aplicativo mental que

* Trocadilho com a designação oficial de Massachusetts (Commonwealth of Massachusetts) e a palavra *whelk* (caramujo). (N.T.)

ao mesmo tempo cria uma consciência compartilhada entre seus usuários e depende dela. O que os garotos bielo-russos fizeram foi mudar o modelo mental do que significava fazer parte de uma *flash mob*.

O aspecto essencial do acordo é que os usuários têm de concordar com seus termos. Ele não pode ser apresentado como um conjunto de regras contratuais, porque usuários não leem as letras miúdas. (Qual foi a última vez que você leu de cabo a rabo um daqueles "Clicando aqui, você concorda com..." na internet?) O acordo tem de ser parte da experiência vivida de interação.

Por vezes, contratos são uma parte essencial do acordo, não em razão de sua linguagem direta, mas do que dizem sobre o serviço. Linus Torvalds ofereceu o Linux sob a GPL porque essa era uma maneira de assegurar aos programadores que seu trabalho nunca poderia ser tomado deles. Foi uma maneira importante de comunicar sua boa-fé anos antes que o Linux fosse valioso o suficiente para ser apropriado. Torvalds tomou essa medida desde cedo para excluir especificamente qualquer possibilidade de ele acabar mudando de ideia no futuro e patentear ou vender o Linux. O sistema se tornou valioso precisamente porque Torvalds ofereceu um acordo que limitava sua própria liberdade futura; a adoção da GPL era um sinal sério de compromisso. A Wikipédia enfrentou um desafio semelhante no começo de sua história. Em 2002, a versão em língua espanhola crescia rapidamente, mas os usuários espanhóis estavam receando que a enciclopédia optasse por um modelo comercial, movido por anúncios. Ameaçaram então retirar suas contribuições e iniciar uma versão alternativa (processo conhecido como "bifurcação"). Isso foi o suficiente para convencer Jimmy Wales a renunciar formalmente a quaisquer planos comerciais futuros para a Wikipédia e transformar o site de Wikipedia.com em Wikipedia.org, em conformidade com seu status sem fins lucrativos. De maneira semelhante, ele decidiu adotar a GNU Free Documentation License (GFDL) para o conteúdo da Wikipédia. Como quando Linus Torvalds adotou uma licença GNU para o Linux, a GFDL assegurou aos colaboradores que suas contribuições continuariam disponíveis gratuitamente, estimulando-os a participar. Anos depois, Wales observaria que a Wikipédia "valia bilhões", mas essa afirmação reescreve a história. Levando em conta o tipo de preocupação dos vários colaboradores em relação à comercialização, uma possibilidade alternativa é que a coisa tivesse explodido em uma dezena de versões diferentes, e nenhuma delas teria sido tão bem-sucedida quanto a Wikipédia é hoje. A criação de uma garantia formal de que o conteúdo do site nunca poderia ser alienado de seus criadores ajudou a gerar a confiança necessária para que os usuários se comprometessem com ele a longo prazo, ainda que isso significasse excluir a possibilidade de que a Wikipédia fosse transformada em uma oferta comercial.

A Wikipédia arma também seus usuários com maneiras de ajudar a impor o acordo que faz o site funcionar. Ela arrola uma série de regras para o site, inclusive quanto a escrever de um ponto de vista neutro e presumir boa-fé em caso de discordância. Não há nenhum mecanismo direto de imposição associado a essas regras, mas os usuários as invocam periodicamente quando discutem o conteúdo de um artigo. Essa invocação não tem efeito formal, mas ela reforça o usuário com uma espécie de poder moral de persuasão que costuma ser suficiente para decidir uma discussão.

As observações sobre o grau de coordenação que grupos precisam ter uns com os outros também afetam o modo como esses tipos de acordos sociais são desenvolvidos. Como disse Oliver Wendell Holmes: "Meu direito de brandir o punho termina onde começa o nariz do outro." No domínio físico, as cidades tendem a ter mais regras relacionadas aos caprichos da vida em grupo que as áreas rurais, simplesmente porque a vida urbana pode criar muito mais tipos de interseção social entre as pessoas que a vida rural. Essa conexão entre densidade social e complexidade do acordo também está presente em grupos mediados pela tecnologia; quanto mais membros tiverem de interagir uns com os outros, e quanto mais eles tiverem de concordar para agir de comum acordo, mais complexas têm de ser as regras que governam suas relações. Acordos para compartilhamento podem ser muito simples, ao passo que aqueles necessários para colaboração e ação coletiva são forçosamente mais complexos, porque a frequência, a complexidade e a duração das interações entre os usuários são maiores. Nas palavras de Holmes, quanto mais integrado for o grupo, maior o risco de colisão entre um punho e um nariz virtuais.

O acordo para o grupo que assistiu à tentativa de Evan Guttman de recuperar o celular de Ivanna foi simples – continue assistindo e comentando. Em contraposição, os vários acordos para o Flickr podem se tornar bastante complexos. Muitos de seus usuários são membros de grupos organizados em torno de temas específicos ("Contar uma história em cinco quadros", "Fotografia de rua"), e esses grupos têm suas próprias expectativas internas: os fotógrafos de rua não gostam de fotos posadas, enquanto os contadores de história não querem fotos isoladas. Esses acordos também envolvem negociação contínua – a tensão básica nos grupos do Flickr é uma Tragédia do Terreno Comunal, em que a presença de um público em potencial é uma tentação para que os fotógrafos deixem suas fotos para outros verem e não confiram as de mais ninguém. Muitas das regras nos grupos do Flickr tentam criar o tipo de coerção mútua que pode resolver uma Tragédia do Terreno Comunal, como esta regra para os Black and White Maniacs, de pessoas que se dedicam a fazer fotos em preto e branco:

> Poste UMA foto, depois comente imediatamente nas DUAS fotos ANTERIORES ... Espere até que mais duas fotos sejam postadas antes de postar de novo. SE NÃO TIVER TEMPO DE COMENTAR IMEDIATAMENTE, POR FAVOR, ESPERE PARA POSTAR A SUA FOTO. É injusto esperar que as pessoas comentem seu trabalho quando você não é capaz de lhes fazer a mesma gentileza.

O objetivo de uma regra como essa é assegurar que todos os participantes tenham suas fotos igualmente comentadas. Talvez você já tenha percebido o defeito da regra: em vez de deixar de fazer comentários (uma violação da letra da regra), pessoas que querem tirar proveito do público reunido podem deixar comentários quase inúteis (uma violação do espírito da regra). De fato, foi o que aconteceu em Black and White Maniacs, então eles acrescentaram uma explicação:

(**NOVA REGRA: Se deixar constantemente comentários de uma ou duas palavras, como "legal", "bom p+b", "excelente captura", … etc., você também será excluído do grupo.)

Esse grupo valoriza a igualdade de participação entre todos os seus membros. Esse modo de participação é o que o antropólogo Alan Page Fiske, da UCLA, chama de "correspondência por igualdade", um dos quatro modos básicos de participação social que ele identificou. (Os outros três são compartilhamento comunal, classificação pela autoridade e precificação pelo mercado.) O efeito desse compartilhamento – nesse caso, da atenção – é que os membros mais talentosos do grupo não obtêm muito mais atenção que os menos talentosos; se isso é bom ou ruim, depende do seu gosto. Certamente seria possível ter outros modos de participação, nos quais uma autoridade determinasse que fotos mereciam atenção, ou os membros recebessem dinheiro fictício para estabelecer um mercado e avaliar as fotos, mas a atmosfera desses grupos seria muito diferente da do Black and White Maniacs. Quando você muda o acordo, muda o grupo, mesmo que todos os membros continuem os mesmos.

Interações complexas

É bastante fácil acompanhar três coisas. Se é possível criar novas formas de ação grupal com uma promessa plausível, ferramentas adequadas à tarefa e um acordo aceitável, por que as pessoas não conseguem simplesmente inserir esses itens em uma lista de passos e produzir um sucesso? Em outras palavras, por que a maioria dos esforços em grupo propostos fracassa?

Em primeiro lugar, porque acertar cada uma dessas três coisas é na verdade um grande desafio, e acertar todas as três é essencial. Em segundo lugar, como ocorre com os próprios grupos, a complexidade resulta não só dos elementos, mas das suas interações. Lembra-se da mensagem inicial de Larry Sanger, pedindo às pessoas para contribuir com a Wikipédia? "Façam-me um agrado. Vão lá e acrescentem um artigo. Isso não vai levar mais que cinco ou dez minutos." Ele apresentou a questão como um favor e um experimento, e a ênfase recaiu sobre quanto um wiki facilitaria o processo. Foi dado destaque à simplicidade da ferramenta e ao acordo; a promessa foi pouco mais que "você vai tentar uma coisa nova e me fazer um favor". Agora compare isso ao modo como Jimmy Wales descreveu a missão da Wikipédia: "Imagine um mundo em que o livre acesso à soma de todo o conhecimento humano seja dado a todas as pessoas, sem exceção." A amplitude da promessa explícita aumentou com a qualidade da execução. Essa promessa explícita é diferente da implícita, e é improvável que os usuários que fazem apenas uma alteração em um único artigo (o caso mais comum na Wikipédia) estejam motivados por essa linguagem arrebatadora. A promessa implícita é mais simples: se você ajudar, isto aqui vai ficar melhor.

As ferramentas são igualmente complexas. De fato há um espectro de tamanhos de grupos até dentro de comunidades isoladas, já que a maioria dos grupos grandes é sustentada graças aos esforços de um pequeno grupo embutido dentro do grande. Como os grupos costumam conter diferentes subgrupos, o acordo também é diferente para diferentes usuários. É possível ver como essas questões interconectadas se tornam complexas formulando uma pergunta simples: a Wikipédia é uma comunidade? Uma resposta óbvia é: sim, pessoas trabalham juntas para criar e defender algo que claramente amam. Outra resposta igualmente óbvia é: não, porque a maioria dos colaboradores acrescenta um único item e nunca interage com ninguém. Ambas as respostas estão certas. Existe uma comunidade central da Wikipédia, mas ela é composta por apenas uma fração dos colaboradores da enciclopédia. Os membros da comunidade provêm das fileiras dos colaboradores (de fato, passar de leitor a colaborador é um pré-requisito para a obtenção desse status), mas a comunidade não equivale ao grupo de colaboradores.

A comunidade central da Wikipédia não poderia criá-la sozinha, porque não poderia gerar matéria-prima suficiente ou beneficiar-se de um número suficiente de novos pontos de vista. De maneira semelhante, o grupo enorme mas relativamente difuso dos colaboradores que não têm consciência de fazer parte da comunidade poderia editar artigos, mas, a menos que os membros mais comprometidos da comunidade as defendessem, essas edições seriam destruídas por vândalos. Isso não se aplica apenas à Wikipédia como um todo – aplica-se também a cada artigo individual, de Asfalto a Zoroastro. Alguns colaboradores se preocupam com a qualidade da Wikipédia como um todo, e alguns com a qualidade de qualquer artigo, ao passo que a maioria quer apenas corrigir um erro de digitação ou acrescentar uma informação que possui, e em cada nível a interação desses grupos preserva o todo. Isso é o que está errado em muitas otimizações 80/20 – a crença de que se pode otimizar a eficácia de um sistema truncando-o na cabeça; em muitos casos, isso na verdade amputa um pedaço crítico do ecossistema global.

Algumas partes de uma ferramenta são usadas somente pelos colaboradores principais. Como assinalou Fernanda Viégas, pesquisadora da Wikipédia na IBM, a enciclopédia tem mais de uma dezena de diferentes coleções de páginas, para funções como a história de artigos específicos e das discussões sobre eles, a administração da Wikipédia em si e assim por diante. Só uma dessas coleções destina-se aos artigos propriamente ditos; o resto aborda, de uma maneira ou de outra, o funcionamento do site. A enciclopédia, que parece uma obra de referência para o usuário médio, é na verdade uma comunidade dedicada principalmente à discussão. Os artigos são o resíduo dessa discussão, sendo a última coisa de que alguém abriu mão de discordar. Só os usuários mais comprometidos, porém, acessam a maioria das outras coleções de páginas.

Esse tipo de organização, em que pequenos grupos se formam no âmbito de um grupo maior, mais difuso, é a norma para grandes conjuntos de pessoas (o padrão do Mundo Pequeno em ação novamente), e muitos sites grandes são na verdade projetados para fazer com que isso aconteça. O MySpace, considerado como um todo, parece uma ferramenta para grupos grandes e duradouros, mas a maioria dos usuários não o considera como um todo. Em vez disso, partindo de uma visão de mundo "primeiro eu, depois meus amigos, depois os amigos deles", a maioria dos usuários considera o MySpace uma ferramenta para grupos muito menores, e esse tipo de densidade entre grupos de amigos pode fazer do site um lugar para interações muito mais rápidas e estreitamente organizadas. O protesto antianti-imigração em 2006 não surgiu do MySpace como um todo – teria sido tão impossível para a News Corp patrocinar algo assim como para o Meetup patrocinar o Stay at Home Moms de Atlanta. Na verdade, o caráter circunscrito da rede significou que os usuários puderam anunciar a manifestação uns para os outros sem nunca transmitir uma mensagem para o site inteiro.

Muitos grupos que se formam hoje em dia estão usando softwares que precisam ser adaptados para um grupo específico. Os grupos que usam o Meetup têm taxas de sucesso extremamente variáveis – os grupos Stay at Home Moms, tão populares nos Estados Unidos, dificilmente se reproduzem em qualquer outro lugar do mundo. Esse tipo de adaptação de uma plataforma de software significa que a questão de promessa, ferramenta e acordo ocorre em múltiplos níveis. A promessa básica de qualquer grupo Meetup é que o usuário poderá conhecer outras pessoas que moram perto dele e compartilham de seus interesses. Além disso, cada grupo precisa fazer sua própria promessa específica – as promessas das ex-testemunhas de Jeová e as dos jogadores de pingue-pongue serão muito diferentes – e decidir que características do software usará: a postagem de fotos dos Meetups será incentivada ou proibida? Membros em potencial podem ler os quadros de mensagens, ou isso está reservado aos membros efetivos? E assim por diante.

Embora tendam primeiro a se amalgamar em torno de uma ferramenta específica, os grupos são livres para adotar ferramentas adicionais. Jessica Hammer, pesquisadora na Universidade Columbia, acompanhou a comunidade que se formou em torno dos quadrinhos on-line *Sluggy Freelance*. Ela descobriu que a comunidade usava várias ferramentas diferentes, inclusive um fórum no site Sluggy Freelance e não apenas uma, mas duas listas de discussão para coordenar diversas atividades. O grupo formou-se em torno de um site específico de conteúdo, mas a lógica interna de sua coesão permitiu-lhe expandir o número de ferramentas usadas. De maneira semelhante, embora tenha começado como uma proposta em um fórum na Usenet, o Linux expandiu-se ao longo dos anos para incluir inúmeras listas de discussão, sites e até uma ferramenta criada especialmente para o manejo do próprio código-fonte.

Ainda que seja raro que um grupo desenvolva um software complexo para uso próprio, a adaptação do ambiente para a vida do grupo é bastante comum. Os fãs de *Buffy* que encomendaram Broze:Beta também adaptaram essa ferramenta para sua comunidade; o Black and White Maniacs no Flickr adaptou um conjunto de regras para o acordo social que queria impor. Por vezes esse tipo de adaptação torna-se parte da cultura. Em alt.folklore.urban, um fórum de discussão sobre folclore urbano, residentes antigos usavam a palavra "voracidade" cada vez que queriam dizer "veracidade". Fazendo isso de maneira constante, conseguiam provocar em recém-chegados furores de retidão linguística; quando estes percebiam que haviam caído em uma pegadinha, ou adquiriam um novo respeito pela coesão da comunidade, ou iam embora, ofendidos. (Nem é preciso dizer que os membros regulares viam esses dois resultados como positivos.) Esse tipo de ritual de iniciação, ou provocação, não era de maneira alguma uma característica da ferramenta social que alt.folklore.urban estava usando: era uma norma adotada e sustentada pela comunidade.

Todos os grupos têm dilemas sociais

Em meados dos anos 1960, o grupo anarquista holandês Provo lançou seu programa Bicicleta Branca em Amsterdã. Acreditando que os sistemas políticos da época haviam subestimado enormemente a bondade humana básica e depositado poder demais nas mãos do Estado, o Provo colocou dezenas de bicicletas brancas nas ruas de Amsterdã, que todos podiam usar gratuitamente. O plano do programa era simples: o Provo distribuía as bicicletas, destrancadas e pintadas de branco, por toda a cidade. Era possível pegar uma bicicleta onde quer que ela estivesse, usá-la para ir até seu destino e deixá-la ali para outra pessoa, que a usaria então para ir até seu destino e a deixaria, *ad infinitum*. Dessa maneira, uma nova infraestrutura comunal se tornaria disponível a baixo custo, criando um mundo melhor para os habitantes de Amsterdã e ao mesmo tempo repudiando a economia de mercado e o "terrorismo de tráfego de uma minoria motorizada". Como os membros do Provo expressaram em seu manifesto: "A bicicleta branca simboliza simplicidade e vida saudável, em contraste com a ostentação e a sujeira do autoritário automóvel."

O programa Bicicleta Branca teria sido apenas mais uma nota de rodapé na Era de Aquário, não fosse por um detalhe: ele foi um fracasso quase instantâneo. Dentro de um mês, todas as bicicletas tinham sido ou roubadas ou jogadas nos canais. Não se deixando desencorajar, muitos visionários urbanos ressuscitaram a ideia básica das Bicicletas Brancas de uma forma ou de outra. Os resultados acumulados desses experimentos não dão margem a dúvida: os programas que ofereciam acesso irrestrito a bicicletas comunais enfrentaram roubos, e a maioria terminou fracassando por completo, ao passo que os programas de bicicletas comunais que tiveram sucesso impunham restrições ao seu uso, como abrigos trancados e exigência de apresentação de carteira de identidade no ato da retirada ou da entrega. Apesar do otimismo do Provo, a natureza humana revelou-se bastante sensível ao contexto; se for dada às pessoas a oportunidade de se comportarem mal, e se a punição for pequena, o comportamento de um número suficiente delas se torna antissocial o bastante para estragar as coisas para todos. (Se pelo menos o *Los Angeles Times* tivesse compreendido isso antes de lançar o projeto Wikitorial.)

Por acaso, mas de maneira impressionante, o destino dos vários programas Bicicleta Branca ilustra uma verdade básica dos sistemas sociais: nenhum esforço para criar valor de grupo pode ser bem-sucedido sem alguma forma de governança. Os grupos que hoje estão adotando ferramentas sociais formam a ala experimental da filosofia política, um campo em que questões espinhosas sobre governança de grupo estão sendo resolvidas. Um aspecto notável do aproveitamento de valor social é que grupos sociais tendem a ser homeostáticos, isto é, resistentes a pressões externas. A ilustração clássica da homeostase individual é a temperatura corporal. O ser humano tem uma temperatura interna de 37°C, quer esteja no Saara ou no Ártico. Um grupo, depois de formado, pode atingir a homeostase também, encontrando maneiras de permanecer unido mesmo que o ambiente externo mude.

Pierre Omidyar, cofundador do eBay, atribui o sucesso de seu negócio à confiança nos usuários; ele disse muitas vezes que um de seus pressupostos fundamentais era que as pessoas são basicamente boas. A realidade é mais complexa: o eBay pode ter sido fundado sobre uma confiança básica na bondade humana, mas, menos de dois meses depois de sua criação, o número de transações que estavam dando errado de um jeito ou de outro foi suficiente para forçar a companhia a reagir. A solução do eBay foi criar um sistema de reputação, permitindo ao comprador e ao vendedor em qualquer transação relatar publicamente seu grau de satisfação em relação ao outro. Esse sistema foi concebido para projetar a sombra do futuro sobre ambas as partes, dando-lhes um incentivo para preservar ou melhorar sua reputação no site; com essa adição, o eBay tornou-se o site que conhecemos hoje. Omidyar tinha razão, com uma ressalva: as pessoas são basicamente boas quando estão em circunstâncias que recompensam a bondade, ao mesmo tempo em que reprimem impulsos à transgressão. As recompensas e as restrições podem ser muito simples e pequenas, mas, em grupos grandes com atores relativamente anônimos, precisam estar presentes, ou o comportamento irá decair com o tempo.

Se um grupo conseguir durar um ano, tem boa chance de durar bem mais. Os fãs de *Buffy, a caça-vampiros* que participaram do fórum Bronze:Beta permaneceram ativos muito depois que a série foi cancelada; *Buffy* lhes forneceu a razão para que se reunissem, mas o valor da própria comunidade tornou-se uma razão para que continuassem juntos. De maneira semelhante, a comunidade Howard Forums para ávidos usuários de celular inclui um conjunto de discussões sobre assuntos diversos, porque, embora tivessem se conhecido em meio ao tópico dos telefones celulares, os usuários decidiram que gostavam uns dos outros o bastante para querer conversar sobre esportes, animais de estimação e dietas. Em casos extremos de homeostase, a razão original desaparece completamente, mas o grupo continua intacto. O S-100 Computer Users Group, um grupo do

Vale do Silício fundado no fim dos anos 1970 para usuários de um tipo primitivo de computador pessoal, continuava se encontrando como grupo social sob esse nome no início dos anos 1990, embora todos os membros tivessem abandonado havia muito seus S-100s. O grupo sobreviveu à perda da razão de sua origem porque os membros gostavam da companhia uns dos outros.

Isso não quer dizer que todos os grupos se tornam puramente sociais – há sempre uma tensão entre o prazer da comunidade e a razão da existência do grupo (em outras palavras, entre satisfação e eficácia), e essa tensão se resolve de diferentes maneiras. Em 2002, uma de minhas alunas, Marion Misilim, observou um grupo do LiveJournal chamado "I Love My Boyfriend" (Eu Amo Meu Namorado), povoado por meninas que celebravam a emoção resumida no nome do grupo. Durante o tempo em que Misilim esteve observando o grupo, irrompeu uma crise quando uma das integrantes descobriu que seu amado a havia traído. Essa descoberta teve o efeito previsível sobre a relação, suscitando a difícil questão: agora que ela não amava mais o namorado, poderia ainda fazer parte do grupo? Várias razões paliativas foram oferecidas pelas outras meninas – ela ainda o amava, mesmo que desprezasse as suas ações, ou ela o amara antes e isso bastava. Essas justificativas destinavam-se a permitir que a amiga continuasse no grupo, mas foram inúteis – a menina traída passou a detestar o ex-namorado e ponto. A promessa fundadora não se extinguira para todas, como no caso do grupo do S-100; havia apenas malogrado para ela, que então deixou o grupo.

Isso também não quer dizer que os grupos não acabem fracassando. Os dois grupos mais longevos na internet, as listas de discussão SF-LOVERS e WINE-LOVERS, ambas fundadas nos anos 1970, duraram três décadas cada uma, mas acabaram se encerrando. O corolário da homeostase, contudo, é que a maioria dos fracassos acontece rapidamente, em geral devido à incapacidade de acertar uma das três coisas importantes.

Muitos desses sites fracassam já na primeira prova – não oferecem nenhuma promessa plausível. Depois do fracasso do projeto Wikitorial do *L.A. Times*, observadores discutiram se o problema estava no uso de um wiki ou no mau comportamento dos usuários. O problema com o Wikitorial foi que a proposta básica – "Venham ajudar a melhorar os editoriais do *L.A. Times!*" – desde o início despertava pouco interesse. Um editorial não é o tipo de conteúdo que se beneficia da edição por um grupo, e a promessa de trabalhar em prol do *Times*, uma entidade obviamente não comunal, tinha pouco apelo, exceto para usuários propensos a tirar partido de uma tribuna em potencial. Como não havia nenhuma comunidade interessada em defender o Wikitorial, o experimento fracassou. Michael Kinsley, então editor e um dos propositores do Wikitorial, atribuiu corretamente a ruína aos usuários de mau comportamento, mas sugeriu erroneamente que essa condição era incomum. Sempre haverá pessoas interessadas no fracasso de todo experimento de qualquer importância. Só os sistemas dotados de defesas contra esses usuários podem prosperar; a suposição de que eles não aparecerão é uma defesa inadequada.

Se promessa bastasse, o caso normal seria o sucesso das ferramentas sociais, não o fracasso. Por vezes a promessa é muito atraente, mas as ferramentas são inadequadas. Um exemplo disso é a MoveOn.org, a organização política liberal famosa por usar a web para granjear apoio. A MoveOn foi fundada para convencer o Congresso a censurar (em vez de destituir) o presidente Clinton por mentir sobre sua relação com Monica Lewinsky e a passar a tratar de outros problemas; causas posteriores incluíram a defesa da campanha pela reforma financeira e o apoio à candidatura de John Kerry à presidência dos EUA em 2004. Quando quer mobilizar apoio, a MoveOn pode enviar e-mails a quase 1 milhão de usuários, que por sua vez enviam e-mails ao Congresso.

Isso não parece em nada algo destinado a fracassar, mas a verdade é que e-mails são a ferramenta errada para pressionar o Congresso. Antes deles, era uma regra prática no Congresso que uma carta escrita à mão enviada por um cidadão indicava que cerca de 2 mil eleitores naquele distrito se preocupavam com a mesma questão. O e-mail baixa enormemente o custo transacional do envio de uma mensagem e cria uma superdistribuição, o reencaminhamento sem nenhum esforço da mensagem de pessoa para pessoa e de grupo para grupo. O problema do e-mail como ferramenta é que ele agora é bom *demais* – o custo de pressionar o Congresso por e-mail é tão baixo que uma mensagem de e-mail tornou-se, na prática, insignificante. Tentativas do Congresso de reintroduzir algum valor nessas comunicações – pedindo aos remetentes de e-mails que informem seu endereço postal, para assegurar que são cidadãos da região de um parlamentar – fracassaram porque os usuários podem sem dificuldade recortar e colar endereços do distrito do parlamentar, quer morem lá ou não. Se as campanhas por e-mails continuam, apesar de sua quase inutilidade, é porque são uma demonstração pública de força. Como as comunicações individuais foram desnaturadas, a batalha deslocou-se para declarações em público sobre o número de e-mails enviados, o que tem efeito no tribunal da opinião pública, mas não nos corredores do Congresso. A MoveOn e todas as outras organizações que pressionam o Congresso se sairiam melhor com uma ferramenta menos conveniente, mais dispendiosa, cujo uso demandasse esforço real e que por isso comunicasse real compromisso da parte das pessoas que subscrevem.

Isso está acontecendo agora. Fãs da série de televisão *Jericho* ficaram tão contrariados quando a CBS a cancelou que começaram a protestar enviando amendoins para o canal pelo serviço de entrega da NutsOnline. Esse esforço custava dinheiro de verdade aos fãs, então não havia como duvidar de sua dedicação, especialmente quando vinte *toneladas* de amendoins acabaram chegando à CBS. (O canal cedeu e ressuscitou a série.) De maneira semelhante, manifestantes pacifistas em Michigan e imigrantes insatisfeitos com mudanças na aplicação das regras referentes à concessão de vistos americanos estão protestando enviando flores para um político de Michigan e para o chefe dos Serviços de Imigração dos EUA, respectivamente. Flores têm a dupla vantagem de significar respeito e de ser entregues fisicamente; é muito mais difícil ignorar flores que e-mails. Todas essas formas de protesto têm o que falta ao e-mail, provando que os manifestantes estão dispostos a expressar sua opinião, mesmo que isso envolva alguma despesa e dificuldade.

Um problema semelhante com uma mudança nos custos atormentou a campanha de Howard Dean. A primeira vez que ele chamou atenção em nível nacional foi quando trezentas pessoas compareceram a um Meetup sobre Howard Dean na cidade de Nova York no início de 2003. Esse nível de comparecimento era inédito e impressionou o próprio Dean, que viajou de Vermont para falar a seus partidários. Isso parecia prenunciar um grande sucesso, mas o tamanho do Meetup foi um atestado tanto para o Meetup quanto para Dean. As pessoas estavam certas ao se entusiasmar com o encontro, mas pela razão errada, porque o Meetup foi fundado para reduzir os custos de coordenação das reuniões no mundo real. Antes dele, o comparecimento de trezentas pessoas teria indicado a existência de uma enorme população de partidários latentes de Dean; como no caso das cartas ao Congresso, o comparecimento de um indivíduo teria sugerido um apoio muito mais amplo para o candidato. Contudo, como o Meetup facilita a reunião dos fiéis, isso confundiu as pessoas, levando-as a pensar que estavam vendo um aumento no apoio a Dean, não os efeitos de uma redução nos custos transacionais – o Meetup de 2003 simplesmente atraiu uma porcentagem muito maior dos partidários de Dean do que a que teria comparecido quando a ferramenta não existia. (Vimos esse tipo de efeito antes, como quando as correspondências escritas em papel timbrado deixaram de ser sinal de uma companhia solvente, graças à revolução das impressoras portáteis.)

Por fim, tanto a promessa quanto a ferramenta podem ser eficazes, mas o acordo mata o negócio. Até os críticos mais severos da Wikipédia admitem sua popularidade e o valor de ter usuários que apontam erros. Quando os administradores da Encarta, a enciclopédia digital da Microsoft, viram o entusiasmo em torno da Wikipédia, ofereceram aos usuários da Encarta a possibilidade de realizar um serviço semelhante para ela. O problema resultante não teve a ver nem com a promessa nem com a ferramenta: a Wikipédia havia mostrado que as pessoas estão bastante dispostas a colaborar com obras de referência na internet, e que há ferramentas para isso disponíveis a baixo custo e em grande escala. O que condenou o esforço da Encarta foi seu acordo com os usuários: eles tinham de conceder à Microsoft permissão para "usar, copiar, distribuir, transmitir, exibir publicamente, encenar publicamente, reproduzir, editar, modificar, traduzir e reformatar sua Proposta" para um produto pelo qual a empresa iria cobrar. Isso nem chegava a ser propriamente um acordo, já que todo o poder ficava com a Microsoft, um fato que tornava a opção pela contribuição do usuário em boa medida irrelevante. A conversa da Encarta era basicamente a mesma da Wikipédia, mas os detalhes do acordo, inclusive seu tom, solaparam a possibilidade de qualquer recrutamento em grande escala.

Mesmo quando um grupo faz uma promessa óbvia e fornece um serviço estável, o acordo continua a se desenvolver. Em 2004, o Flickr foi adquirido pelo Yahoo, que, no ano seguinte, pediu aos usuários que passassem a usar um nome de usuário e senha gerais para o Yahoo e não específicos para o Flickr. Era uma mudança técnica, que ocasionava um transtorno muito pequeno – foi o que o pessoal que dirigia o Yahoo pensou. No entanto, uma parte pequena, mas bastante ruidosa, da população do Flickr ficou muito publicamente enfurecida, criticando o Flickr e ameaçando mudar-se para outro serviço de fotos. Pouco resultou dessas ameaças; o Flickr tem milhões de usuários e não iria sentir falta nem mesmo de centenas, mas a razão da luta nunca esteve de fato nos detalhes. O que os usuários mais vociferantes denunciavam era a incontestável evidência de que não estavam no controle. Embora tivessem fornecido as fotos que faziam do Flickr o que ele era, não estavam em condições de dizer não a uma mudança unilateralmente proposta pela Yahoo. O fato de essa mudança ser relativamente insignificante não importava, porque até uma mudança tão pequena expunha a relativa impotência dos usuários. O incidente passou sem oferecer um desafio sério para o Flickr, mas o grau de indignação pública é indicativo do quanto os usuários levam a sério o acordo implícito, mesmo quando (e talvez especialmente quando) ele não é corroborado de maneira explícita por um contrato.

O Digg, site de notícias editado por usuários, foi vítima de uma revolta semelhante quando a equipe que o administra precisou negociar com os usuários um acordo que nem sabia ter firmado. A revolta teve relação com DVDs. Todo DVD conta com um código digital secreto destinado a impedir que usuários copiem o conteúdo, e no início de 2007 esse código foi descoberto. Pessoas que protestavam contra as restrições digitais em DVDs começaram a postar o número secreto no Digg, e o serviço, atendendo ao pedido de um grupo da indústria dos DVDs, começou a remover os posts que o incluíam. O Digg não tinha apenas pleno direito de fazer isso, tinha na verdade uma obrigação legal, mas seus usuários não se importaram com isso. Milhares deles inundaram o site com posts que continham o código, ou com instruções sobre como encontrá-lo buscando "09 F9", e milhares de outros escreveram e-mails para Kevin Rose, o fundador do site. O ponto de vista deles, que vinha expresso em tons que iam do polido ao colérico, era simples: o Digg se baseava na participação dos usuários. Eles sugeriam e classificavam as notícias que apareciam na primeira página, e, nesse caso, o que eles queriam ver na primeira página era o código dos DVDs. Os proprietários do Digg, que pensavam estar apenas obedecendo à lei, deram-se conta de que os usuários não estavam postando o código ao acaso – estavam exercendo um ato de desobediência civil, e o Digg era a plataforma que tinham escolhido. Tendo de optar entre exercer um controle unilateral sobre seus usuários e cumprir com a sua parte no acordo, o Digg cedeu, permitindo postagens ilimitadas do código. Como disse Kevin Rose ao anunciar a nova conduta:

> Após ver centenas de notícias e ler milhares de comentários, a coisa ficou clara. Vocês preferem ver o Digg afundar lutando a vê-lo curvar-se diante de uma companhia maior. Nós os ouvimos, e partir deste momento não apagaremos mais notícias ou comentários contendo o código e enfrentaremos as consequências, sejam elas quais forem. Se perdermos, então que diabos, pelo menos teremos morrido tentando.

"Pelo menos teremos morrido tentando." Esse talvez seja o caso mais extremo quando uma firma comercial é obrigada a prestar contas a seus usuários. O que Rose reconheceu, e teve o mérito de pôr em prática, foi que seu negócio se fundava não no software que fazia o Digg funcionar, mas no acordo implícito que seus usuários supunham ter com o serviço e, por extensão, com ele. Esse acordo nada tinha a ver com as regras oficiais do site, ou mesmo com as exigências legais – os usuários estavam violando intencionalmente ambas. O acordo era implícito, mas levado a sério; se os administradores do Digg tivessem descumprido sua parte, o prejuízo para a popularidade do site poderia ter sido considerável. Depois de reconhecer esse fato, Rose deu o notável passo de permitir que sua companhia fosse um site de ação coletiva dos usuários, uma ação coletiva que poderia ter destruído a empresa. (O Digg sobreviveu.)

A revolta do Digg é um exemplo do rumo que nossas ferramentas sociais estão tomando. A começar com a invenção do e-mail, que funcionou primeiro para sustentar uma conversa em grupo, nossas ferramentas sociais têm dado aos grupos, cada vez mais, o poder de se congregar e agir em arenas políticas. Estamos vendo essas ferramentas progredirem da coordenação para a governança, à medida que grupos adquirem poder e suporte suficientes para serem capazes de impor suas exigências. A revolta do Digg foi um dos exemplos mais claros dessa interseção entre grupos e governança; não será a última.

Epílogo

Às duas e meia da tarde do dia 12 de maio de 2008, um terremoto atingiu a província chinesa de Sichuan. Centenas de prédios desabaram, inclusive muitas escolas, deixando quase 70 mil mortos, 20 mil desaparecidos, 350 mil feridos e 5 milhões de desabrigados. A notícia do terremoto espalhou-se no mesmo instante por todo o globo através das mídias sociais. A primeira linha de cobertura foi composta pelos próprios residentes de Sichuan, com mensagens aparecendo no QQ (a maior rede social da China) e no Twitter quando o solo ainda tremia. Minutos depois, fotos e vídeos dos efeitos do terremoto estavam sendo enviados a partir de telefones celulares, com seus links sendo ainda mais difundidos por e-mail, mensagens instantâneas e torpedos. O tremor estava sendo discutido no QQ e no Twitter antes de chegar a qualquer site de notícias. Rory Cellan-Jones da BBC contou que ficou sabendo do terremoto pelo Twitter. A página da Wikipédia sobre o terremoto foi criada quarenta minutos depois para receber a reação já costumeira de compartilhamento de links para informações sobre o desastre e suas consequências. Em questão de horas, começaram a surgir sites destinados a ajudar na busca de amigos e parentes desaparecidos, e no dia seguinte já se angariavam doações no mundo inteiro em prol dos sobreviventes.

A rapidez com que o mundo tomou conhecimento do terremoto foi função não só das redes tecnológicas globais, mas de suas redes sociais. A China e os Estados Unidos estão conectados por cabos submarinos, mas a mera conectividade técnica não teria sido suficiente para transportar notícias sobre o terremoto com tamanha rapidez. Há também algo que podemos associar a um cabo social que corre da China até os Estados Unidos, um feixe invisível de conexões entre pessoas nos dois continentes. Esse feixe é constituído por todos os laços desenvolvidos entre as duas populações ao longo dos anos: os estudantes de pós-graduação que deixaram a China para estudar nos Estados Unidos e voltaram para casa, as filiais de empresas americanas que fazem negócios na China; na verdade, todo tipo de relação humana que faz as pessoas quererem se manter em contato, mesmo quando vivem muito distanciadas.

Como sempre, mais que criar novas motivações, as ferramentas sociais amplificam as já existentes. Esse cabo social conecta pessoas que vivem nos dois países; quando esse feixe de conexões é sustentado por mídias sociais, a difusão de notícias como as do terremoto é efetivamente instantânea, mesmo sem a mediação de governos ou de meios de comunicação oficiais.

Outra razão para que a notícia do terremoto se difundisse de maneira tão rápida foi ela ter chegado a alguns indivíduos altamente conectados, que em seguida passaram adiante para grupos muito maiores o que tinham recebido. Temos aqui mais uma vez o padrão das redes de Mundo Pequeno, em que alguns indivíduos muito conectados fornecem a cola social que liga milhares. Um desses conectores foi Kaiser Kuo, um estrategista da web que vive em Pequim e participa de comunidades virtuais tanto nos Estados Unidos quanto na China. Kuo foi um dos primeiros a receber as notícias do terremoto e atuou ao mesmo tempo como tradutor, do mandarim para o inglês, e como amplificador, espalhando a notícia proveniente da China para seus contatos no mundo inteiro. Sites como o Global Voices também agregaram notícias provenientes tanto de fontes amadoras quanto de profissionais, servindo como um centro de distribuição de comunicados vindos de todos os cantos da China. A disponibilidade instantânea e global das notícias também parece ter impelido a imprensa chinesa, em geral cautelosa, a começar imediatamente a publicar notícias sobre o terremoto. (Em 1976, em contraposição, o governo chinês levou vários meses para admitir que um terremoto de magnitude similarmente devastadora havia sequer ocorrido.)

Mas é provável que o aspecto mais notável da reação das redes sociais ao terremoto de Sichuan esteja no futuro. Embora tenha sido comovente ver a boa vontade do mundo inteiro ser mobilizada em poucas horas, nenhuma medida de solidariedade ou donativos poderia desfazer o horror do dano. Especialmente consternador foi o desabamento de várias centenas de escolas, matando cerca de 5 mil crianças, uma calamidade que a política da China de um filho por família tornou ainda mais trágica. Esses desabamentos de escolas viraram parte da cobertura que a imprensa oficial deu ao assunto, em parte porque a rapidez e a ampla distribuição das notícias pelos cidadãos faziam com que fosse impossível escondê-los. Esse período de abertura durou alguns dias. Depois começaram as queixas dos pais.

Pais desesperados afirmaram que as autoridades locais, corruptas e desejosas de receber subornos de empresas de construção, passaram anos fazendo vista grossa à baixa qualidade da construção de escolas. Se elas tivessem sido construídas segundo padrões oficiais, diziam, os prédios poderiam ter ficado de pé, e milhares de crianças teriam sido poupados. Essa classe de queixosos era nova; eles não eram uma minoria organizada como os revoltosos da praça da Paz Celestial ou os adeptos do Falun Gong. Eram cidadãos comuns e pais em luto, radicalizados pela ineficiência do governo, e tinham uma linha direta entre si e com o mundo. Isso pegou o governo desprevenido; o súbito holofote da atenção e da solidariedade de todo o planeta depois do terremoto fora bem-vindo (em particular por desviar as atenções dos protestos relacionados ao status do Tibete nas vésperas dos Jogos Olímpicos de 2008), mas o espírito de abertura e comunicação que o governo permitira se firmar dificultou uma reversão súbita desse curso. Sem saber ao certo o que fazer, o governo esperou, mas os protestos só se tornaram mais dramáticos; aquelas eram pessoas que já não tinham muito a perder. Não demorou, e começaram a circular imagens de autoridades locais prostrando-se literalmente na rua diante dos manifestantes, suplicando seu perdão.

Depois, no dia 21 de maio, o governo agiu. Os meios de comunicação oficiais que cobriam as consequências do terremoto receberam ordem de parar de noticiar tanto os desabamentos quanto os protestos, e não tiveram mais acesso ao local de nenhuma das escolas. A experiência de abertura havia terminado.

Apesar de medidas cada vez mais draconianas para restabelecer o controle, o governo chinês não conseguiu pôr fim aos protestos. O pagamento de 60 mil yuans (um pouco menos de 9 mil dólares) foi oferecido aos pais somente sob a condição de que assinassem um contrato comprometendo-se a nunca voltar a levantar a questão das escolas; isso foi amplamente considerado pelos pais como um insulto, e novamente seu descontentamento foi levado a público. Em junho, o ativista pelos direitos humanos Huang Qi foi preso após se oferecer a ajudar os que haviam perdido um filho nos desabamentos, e Liu Shaokun, funcionário do sistema escolar de Sichuan, foi condenado a um ano de "reeducação por meio do trabalho" por postar na internet fotos dos danos. Em julho, um grupo de pais reunido diante do gabinete do prefeito da cidade de Mianzhu, na província de Sichuan, foi dispersado pela polícia de choque. Nesse meio-tempo, quando o governo de Hong Kong instituiu um fundo de ajuda para construções em Sichuan, sentiu-se compelido a anunciar que a administração do fundo seria "altamente transparente", uma admissão tácita de opacidade em fundos para construções anteriores. O efeito do terremoto sobre a população local, e sobre suas conexões com o resto da China e com o mundo, ainda está se fazendo sentir.

É cedo demais para saber o que acontecerá com o protesto dos pais – a história ainda está se desdobrando, e suas ramificações certamente serão sentidas durante anos. Mas não é tão cedo para ver que a mídia social está transformando a vida na China. Além de seu rígido controle sobre os meios de comunicação oficiais, a China mantém ainda o que é jocosamente chamado, em alusão à Grande Muralha, de Grande Firewall (*firewall* é um dispositivo de segurança na internet). O principal objetivo desse sistema de filtragem é censurar mensagens abertamente políticas que chegam à China vindas do exterior. O que o Grande Firewall não foi projetado para fazer é filtrar mensagens de cidadãos chineses comuns dirigidas para *fora* da China. Serviços como o QQ e o Twitter corroem a distinção entre "meios" e "comunicação", fundindo ainda mais mensagens pessoais e fóruns disponíveis ao público. Em 12 de maio de 2008, o QQ permitiu que qualquer pessoa munida de um celular com câmera fosse ao mesmo tempo um cidadão privado e um meio de comunicação global. Os efeitos dessa mudança estão apenas começando a se desdobrar.

A grande lição do terremoto de Sichuan é que nunca há apenas uma grande lição. Eventos realmente complexos têm causas complexas e ramificações complexas. Essa história tem muitos fios: os efeitos dos cabos sociais de várias espessuras que correm entre as regiões do mundo, das redes de Mundo Pequeno como amplificadores naturais de notícias, do antigo público realizando atos de jornalismo na zona do terremoto, da hibridização entre mídia profissional e amadora, da tensão entre o desejo que cidadãos têm de abertura e o desejo que o governo tem de controlar. Todos esses fios são peças interligadas da história, e, embora todos sejam padrões que já havíamos visto antes no mundo, sua operação durante o terremoto de Sichuan deu-se em uma escala e um nível de intensidade tais que, comparativamente, até a reação ao tsunami no oceano Índico em 2005 parece pequena. Acontecimentos como o terremoto e suas consequências ressaltam o quanto a mídia social se tornou onipresente, rápida e global, mas também aceleram o ritmo dessa mudança, porque, quando as pessoas adotam a mídia social em uma situação incomum, ficam muito mais propensas a integrá-la a suas vidas cotidianas.

Um número maior de opções para a comunicação em grupo não significa apenas que teremos mais dos padrões que já reconhecemos; significa também que teremos novos tipos de padrões. Mais é diferente, até para pessoas que compreendem que mais é diferente, o que explica em parte nossas dificuldades persistentes para acertar previsões tecnológicas.

Tecnologias que importam

Quando eu era menino, uma das discussões acaloradas entre meus amigos nerds era se estávamos vivendo na Era Atômica ou na Era Espacial. Estávamos convencidos de que essas duas tecnologias eram as que definiam a nossa época, uma certeza herdada das páginas de *Popular Science* e *Popular Mechanics*. A única questão interessante era saber o que provocaria maior transformação em nosso mundo: energia ilimitada ou as maravilhas do voo espacial. Estávamos certos ao nos perguntar qual de duas tecnologias era mais importante; o que não sabíamos era que havíamos escolhido o par errado. As tecnologias mais importantes de nosso tempo não eram a energia atômica e o voo espacial, eram o transistor e a pílula anticoncepcional.

A tecnologia ideal, pronta para ser capa de revista, tem uma engenharia assombrosa e um conjunto de usos banal. "No futuro teremos carros voadores!" (É mesmo? Parece ótimo!) "E vamos usá-los para ir trabalhar." (Ah.) A energia atômica é um exemplo desse padrão. Construir e operar reatores envolve tarefas complexas, perigosas e agradavelmente fotogênicas, mas, no fim das contas, os reatores são sobretudo substitutos para usinas mais antigas. As características de um transistor eram o oposto dos esforços heroicos exigidos pela engenharia nuclear ou pelo voo espacial. O que é um transistor senão um minúsculo interruptor? Fazia anos que tínhamos interruptores – o que poderia haver de tão espetacular em um pequeno? O próprio tamanho do transistor, porém, significava que tudo na sociedade que dizia respeito a informação seria virado de cabeça para baixo, o que revelou ser algo muito mais espetacular do que a energia nuclear tem sido.

Quando eu era adolescente, lembro-me de ler cartas ao editor no jornal de minha cidade em que os adultos questionavam a conveniência de se permitir aos estudantes o uso de calculadoras. A preocupação tácita era que, assim como tinham aparecido tão repentinamente, as calculadoras pudessem desaparecer de maneira igualmente súbita. O que nenhum dos adultos nessa conversa compreendia era que nunca mais haveria um dia em que precisaríamos dividir dois números de sete dígitos no papel. O que lhes parecia ser uma nova capacidade provisória era na verdade uma mudança profunda e permanente, mudança que nós estudantes reconhecemos de imediato.

Tal como a energia nuclear, o voo espacial estava distante de quaisquer mudanças na vida cotidiana. Quando chegou a hora de se imaginar voos comerciais no espaço, a ideia foi apresentada como se se tratasse de um voo de avião, só que mais alto. Há uma cena maravilhosa em *2001: Uma odisseia no espaço* (em 1968, ano em que o filme foi rodado, supunha-se que 2001 seria o ano em que estaríamos viajando para o espaço), em que as comissárias de bordo espaciais, trajando minissaias cor-de-rosa, dão boas-vindas ao passageiro que acaba de embarcar. É a perfeita visão midiática do futuro – a tecnologia muda, o comprimento das saias continua o mesmo, e a vida segue mais ou menos como é hoje, só que mais rápida, mais alta e mais reluzente. Em contraposição, a pílula anticoncepcional, como o transistor, parecia oferecer apenas uma ligeira melhora em relação aos métodos então existentes. Mas ao fazer do controle da fertilidade uma decisão unilateral e, acima de tudo, da mulher, que não precisava ser negociada caso a caso, a pílula transformou a sociedade de uma maneira muito mais importante que qualquer coisa já realizada pela Nasa. O filme com as atraentes comissárias de bordo espaciais na reluzente e nova estação espacial invertera as coisas – desde 1968, os meios de transporte não evoluíram muito, mas o papel da mulher na sociedade foi transformado.

O transistor e a pílula anticoncepcional são duas coisas muito diferentes, mas têm algo em comum: são invenções em escala humana que foram introduzidas na sociedade pessoa por pessoa e tiveram mais importância que invenções gigantescas impelidas por esforços maciços e contínuos. Essas tecnologias mudaram a sociedade precisamente porque ninguém controlava a maneira como eram usadas, ou por quem. Isso está acontecendo de novo hoje. Um milhão de vezes por dia, alguém experimenta uma nova ferramenta social; alguém em Moçambique compra um telefone celular, alguém em Xangai dá uma olhada na versão chinesa da Wikipédia, alguém na Bielo-Rússia ouve falar dos protestos por *flash mobs*, alguém no Brasil ingressa em uma rede social.

Atualmente, grande parte do mundo pode usar essas ferramentas, e daqui a uma década será a maior parte do mundo. Os telefones celulares, que começaram como versões pessoais dos telefones comuns, estão assumindo todas as funções necessárias para se tornar ferramentas sociais – torpedos digitais, a capacidade de enviar mensagens para grupos, e, sobretudo, interoperabilidade com a internet, a primeira e a melhor rede formadora de grupos. A disseminação global de celulares foi realmente impressionante. Em 1994, o engenheiro de telecomunicações Greg LeVert estimou que só metade da humanidade tinha dado um telefonema. Em 2008, havia 3,3 bilhões de assinantes de telefones celulares, em uma população adulta global de menos de 5 bilhões. Esse aumento em escala, tanto da mídia social subjacente quanto da população que a utiliza, ainda está gerando surpresas, porque sistemas grandes se comportam de maneira diferente dos pequenos.

Um nome apropriado para exprimir a maneira como mais é diferente é "efeito de rede", o nome dado a redes que se tornam mais valiosas à medida que as pessoas as adotam. Robert Metcalfe, o inventor do protocolo de rede Ethernet, deu seu nome a uma lei que descreve esse aumento de valor. A Lei de Metcalfe costuma ser formulada desta maneira: "O valor da rede cresce com o quadrado de seus usuários." Quando duplicamos o tamanho da rede, quadruplicamos o número potencial de conexões. Eis o Paradoxo dos Aniversários, remodelado como fonte de valor em vez de custo.

Ser a única pessoa no mundo capaz de enviar e-mails não é uma proposta incrivelmente empolgante, mas, quando você passa a poder enviar e-mails, cada novo usuário significa que há mais alguém com quem você pode trocar mensagens. Essas pessoas gastam dinheiro para acessar a internet, mas, quando o fazem, o valor potencial do seu computador aumenta também, com a ênfase em "potencial". Graças à homofilia, o valor que você percebe quando um dos seus amigos entra na rede é muito mais alto que o valor decorrido de quando um estranho qualquer do outro lado do mundo se conecta, mas, como exemplos semelhantes ao do terremoto de Sichuan deixam cada vez mais claro, as conexões não precisam ser todas diretas para ser valiosas. De repente, ter Kaiser Kuo no Twitter foi mais valioso, para um número muito maior de pessoas, durante o terremoto do que tinha sido antes dele.

A internet, é claro, acrescenta como uma possibilidade não só conexões de pessoa para pessoa, mas também formação de grupos. David Reed, um dos primeiros projetistas da internet, também formulou uma lei epônima, que diz que o valor das redes formadoras de grupo cresce exponencialmente com o número de usuários. A lógica aqui é que, em um grupo de quatro pessoas, há seis maneiras de se estabelecer uma conversa em mão dupla (A com B, A com C etc.), mas, com ferramentas formadoras de grupos, pode haver também quatro diferentes conjuntos de conversas em três sentidos, ou todas as quatro pessoas podem participar de uma conversa. Com dez pessoas, há 45 pares (Lei de Metcalfe), mas mil possíveis subgrupos (Lei de Reed). A Lei de Reed se baseia também no *potencial* de comunicação: a vasta maioria de subgrupos possíveis que nunca se forma realmente. O número de redes de 1 milhão de pessoas que teoricamente poderiam existir na internet é incalculável, mas quase nenhuma delas surgirá de fato, porque não há muita coisa que uma rede de 1 milhão de pessoas possa fazer. A maior parte da ação na Lei de Reed vem da formação de grupos em escala humana – dezenas, centenas, por vezes milhares de pessoas, não milhões ou bilhões. Como no caso da Lei de Metcalfe, o crescimento da população em rede aumenta o número de grupos em potencial, mas o valor resultante da Lei de Reed cresce muito mais depressa que o da Lei de Metcalfe, porque há *muito* mais grupos em potencial do que pares em potencial.

As leis de Metcalfe e de Reed pensam o valor para indivíduos e grupos decorrente de todas essas novas opções, mas o que deve acontecer com a sociedade em geral com a difusão da formação ridiculamente fácil de grupos? A mudança mais óbvia é que teremos mais grupos, muito mais grupos do que jamais vimos. Será isso uma boa coisa? Será um ganho para a sociedade a explosão de novos grupos perseguindo novas possibilidades com novas ferramentas? Mesmo admitindo que essas mudanças pelas quais estamos passando sejam penosas para muitas organizações existentes e que produzam tanto efeitos positivos quanto negativos, há dois argumentos que sugerem que elas serão benéficas. O primeiro deles baseia-se no valor líquido, e o segundo, em pressupostos políticos.

O argumento do valor líquido é simples – maior flexibilidade e poder para a ação grupal terão mais efeitos bons que ruins, fazendo com que o saldo das mudanças atuais seja positivo. Exemplos como a ascensão dos softwares de código aberto mostram que novos tipos de valor estão sendo criados em toda parte, e que os bons aspectos dessas novas capacidades podem superar as desvantagens. Usos mais recentes, como as *flash mobs* dos jovens bielo-russos, a greve dos estudantes em Los Angeles e os protestos dos pais chineses, mostram que, à medida que se espalham, as ferramentas sociais podem ser também social e politicamente relevantes.

Uma última comparação com a imprensa tipográfica é instrutiva aqui. Como o abade de Sponheim percebeu corretamente, a difusão da palavra impressa significou o fim da tradição ancestral dos escribas; tendo compreendido isso, porém, ele concluiu que, se os escribas eram valiosos, era ruim para a sociedade como um todo que eles perdessem seu meio de vida. O abade estava imbuído de uma crença econômica comum chamada falácia da "porção de trabalho". Essa falácia é a suposição de que há certa quantidade de trabalho na sociedade, uma porção de trabalho, e que todo dispositivo que poupe trabalho deve portanto piorar a sociedade, pois pessoas perdem o emprego. Na verdade, mudanças como a imprensa tipográfica destroem alguns tipos de emprego, mas criam outros, além de beneficiar uma faixa muito maior da sociedade. Antes da imprensa tipográfica, grande parte da produção dos escribas consistia na mera cópia de material mais antigo; depois que a imprensa aumentou em mil vezes sua oferta possível, o preço dos livros caiu e a demanda aumentou. A resultante difusão da alfabetização e do conhecimento beneficiou a sociedade como um todo e levou a uma explosão de empregos para professores, editores, cientistas e assim por diante. Quando nos livramos de custos antigos, podemos aplicar o tempo e o dinheiro poupados em novas coisas, que eram imprevisíveis no regime anterior. A profissão de webdesigner não teria feito mais sentido para um operador de linotipo que a de tipógrafo para um escriba.

Uma debilidade mais sutil do argumento do valor líquido, porém, mesmo fora da falácia da "porção de trabalho", é que mudanças boas e ruins criadas por grupos dotados de nova flexibilidade são incomensuráveis, isto é, não podemos comparar, digamos, o valor de novas formas de ação coletiva, como a dos garotos da Bielo-Rússia, com a maior resiliência de redes de grupos terroristas. Para quem é propenso a ver os bons efeitos das mudanças iminentes, um valor positivo para a sociedade pode ser assegurado pela simples decisão de atribuir mais peso aos benefícios que às desvantagens; por outro lado, para os que acreditam que o mundo está se transformando rapidamente num inferno, essa conclusão pode também ser sustentada pelas evidências – basta decidir que as novas coisas ruins são piores ou mais numerosas que as novas coisas boas.

A avaliação do valor líquido, por mais atraente que seja, encalha nessa incomensurabilidade, e discussões sobre o saldo positivo ou negativo das novas formas de compartilhamento ou colaboração revelam mais sobre quem fala do que sobre o assunto. O valor líquido é uma ótima ferramenta quando se está discutindo a mera melhoria tecnológica – gasolina sem chumbo é melhor que gasolina com chumbo, trens velozes são melhores que trens lentos etc. Quando uma verdadeira revolução está em curso, porém, o valor líquido é inútil, já que as sociedades antes e depois da revolução são diferentes demais para que sejam facilmente comparáveis.

O segundo argumento em defesa das novas capacidades para grupos desconsidera o valor descritivo, concentrando-se no valor político. Desse ponto de vista, as mudanças atuais são boas porque aumentam a liberdade que as pessoas têm de falar e fazer o que quiserem. Esse argumento não sofre os problemas da incomensurabilidade, pois o aumento de várias formas de liberdade, em especial da liberdade de expressão, de imprensa e de associação, é considerado desejável em e por si mesmo. Nessa perspectiva, os jovens bielo-russos e os pais chineses já tiveram sucesso sob um aspecto, ao se engajar em ação política contra os desejos do governo. Isso não significa que não haverá dificuldades relacionadas a nossas novas capacidades – há muito os defensores da liberdade notaram que há problemas peculiares às sociedades mais livres. Mas eles consideram que o valor da liberdade é maior que os problemas, não com base em um cálculo de valor líquido, mas porque liberdade é a coisa certa a desejar para a sociedade.

O argumento pró-liberdade não implica uma sociedade sem regras. Dois atos de desobediência civil na história dos Estados Unidos no século XX demonstram isso. A decisão de grande parte da população de ignorar a proibição constitucional do consumo de álcool nos anos 1920 e o limite de velocidade de noventa quilômetros por hora nos anos 1980 acabaram derrubando essas restrições. Elas fracassaram porque o custo de sua imposição, em especial o nível de vigilância, era incompatível com uma sociedade livre. O fracasso desses regimes regulatórios não significa, porém, que hoje qualquer pessoa possa beber ou que não haja limite de velocidade. Os resultados dos protestos foram simplesmente uma mudança para normas menos restritivas. A tensão fundamental no argumento pró-liberdade está em compreender quando é aceitável que a liberdade seja limitada, dentro de um contexto que pressupõe que a tendência deveria ser para o aumento da liberdade. O princípio básico aqui é que os efeitos imprevisíveis da comunicação mais livre beneficiarão a sociedade, tal como no caso do surgimento imprevisto de uma comunidade internacional de cientistas e matemáticos após a invenção da imprensa tipográfica.

Até o argumento pró-liberdade, porém, corre o risco de superestimar o grau de controle que temos sobre a mudança nas capacidades dos grupos. Perguntar se deveríamos permitir a difusão dessas ferramentas sociais presume que poderíamos fazer algo a esse respeito se a resposta fosse "Não". Essa hipótese é suspeita, precisamente em razão do tipo de mudanças envolvido.

A energia nuclear é uma tecnologia em relação à qual a sociedade pode, por enquanto, tomar uma decisão. Devido ao custo e às restrições regulatórias implícitas na energia nuclear na maioria das nações, um país pode decidir se quer ou não usinas nucleares em seu solo, e quantas. Esse grau de escolha no nível nacional, porém, está ligado ao custo de dizer "Sim" – bilhões de dólares de investimento e uma vigilância eterna para monitorar sua segurança. A difusão de nossas ferramentas sociais é algo completamente diverso – cada vez que uma pessoa compra um telefone celular, uma das escolhas tecnológicas mais rotineiras que existem hoje em dia, ela se conecta com a grade de ferramentas sociais e, como vimos após o terremoto de Sichuan, os efeitos da associação a essa rede podem ser ao mesmo tempo rápidos e globais. Os pais chineses têm tanto os meios para participar de uma conversa global quanto a esperança de fazê-lo, não só porque notícias do mundo chegam velozmente até eles, mas porque notícias dos chineses estão também saindo velozmente do país.

Para usar uma metáfora, o controle da sociedade sobre a energia nuclear é como dirigir um carro, abastecido com gasolina e dotado de freios e marcha a ré. Temos uma boa medida de controle tanto sobre a rota quanto sobre a velocidade com que a energia nuclear avança, inclusive a opção de simplesmente estacionar (como fizeram vários países, proibindo a construção de novas usinas). O aumento espetacular de nossas ferramentas sociais, em contraposição, significa que controlá-las é algo muito mais semelhante a manobrar um caiaque. Estamos sendo levados rapidamente por uma rota determinada em grande parte pelo ambiente tecnológico. Temos um pequeno grau de controle sobre a difusão dessas ferramentas, mas esse controle não inclui a capacidade de reverter, ou mesmo de alterar de maneira radical, a direção em que nos movemos.

Nosso principal desafio não é decidir para onde queremos ir, mas permanecer firmes enquanto vamos para lá. A invenção de ferramentas que facilitam a formação de grupos é menos uma mudança tecnológica comum do que um evento, algo que já aconteceu. Em consequência, o importante não é saber se essas ferramentas vão se espalhar ou remodelar a sociedade, mas sim como o farão.

Uma das maiores mudanças em nossa sociedade é a passagem da prevenção para a reação, que foi descrita em relação às meninas do Pró-Ana no Capítulo 8, mas está rapidamente se tornando um caso mais geral. A sociedade simplesmente tem menos controle sobre que tipos de grupo podem se formar, e que tipo de valor eles podem conferir a seus membros, e isso por sua vez significa uma perda da prevenção como estratégia para reduzir danos. Uma vez que essa mudança está sendo ocasionada pelos meios de comunicação, há uma boa analogia com a liberdade de expressão. Nos Estados Unidos, a Primeira Emenda proíbe o governo de limitar a liberdade de expressão dos cidadãos. Mesmo assim, é claro, há classes de expressão que são ilegais, como gritar "Fogo!" dentro de um teatro lotado ou divulgar segredos corporativos, mas a interpretação legal da Primeira Emenda significa que o controle sobre essas classes ilegais de expressão não podem conferir ao governo poderes amplos demais para restringir de antemão a expressão (condição chamada censura prévia) ou criar restrições tão abrangentes que as pessoas em geral se sintam nervosas para falar em público (condição chamada de efeito intimidatório). A interação dessas interpretações significa que muitos dos tipos de dano decorrentes da expressão simplesmente têm permissão para acontecer, e a punição é decidida após o fato.

Essa passagem da prevenção para a reação continua a se difundir. O governo chinês está perdendo a capacidade de moldar a mídia que sai da China, um desafio muito mais sério que censurar a informação que chega. A França está tendo dificuldade de policiar o discurso de ódio, ilegal há muito tempo, mas agora transmitido por meios de comunicação que escapam cada vez mais ao controle do governo. Os Estados Unidos não conseguem impedir que seus cidadãos apostem pela internet. Governos em toda parte estão tendo de aumentar tanto a vigilância quanto a punição para pedófilos, agora que eles são capazes de se reunir na rede e trocar sugestões sobre maneiras de conquistar a confiança de crianças. Isso não significa que vamos ser dominados por esses danos, mas que teremos de reestruturar a sociedade, passando de uma estratégia de prevenção para uma de monitoramento e reação, um efeito colateral da transferência de parte do controle sobre a mídia para as mãos dos cidadãos.

Um futuro possível para a ação coletiva

Eis uma breve descrição de uma cena que teve lugar no saguão de um cinema em Dallas após uma sessão do filme *Sicko: SOS saúde*, de Michael Moore:

> Junto às portas do banheiro ... o cinema estava em polvorosa. Toda a plateia de *Sicko* parecia ter formado uma assembleia improvisada em frente à porta do toalete feminino. Nunca vi nada parecido. Aqui é o Texas, diabos, não a França ou o campus de uma faculdade liberal ... A conversa acabou se concentrando em um núcleo de dez ou doze desconhecidos agrupados, enquanto os demais ficamos em volta, ouvindo atentamente aquilo que parecia estar acontecendo do nada. O senhor negro com quem meu caipira começara a conversar no banheiro gritou, chamando a atenção de todos. A conversa parou de repente, e todos os olhos desse grupo de trinta ou quarenta pessoas estavam agora voltados para ele. "Se simplesmente virmos isso e não fizermos nada", disse ele, "então de que adianta?" Fez-se

silêncio, e então a mulher do caipira começou a pedir endereços de e-mail. De repente, todos estavam anotando os endereços uns dos outros, prometendo se unir e fazer alguma coisa ... embora ninguém parecesse saber exatamente o quê.

Essas observações, feitas por Josh Tyler no site de críticas de cinema CinemaBlend.com, são uma amostra do nosso ambiente social modificado. Esse grupo de pessoas, de diferentes proveniências e reunidas apenas pelo acaso de uma sessão de cinema vespertina no shopping center, foi capaz de trocar e-mails, sabendo que, diferentemente de uma troca de endereços ou números de telefone, isso lhes permitiria aproveitar o momento de inspiração coletiva no saguão e guardar uma parte dele para mais tarde. Esforços desse tipo não tendem a ser duradouros ou autossustentáveis – não têm um escritório em Washington, não têm orçamento nem recebem doações –, mas sua imprevisibilidade faz deles um sinal de um tipo de compromisso que qualquer organização formal tem dificuldade para produzir de maneira efetiva.

A notícia dos protestos coordenados rapidamente por cidadãos comuns é uma das que nos chegam com mais frequência sobre a mídia social. Desde as descrições de Howard Rheingold sobre o protesto político coordenado por torpedos de celular nas Filipinas, tivemos inúmeros exemplos, indo das *flash mobs* promovidas por jovens na Bielo-Rússia até a greve dos estudantes latinos em Los Angeles, passando pelo protesto dos clientes do HSBC no Reino Unido. Apesar da variedade de histórias sobre ação coletiva, porém, elas têm uma coisa em comum: todas se baseiam em uma "energia para deter", um esforço para fazer uma organização ou grupo capitular às exigências daquele grupo reunido.

Por que há tanta ação coletiva voltada para protestos, com ênfase em objetivos relativamente negativos e de curto prazo? Uma explicação possível é que é simplesmente mais fácil destruir que criar; começar coisas em grupo exige muito mais energia que tentar detê-las. Mas não é fácil sustentar essa explicação, dada a fecundidade de outros tipos de mídia social. Quando sabemos o que procurar, encontramos evidências de criatividade de grupo em toda parte. Recentemente me deparei com um site criado por um tal NickGreat, membro da comunidade de modificação de bonequinhos Lego, que consiste em imagens de bonequinhos comuns de Lego adaptados com tinta e outros acessórios, de modo a torná-los parecidos com vários personagens de filmes ou da mitologia. Vendo o site, dá para se ter uma ideia de como modificar um bonequinho para que fique parecido com personagens diversos de animês, como Dragonball Z. Esse pode parecer um exemplo banal, mas é a banalidade que interessa aqui – a mídia social é tão onipresente e barata que até os membros da comunidade de modificação de bonequinhos de Lego acham que essa atividade merece ser compartilhada. Compare isso com a atividade de pessoas que compartilham fotos engraçadinhas de seus gatos, às vezes seguidas de legendas engraçadinhas. Ou com o Tax Almanac, um wiki para conselhos sobre impostos nos Estados Unidos. Ou a rede de revenda de livros didáticos para o ensino em casa. Onde quer que olhemos, a mídia social torna a criatividade não só possível, mas desejável o suficiente para que esses e milhões de outros exemplos existam, crescendo em número a cada dia. Isto é, em toda parte, menos em ações coletivas.

Talvez a ação coletiva seja mais voltada para protestos que para a criação porque é simplesmente mais difícil que o compartilhamento ou a colaboração. Isso pelo menos tem um pouco de verdade – é mais difícil empreender uma ação coletiva porque o sucesso depende de todos os participantes. O governo Lukashenko não vai cair só para algumas *flash mobs* de manifestantes; ele ou vai cair, ou não vai, e todos no país se beneficiarão, ou não, da mesma maneira. Portanto, a ação coletiva requer um compromisso muito maior com o grupo e seus objetivos do que o compartilhamento de fotografias ou mesmo a criação colaborativa de softwares.

Apesar dessa dificuldade, porém, temos exemplos de pessoas se reunindo e promovendo ações coletivas que são ao mesmo tempo de longo prazo e criativas. O exemplo canônico é aquele em que todos os membros de uma aldeia rural aparecem para ajudar um vizinho a construir um novo celeiro, muitas vezes levantando-o em um só dia. É preciso um grupo para construir um celeiro; trinta pessoas podem fazê-lo em um dia só, mas uma pessoa sozinha não consegue fazer o mesmo em um mês. A montagem de celeiros requer grupos.

Como os softwares de código aberto e os wikis, a construção de celeiros não envolve transações comerciais, e mesmo assim ela acontece. Por que eu deveria aparecer na sua fazenda para ajudá-lo a construir seu celeiro quando tenho meu próprio trabalho a fazer? Há duas respostas básicas para essa pergunta: ou devo um favor a você, ou quero que você me deva um. E se uma dessas opções for verdadeira em relação a um número suficiente de indivíduos, um grupo inteiro pode entrar em um estado chamado "altruísmo recíproco". Com altruísmo recíproco, favores são trocados sem registros formais – se Alice faz um favor a Roberto, que faz um favor a Carolina, que faz um favor a Dora, e assim por diante, então fica tudo bem. Em vez de cada membro do grupo listar favores feitos ou recebidos diretamente por outros, certos tipos de ajuda tornam-se simplesmente normas sociais.

Mas a construção de celeiros tem uma limitação importante – ela só funciona em comunidades relativamente pequenas. As cidades não têm nada que lembre a construção de um celeiro – alguns bairros podem alcançar algo próximo da densidade social necessária para isso, mas não a cidade como um todo. E aqui voltamos a ter a questão da escala – a condição de altruísmo recíproco depende de duas coisas: densidade social e continuidade. A densidade é necessária para fazer do altruísmo recíproco uma norma social forte. Qualquer pessoa para quem faço um favor tem de conhecer outras pessoas que também me conhecem, e esse padrão precisa ser comum o bastante para que favores possam circular pela comunidade sem registro formal. Quando a comunidade é pequena, isso pode acontecer; quando é grande, fica fácil para os aproveitadores receber favores que simplesmente não retribuem. A outra exigência, continuidade, não passa de densidade social no tempo. O altruísmo recíproco requer uma espécie de memória comunal, de modo que qualquer pessoa para quem eu faça um favor tenda a permanecer nas proximidades tempo suficiente para retribuí-lo para mim ou qualquer outro membro da comunidade.

Comunidades pequenas com moradores de longa data têm a densidade social e a continuidade necessárias para acumular suficientes favores mútuos e se tornar um terreno fértil para o altruísmo recíproco. Comunidades grandes e efêmeras não têm – os favores "vazam" da comunidade com demasiada rapidez. Assim, eis uma hipótese com relação ao futuro próximo, baseada em pouco mais que um palpite e alguns exemplos sedutores: estamos prestes a presenciar uma revolução na ação coletiva, e o motor dessa revolução serão novas estruturas legais que darão suporte à ação coletiva produtiva.

Todos os exemplos atuais que temos de criatividade em grande escala e duradoura, como a Wikipédia e o Linux, estão na esfera da propriedade intelectual; a Wikipédia, o Linux e 1 milhão de outros projetos criados em conjunto são, de maneira quase literal, ideias congeladas. O que faz a maioria desses esforços colaborativos funcionar é a lei de direitos autorais, pela qual é criada alguma forma de licença que permite às pessoas se reunir e compartilhar seu trabalho livremente, sem medo de que depois ele lhes seja tomado. Há dezenas de licenças assim, como a GPL original de Richard Stallman, atualmente usada pelo Linux e um grande número de outros projetos colaborativos, ou as licenças Creative Commons, que permitem o compartilhamento de trabalho escrito de uma maneira análoga.

Em seus 25 anos de existência, a GPL e suas parentes transformaram o desenvolvimento de softwares precisamente por terem proporcionado segurança a grupos de programadores que queriam unir esforços, mas estão transformando também muitas áreas do restante da indústria de softwares, pois as ferramentas amparadas pela licença GPL se tornaram uma grande parte do ecossistema. Nos últimos dez anos, a Microsoft tem deixado de ser adversária implacável dos esforços para o Código Aberto e adotado uma postura de acomodação relutante, mas genuína. De maneira semelhante, a Wikipédia forçou a *Encyclopaedia Britannica* a tentar se abrir, permitindo acesso gratuito a alguns usuários e recebendo sugestões de colaboradores externos. Em vez desse tipo de mudança, imagine se Linus Torvalds, o originador do Linux, estivesse limitado a protestar contra a Microsoft para obter um sistema operacional gratuito de alta qualidade, ou se a única maneira de Jimmy Wales e Larry Sanger conseguirem a enciclopédia que queriam fosse exigindo que a *Encyclopaedia Britannica* se tornasse gratuita. Em outras palavras, imagine se eles estivessem limitados às ferramentas da cultura de protesto que vemos tantas vezes na esfera política. Eles teriam despendido muito mais esforço e realizado muito menos, ou nada. O que a GPL e licenças afins permitiram a esses grupos não foi simplesmente protestar contra estruturas existentes, mas competir com elas.

Essa é uma das diferenças mais interessantes entre o uso da mídia social para trabalho criativo e colaborativo, como a Wikipédia, e para a coordenação de ação coletiva. Não há nenhuma licença para a ação coletiva que seja análoga à GPL, nenhum meio de um grupo de pessoas assegurar a liberdade de trabalhar em conjunto de maneiras respeitadas pelo governo. Para ver o que isso significa na prática, imagine que você e um grupo de cinco amigos entram em um banco e dizem: "Estamos todos contribuindo juntos para realizar alguma coisa, e combinamos entre nós a maneira como queremos trabalhar em conjunto. Por favor, deem-nos uma conta bancária, de modo que nosso grupo possa começar a receber, levantar e gastar dinheiro." Vocês sairiam do recinto sob risos. O máximo que vocês poderiam fazer é um de seu grupo abrir uma conta e acrescentar os outros como consignatários, e, se o membro original desaparecer, a conta desaparece com ele.

Agora imagine que você e esses cinco amigos saiam, formem uma empresa e depois voltem àquele banco dizendo: "Somos uma empresa. Por favor, deem-nos uma conta bancária." Um grupo que forma uma empresa ou uma associação pode fazer várias coisas que um grupo informal não pode, como firmar contratos e criar estatutos com valor legal, levantar e despender dinheiro, contratar e demitir funcionários e assim por diante. Essas coisas são possíveis em parte porque o estabelecimento de uma sociedade comercial cria tanto densidade social quanto continuidade.

O estabelecimento de uma corporação, literalmente sua "corporificação", é a maneira como o governo reconhece o trabalho de grupos, assim como ele reconhece autores mediante o direito autoral. Então por que um número maior de grupos que usam a mídia social para objetivos de longo prazo não se transforma em empresa? Pelo menos parte da resposta parece ser que as atuais estruturas empresariais exigem coisas como arquivamento de papéis, sede física, reuniões presenciais de conselho, estruturas administrativas hierárquicas e assim por diante. Nenhuma dessas barreiras é fatal em si mesma, mas tudo que eleva o custo de se fazer alguma coisa reduz o que é feito. (Coase novamente.) Se houvesse uma estrutura que permitisse uma empresa compatível com a internet, poderíamos ver um aumento do número de ações coletivas dirigidas para a criação e a preservação de coisas, em vez de serem dominadas pelo protesto, como é na atualidade.

Hoje em dia, há vários exemplos interessantes precisamente desse tipo de experimentação. O governador do estado de Vermont assinou há pouco tempo uma lei que autoriza a criação de empresas virtuais, permitindo assim que grupos coordenados principal ou inteiramente através da mídia social possam reivindicar status legal no estado. As novas regras que governam essas empresas virtuais foram elaboradas por David Johnson e seus alunos na New York Law School, e seu objetivo é permitir que grupos que acumulem atenção e trabalho e se reúnam na internet tenham o mesmo tipo de reconhecimento legal que empresas que acumulam capital e se reúnem no mundo real.

Outra abordagem à mesma questão é o Meetup Alliance. Esse serviço nasceu de um sentimento de que vários grupos Meetup em vários locais poderiam obter valor associando-se em nível regional, nacional ou mesmo global. O Meetup fornece a infraestrutura que permite a formação desses "grupos de grupos", com listas de eventos e áreas de discussão. No futuro, o Meetup poderia também fornecer ferramentas para o levantamento de fundos e ajudar na criação de estatutos. (Uma decisão incomum do Meetup é permitir que grupos fora do Meetup, como listas de discussão, grupos do Facebook e comunidades do LiveJournal, ingressem também nessas alianças.) Depois, cabe aos próprios grupos decidir se querem se encontrar e que tarefas assumir nesse tipo de aliança.

Embora a maioria desses grupos não tenha objetivos declaradamente políticos – é difícil imaginar a Bellydancing Alliance (Aliança da Dança do Ventre) pressionando o Congresso –, muitas das maiores alianças são explicitamente políticas, algumas sendo dedicadas a candidatos políticos específicos (ecos dos grupos Meetup de Howard Dean em 2004) ou a objetivos expressamente políticos, como a Claim Democracy, um grupo anticorrupção que faz campanha por um governo limpo. Muito interessante é a possibilidade de grupos que tenham ao mesmo tempo metas sociais e políticas. Os pais, mais uma vez, são muito propensos a adotar essas ferramentas, com alianças como MomsTown e Not Just Moms aparecendo entre as dez maiores, e é possível imaginar esses grupos empreendendo ações políticas relacionadas a questões de interesse compartilhado, talvez até atravessando os mesmos tipos de fronteiras de raça e classe que marcou o grupo reunido no saguão do cinema após *Sicko*.

Esses não são os únicos serviços do gênero a tentar fornecer uma estrutura de apoio melhor para a ação coletiva. Sites de promessas, como o PledgeBank e o ThePoint.com, começaram como ferramentas de coordenação do tipo "eu vou se você também for", e ainda tendem para o protesto (a ação mais bem-sucedida do PledgeBank até hoje foi a promessa, feita por mais de 10 mil pessoas, de resistir à introdução de uma carteira de identidade nacional no Reino Unido). Mas esses sites estão explorando maneiras de ajudar os grupos que se formam neles a empreender ações coletivas juntos. Há também campanhas organizadas em vista de um propósito específico, muitas a respeito de questões ambientais, como RelightNY, uma tentativa de levar os habitantes da cidade de Nova York a adotar o uso de lâmpadas fluorescentes compactas, tentando motivá-los bairro por bairro.

No momento, a maior parte dos estudos sobre ação coletiva voltada para o início ou a sustentação de trabalhos é especulativa. Só uma pequena parte desses esforços já existia quando escrevi o primeiro esboço deste livro, e nem as empresas virtuais em Vermont nem as Meetup Alliances têm sequer um ano de existência no momento em que escrevo. A aparição destes e de outros experimentos, contudo, sugere que essa ideia está prestes a ser submetida a uma quantidade notável de testes no mundo real, e a comparação com o licenciamento do tipo Código Aberto sugere que mesmo um sucesso moderado pode criar enormes ondas de repercussão em instituições existentes (que são, afinal, os beneficiários das atuais regras para a formação de empresas). Os governos e até as companhias estão acostumados a ser alvo de protestos; então, à medida que os protestos coordenados pela mídia social se tornarem normais, sua eficácia declinará. Uma mudança mais notável e duradoura não demorará a ocorrer, porém, se as pessoas forem capazes de começar a usar essas ferramentas para contornar entidades governamentais ou comerciais de modo a enfrentar os problemas diretamente. Se isso acontecer, será um desafio muito maior para o anterior monopólio institucional sobre a ação de grande escala do que qualquer coisa que tenhamos visto até hoje.

Encarar a mudança com naturalidade

Em 1501, Aldo Manúcio, um tipógrafo veneziano, publicou uma tradução das obras de Virgílio. Não havia nada de muito incomum nisso – no início do século XVI muitos editores ofereciam versões de textos clássicos para um público intelectualmente faminto. O que havia de novo no Virgílio de Manúcio eram suas dimensões – o chamado tamanho in-oitavo foi concebido para ser pequeno o bastante para caber no alforje de um cavalheiro, de modo que partes importantes de sua biblioteca fossem transportáveis. Isso foi uma pequena revolução, nos sentidos literal e figurado – pequena no sentido de que o livro havia diminuído em tamanho e custo, e pequena no sentido de ter sido menos relevante que a inovação original de Gutenberg. No entanto, o tamanho in-oitavo foi importante, porque ajudou a difundir a palavra escrita. Ao produzir livros mais baratos e mais portáteis, Manúcio os tornou mais desejáveis, o que por sua vez significou que mais exemplares foram produzidos e mais experimentos com a impressão foram empreendidos. Em um eco da natureza obscena de muitos dos primeiros experimentos com conteúdo em outros meios, um outro dos volumes de Manúcio, *Hypnerotomachia Poliphili*, era um romance contemporâneo com passagens eróticas, um desvio da mera tradução de clássicos – e dos padrões de decoro literário da época. Embora o material em *Hypnerotomachia* fosse certamente menos memorável que suas edições de Virgílio ou dos gregos, a obra ajudou a criar um mercado para a nova ficção. O principal lampejo de Manúcio foi presumir, corretamente, que a imprensa tipográfica chegara para ficar. Em vez de lamentar a influência dela, ou de se maravilhar continuamente com sua utilidade, dedicou-se a fazer aperfeiçoamentos que, vistos em retrospecto, parecem óbvios, mas que na época foram pequenas revoluções que ampliaram a grande revolução do tipo móvel.

A lição a ser extraída da vida de Manúcio é que o futuro pertence aos que encaram o presente com naturalidade. Uma das razões por que muitas das histórias neste livro parecem povoadas por jovens é que aqueles de nós que nascemos antes de 1980 se lembram de um tempo em que nenhuma ferramenta dava boa sustentação à comunicação de grupo. Para nós, por mais profundamente que mergulhemos em novos tipos de tecnologia, isso terá sempre certa qualidade provisória. Nossa considerável experiência do mundo real costuma nos conferir uma vantagem em relação aos jovens, que em comparação são noviços nas maneiras como o mundo funciona. Noviços cometem erros por falta de experiência. Eles superestimam meros modismos, vendo revoluções em toda parte, e cometem esse tipo de erro mil vezes antes de aprender a evitá-lo.

Em tempos de revolução, porém, aqueles de nós que são experientes cometemos o erro oposto. Quando uma mudança real, dessas que acontecem uma vez na vida, sobrevém, corremos o risco de encará-la como moda passageira, como os adultos que discutiam o uso da calculadora de bolso no jornal da minha cidade. O que deveriam ter discutido em vez disso era como preparar estudantes para tirar proveito das novas ferramentas, mas eles estavam distraídos pela suposição de que, por serem as calculadoras novas adições à sociedade, elas eram também provisórias, quando de fato elas eram novas, mas permanentes.

Como Aldo Manúcio, os jovens estão tirando melhor partido das ferramentas sociais, ampliando suas capacidades de maneiras que violam os velhos modelos, não porque saibam mais coisas úteis que nós, mas porque sabem menos coisas inúteis. Tenho idade suficiente para saber uma porção de coisas só a partir da experiência. Sei que é nos jornais que nos inteiramos das notícias políticas e que é neles que procuramos emprego. Sei que música é vendida em lojas. Sei que, se eu quiser conversar com alguém, devo telefonar para ela. Sei que coisas complicadas como softwares ou enciclopédias têm de ser criadas por profissionais. Nos últimos quinze anos, precisei desaprender cada uma dessas coisas e um milhão de outras, porque elas haviam deixado de ser verdadeiras.

Atualmente, quando passo algum tempo pensando sobre tecnologia, gasto mais energia capinando que plantando, isto é, tentando esquecer o irrelevante que aprendendo sobre o novo. Tornei-me como os adultos que discutiam sobre calculadoras no jornal da minha cidade; da mesma maneira como eles levaram muito tempo para compreender que as calculadoras nunca desapareceriam, aqueles de nós com idade suficiente para lembrar um tempo antes que as ferramentas sociais se tornassem amplamente disponíveis estamos sempre tentando alcançar o ritmo. Enquanto isso, meus alunos, muitos dos quais são quinze anos mais jovens que eu, não precisam desaprender milhares de coisas como eu, porque nunca chegaram a aprendê-las.

A vantagem da juventude, no entanto, é relativa, não absoluta – assim como todo mundo passou por fim a tratar a calculadora como uma ferramenta onipresente e invisível, estamos todos passando a tratar nossas ferramentas sociais com naturalidade também. A capacidade que as pessoas têm de compartilhar, cooperar e agir em conjunto está sendo espetacularmente ampliada por nossas ferramentas sociais. À medida que todos, de biólogos atuantes a passageiros de avião enfurecidos, começam a adotar essas ferramentas, estamos rumando para uma mudança que marcará o início de uma nova era.

Bibliografia e notas

Atualmente, nossas redes de comunicação se superpõem, e comunicações pessoais e públicas ocorrem no mesmo meio. Grande parte do material coberto no livro está disponível em forma escrita, no sentido de estar em uma página de internet em algum lugar, mas não está contido em literatura publicada tradicional. Consequentemente, leitores interessados em material adicional sobre o assunto das *flash mobs* ou do compartilhamento de fotos, por exemplo, se verão consultando uma mistura de meios pessoais e profissionais.

Esta seção é uma mescla de referências bibliográficas, notas e indicações de material adicional na web. Embora a melhor maneira de se encontrar grande parte do material do livro oriundo da internet seja simplesmente usar um mecanismo de busca, tentei incluir os URLs dos sites que menciono aqui, quando eles não estão incluídos no corpo do texto. (Omiti o http:// que está no início dos URLs válidos, tanto aqui quanto ao longo do livro, porque a maioria dos navegadores os insere automaticamente.) Além de apresentar recursos específicos, a Wikipédia é um excelente guia para muitos dos tópicos gerais cobertos nesta obra, precisamente porque todos que colaboram com ela sentem-se à vontade com ferramentas sociais. A Wikipédia é útil tanto para informação básica sobre conceitos relacionados quanto porque, no fim da maioria dos artigos (e de todos materialmente completos), há uma lista de recursos adicionais.

Uma característica perturbadora dos meios de comunicação da web é sua potencial transitoriedade. Como muitos sites são obras de amor (por motivos discutidos no livro), não há garantia de que durarão anos, muito menos décadas. Muitas organizações estão trabalhando em soluções de longo prazo para esse problema; o esforço mais plenamente realizado é o Internet Archive de Brewster Lahle, em archive.org. Entre os serviços que o Internet Archive hospeda está o Wayback Machine, que contém capturas de tela de um número enorme de sites feitas ao longo de anos. Por exemplo, uma busca no Wayback Machine por material relacionado à história do telefone de Ivanna produz uma lista de cópias arquivadas do site de Evan, disponível neste URL bastante longo: web.archive.org/web/*/evanwashere.com/StolenSidekick (o asterisco é parte do URL). O Wayback Machine tem apenas uma fração do material produzido para a web desde o início dos anos 1990, mas sua coleção é muito maior e mais geral que qualquer outro recurso publicamente disponível.

Os números à esquerda indicam as páginas onde se encontram os trechos destacados.

1. É preciso uma aldeia para encontrar um telefone celular (p.7-25)

7 celular de Ivanna: A maior parte do material sobre a perda e recuperação do telefone de Ivanna vem dos posts de Evan Guttmann em evanwashere.com/StolenSidekick. Essa página inclui o relato que ele próprio faz do evento, bem como links tanto para as conversas sobre o telefone no fórum quanto para a cobertura dos eventos em outros meios de comunicação. A busca mais pertinente na web é "stolen sidekick", palavras com que Evan batizou sua página e que foram as mais usadas por outros que escreveram sobre o assunto. (Insira-as entre aspas na busca, de modo a procurar pela expressão, em vez de simplesmente procurar páginas que possam conter as duas palavras.)

12 *We the Media: Grassroots Journalism By the people, For the People*: O'Reilly Media, 2004. Dan Gillmor, um jornalista de carreira, também fundou o Center for Citizen Media (www.citmedia.org) em 2004.

20 "arquitetura de participação": A explicação de Tim O'Reilly para sua expressão "arquitetura de participação" está em www.oreillynet.com/pub/a/oreilly/tim/articles/architecture_of_participation.html.

21 "uma promessa plausível": O ensaio seminal de Eric Raymond escrito em 1997 sobre softwares de código aberto, "The Cathedral and the Bazaar", está em www.catb.org/~esr/writings/cathedral-bazaar. Os escritos de Raymond sobre softwares e outros assuntos estão em www.catb.org/~esr/writings/.

24 *Within the Context of No Context*: George W.S. Trow, Nova York, Atlantic Monthly Press, 1997.

2. O compartilhamento ancora a comunidade (p.26-50)

26 Paradoxo dos Aniversários: A Wikipédia contém um bom guia geral sobre o Paradoxo dos Aniversários em en.wikipedia.org/wiki/Birthday_paradox. (Como sempre, a Wikipédia também contém links no fim do artigo para materiais adicionais sobre o assunto.) Uma formulação alternativa da mesma matemática é expressa como "Lei de Metcalfe". Robert Metcalfe, inventor de uma tecnologia de núcleos de rede chamada Ethernet, propôs que "o valor de uma rede aumenta com o quadrado de seus membros", o que significa que, quando dobramos o tamanho de uma rede, seu valor quadruplica, porque muitas novas ligações se

tornam possíveis. A lei de Metcalfe não é verdadeira em nenhum sentido literal, porque nem todas as ligações têm igual valor – ser capaz de entrar em contato com nossos amigos é mais importante que ser capaz de entrar em contato com alguém de quem nunca ouvimos falar e que mora do outro lado do mundo. Ela expressa, contudo, a verdade básica de que o valor das redes de comunicação cresce desproporcionalmente à medida que elas ganham mais membros.

28 "mais é diferente": "More is Different", *Science*, vol.177, n.4047, 4 ago 1972, p.393-6. O artigo de Philip Anderson foi um ataque direto à estratégia reducionista da ciência, em que sistemas são reduzidos a seus elementos mais simples e estes se tornam os objetos de estudo. Grande parte dos trabalhos citados nesse artigo presume que agregações de pessoas exibem propriedades não redutíveis a comportamentos individuais, a ideia essencial de "More is Different".

29 *The Mythical Man-Month: Essays on Software Engineering*: Frederick P. Brooks, Jr., Addison-Wesley, 1975. [Ed. bras. *O mítico homem-mês*. Rio de Janeiro, Campus, 2009.] Embora esse livro esteja cheio de observações gerais sobre o design de softwares, a observação de que o acréscimo de mais programadores a um projeto atrasado faz com que o atraso fique ainda pior é de longe a mais famosa feita por Brooks, e a de maior aplicabilidade fora do mundo da engenharia de softwares.

30 "The Nature of the Firm": R.H. Coase, *Economica*, vol.4, n.16, nov 1937, p.386-405, também em www.cerna.ensmp.fr/Enseignement/CoursEcoIndus/SupportsdeCours/COASE.pdf. Esse breve trabalho vem de uma época em que artigos sobre economia eram inteligíveis, e a clareza e a elegância do argumento fazem esse texto ser relevante até hoje.

31 *Leading Teams: Setting the Stage for Great Performances*: J. Richard Hackman, Boston, Harvard Business Scholl Press, 2002.

31 Mermaid Parade: Tudo que você poderia querer saber sobre a Mermaid Parade está em www.coneyisland.com/mermaid.shtml. Imagens do desfile estão em www.flickr.com/photos/tags/mermaidpararade, e em URLs com datas acrescentadas, como www.flickr.com/photos/tags/mermaidparade2007.

32 *tag*: o processo de organização por etiquetagem foi batizado por Joshua Schachter, o inventor do del.icio.us, um serviço para listar e descrever páginas de internet, e mais tarde recomendado como método para o Flickr. A surpresa com o *tagging* é que a opinião agregada dos usuários produz uma categorização útil de sites sem exigir o trabalho de nenhum catalogador profissional. Desenvolvo essa ideia de maneira bem mais detalhada em "Ontology is Overrated", em shirky.com/writings/ontology_overrated.html.

34-7 Sobre os atentados em Londres, o tsunami no oceano Índico e o golpe na Tailândia: Quando qualquer grande crise ou catástrofe torna-se conhecida, uma página na Wikipédia é criada e preenchida quase instantaneamente e recebe inúmeras edições em um curto período, à medida que os detalhes vêm à luz. Esse não foi o padrão apenas com os exemplos citados aqui; é o que costuma ocorrer com qualquer acontecimento digno de nota que afete uma grande quantidade de pessoas. A Wikipédia, por sua vez, não serve apenas como repositório de informação; também serve como repositório de remissões para outros recursos sobre o mesmo assunto, da mesma maneira como imagens no Flickr ou posts pertinentes em blogs como os de gnarlykitty.

38 *The Visible Hand: The Managerial Revolution in American Business*: Alfred D. Chandler, Jr., Boston, Harvard University Press, 1977. A relação entre o organograma discutido por Chandler e formas de organização em rede foi estabelecida por David Weinberger no livro *Everything Is Miscellaneous: The Power of the New Digital Disorder* (Nova York, Times Books, 2007), que relata como poderemos descrever o mundo de uma maneira radicalmente diferente quando passarmos a fazê-lo usando ferramentas sociais.

44-7 Sobre cooperação: A literatura sobre cooperação é vasta e um tanto confusa. A cooperação propriamente dita não requer explicação, até aves e abelhas fazem, como diz a música. A questão muito mais difícil é como acabamos nos envolvendo em tanta cooperação com pessoas com quem não somos relacionados. Ainda não há nenhuma boa explicação transdisciplinar para o fenômeno; explicações foram propostas nos campos da economia, da biologia, da psicologia e da sociologia, mas, embora muitas se superponham, elas ainda não foram sintetizadas.

Na economia, *The Origin of Wealth: Evolution, Complexity, and the Radical Remaking of Economics*, de Eric D. Beinhocker (Boston, Harvard Business School Press, 2006), oferece uma revisão da literatura sobre a cooperação e seus efeitos. *Small Group as Complex Systems: Formation, Coordination, Development, and Adaptation*, de Holly Arrow, Joseph E. McGrath e Jennifer L. Berdahl (Thousand Oaks, Califórnia, Sage, 2000), fornece uma boa revisão de trabalhos relativos à dinâmica dos pequenos grupos, e *Why Humans Cooperate: A Cultural and Evolutionary Explanation*, de Natalie Henrich e Joseph Henrich (Nova York, Oxford University Press, 2007), à de grupos maiores. Howard Rheingold, cujo *The Virtual Community: Homesteading on the Electronic Frontier* (Basic Books, 1993), foi um trabalho pioneiro decisivo sobre comunidades on-line, está trabalhando em um estudo de vários anos sobre cooperação (www.cooperationcommons.com) em colaboração com o Institute for the Future.

48 "Tragédia do Terreno Comunal": "The Tragedy of the Commons", *Science*, vol.162, n.3859, 13 dez 1968, p.682-83. Garrett Hardin era biólogo, e a formulação da tragédia do terreno comunal aparece com frequência em discussões sobre recursos naturais. (Há uma versão na internet em www.garretthardinsociety.org/articles/art_tragedy_of_the_commons.html.)

Uma visão mais matematicamente rigorosa do mesmo problema aparece no livro de Mancur Olson *The Logic of Collective Action: Public Goods and the Theory of Groups* (Harvard University Press, 1965) [Ed. bras. *A lógica da ação coletiva: benefícios públicos e uma teoria dos grupos* (São Paulo, Edusp, 1999)]. A lógica da ação coletiva é que em grupos grandes é racional despender menos esforço na busca de coisas que beneficiariam o grupo como um todo. Embora as duas expressões refiram-se ao mesmo efeito subjacente, adotei "tragédia do terreno comunal" aqui, tanto porque a expressão de Hardin é mais evocativa e amplamente conhecida quanto porque, em situações sociais, a atenção combinada do grupo parece mais um subproduto natural da vida social que um bem criado formalmente.

50 "formação de grupos ridiculamente fácil": Essa formulação de Seb Paquet, cientista da computação na Universidade de Quebec e Montreal, apareceu pela primeira vez em 2002 como "Making Group-Forming Ridiculously Easy" (radio.weblogs.com/0110772/2002/10/09.html). A intuição de que grande parte do valor da internet decorre de sua utilidade como ferramenta para a formação de grupos costuma ser chamada de lei de Reed, em homenagem a David Reed, que descreveu o fenômeno em "That Sneaky Exponential" (www.reed.com/Papers/GFN/reedslaw.html). A lei de Reed declara que "o valor de uma rede de formação de grupos aumenta exponencialmente com o número de pessoas que a integram", o que significa que o valor cresce ainda mais rapidamente com grupos do que com pares (como declara a lei de Metcalfe, descrita anteriormente). Paquet corrigiu a lei de Reed, acrescentando "e na proporção inversa do esforço requerido para iniciar um grupo". Em outras palavras, o valor de uma rede que permite a comunicação em grupo será prejudicado se, no entanto, for difícil formar grupos, e aumentado se for fácil.

3. Todo mundo é um veículo de comunicação (p.51-71)

53 *Bureaucracy: What Government Agencies Do and Why They Do It*: James Q. Wilson, Nova York, Basic Books, 1991. De longe a análise mais completa sobre motivações e comportamentos de organizações burocráticas.

55 amadorização em massa: Introduzi a expressão "amadorização em massa" em um ensaio anterior, "Weblogs and the Mass Amateurization of Publishing", em shirky.com/writings/weblogs_publishing.html. Charlie Leadbetter, um escritor do Reino Unido, fez uma observação parecida, mas chegou a uma conclusão diferente, chamando os efeitos da produção entre pares de "Pro/Am Revolution", em que o trabalho de profissionais está sendo cada vez mais ampliado pelo de amadores em uma espécie de hibridização. Leadbetter expôs essa ideia pela primeira vez para Demos, um instituto de consultoria com sede no Reino Unido, no ensaio "The Pro-Am Revolution", em www.demos.co.uk/publications/proameconomy, e mais tarde como livro, que pode ser baixado em www.wethinkthebook.net.

55-60 Sobre Trent Lott: Há um excelente estudo sobre o efeito de blogs que discute o pedido de desculpas de Trent Lott e sua subsequente renúncia no periódico virtual *Gnovis*. Intitulado "Parking Lott" (www.gnovisjournal.org/files/Chris-Wright-Parking-Lott.pdf), ele documenta a ausência do caso na imprensa tradicional enquanto os blogs o abordavam amplamente. A descrição de William O'Keefe sobre os acontecimentos está em "'Big Media' Meets the 'Bloggers'", a partir do Joan Shorenstein Center on the Press, Politics and Public Policy (www.ksg.harvard.edu/presspol/research_publications/case_studies/1731_0.pdf). O blog Anti-Neo-Confederate e a lista de artigos de Ed Sebesta estão em newtknight.blogspot.com.

60 Em louvor dos escribas: A imprensa tipográfica, aperfeiçoada pela invenção do tipo móvel, continua sendo a referência como revolução da informação. O relato mais completo das enormes mudanças na vida intelectual, religiosa, política e econômica ocasionadas pela abundância cada vez maior e preços cada vez mais baixos de materiais impressos é: Elizabeth L. Eisenstein *The Printing Press as an Agent of Change*, 2 vols., Cambridge/Nova York, Cambridge University Press, 1979. Eisenstein também tem um volume abreviado da mesma história: *The Printing Revolution in Early Modern Europe*, Cambridge/Nova York, Cambridge University Press, 2005.

67 *O poder das multidões*: Jeff Howe introduziu o termo *"crowdsourcing"* em um artigo de 2006 para a revista *Wired*, disponível em www.wired.com/wired/archive/14.06/crowds.html. Howe publicou um livro sobre o assunto (*O poder das multidões: por que a força da coletividade está remodelando o futuro dos negócios*. Rio de Janeiro, Campus, 2008) e mantém um blog em crowdsourcing.typepad.com.

4. Publique, depois filtre (p.72-93)

74 site de relacionamento: Após o sucesso em 2002 de Friendster, o primeiro serviço de relacionamento social amplamente adotado, muitos outros foram criados. Em 2005, Judith Meskill compilou uma lista de mais de trezentos (!) serviços de rede social, e muitos mais foram criados desde então. Essa lista, embora não esteja mais sendo atualizada, está em socialsoftware.weblogsinc.com/2005/02/14/home-of-the-social-networking-services-meta-list/.

Dois interessantes textos sobre redes sociais são o de danah boyd, "Identity Production in a Networked Culture: Why Youth Heart MySpace" (transcrição da palestra que ela apresentou na reunião da AAAS de 2006 disponível em www.danah.org/papers/AAAS2006.html), descrevendo as forças que levaram ao sucesso desses serviços entre adolescentes; e um post sem título de Danny O'Brien (www.oblomovka.com/entries/2003/10/13) tratando das tensões entre modos de conversa público, privado e secreto na mídia social.

83 "O e-mail é uma coisa muito curiosa": Merlin Mann fez essa descrição do e-mail em "The Strange Allure (and False Hope) of Email Bankruptcy" (www.43folders.com/2007/05/30/email-bankruptcy-2/).

86 "O fundamental é a conversa. O conteúdo é só uma coisa sobre a qual conversar": Cory Doctorow fez essa observação no blog BoingBoing.net, em um post intitulado "Disney Exec: Piracy is Just a Business Model" (www.boingboing.net/2006/10/10/disney-exec-piracy-i.html).

87 comunidade de prática: Etienne Wenger publicou pela primeira vez sobre esse assunto em *Communities of Practice: Learning, Meaning and Identity* (Cambridge/ Nova York, Cambridge University Press, 1998), e escreve mais sobre ele (e sobre aprendizado social em geral) em www.ewenger.com.

5. A motivação pessoal vai ao encontro da produção colaborativa (p.94-122)

95 Sobre wikis: Os wikis são uma das grandes surpresas dos últimos anos de trabalho com ferramentas sociais. Enquanto muitas dessas ferramentas não passam de atualizações de trabalho feito dos anos 1960 aos 1980, os wikis representaram um padrão genuinamente novo de interação. Há agora milhões de wikis ativos, tanto em público quanto dentro de organizações. O wiki original de Ward Cunningham ainda funciona em c2.com/cgi/wiki. A Wikimedia Foundation, entidade-mãe sem fins lucrativos da Wikipédia, tem vários outros projetos baseados em wikis operando, todos arrolados em wikimedia.org. Uma das melhores descrições sobre a história e o desenvolvimento da própria Wikipédia está neste excelente artigo de Marshall Poe: "The Hive", *Atlantic Monthly*, set 2006 (disponível em www.theatlantic.com/doc/200609/wikipedia).

101 A divisão do trabalho costuma ser associada: Se você quiser ter uma ideia da divisão do trabalho na Wikipédia, escolha um artigo qualquer e olhe para o alto da página. Ali, na borda do próprio artigo, você verá um conjunto de links. O link Ver Histórico o levará a uma página que arrola todas as edições feitas no artigo, a começar pelas mais recentes. O link Discussão o levará à página em que os wikipedistas estão discutindo como o artigo deveria ser organizado e o que ele deveria conter, incluindo em especial conversas sobre quaisquer controvérsias referentes ao conteúdo ou à forma do artigo. Em alguns casos, a página de Discussão é mais longa que a do próprio artigo. Esses dois exercícios são boas maneiras de ver o trabalho que acontece nos bastidores.

105 "Worse is better": A expressão "The Rise of 'Worse is Better'" é o título de uma seção no ensaio de 1991, escrito por Richard P. Gabriel, "Lisp: Good News, Bad News, How to Win Big" (www.dreamsongs.com/WIB.html). Embora a maior parte do ensaio fosse endereçada a uma pequena comunidade de programadores que usavam a linguagem Lisp, a lógica do argumento "Pior é Melhor" foi bem mais além.

106 Gráfico da Mermaid Parade: Esse gráfico é de dados que coletei no Flickr em junho de 2005, logo depois da Mermaid Parade daquele ano. (Como um indicador da assombrosa difusão da fotografia digital, no momento em que escrevo há quase 30 mil fotos no Flickr com a *tag* "mermaidparade", um aumento de quase dez vezes em apenas dois anos.) Embora eu tenha feito a pesquisa primeiro com fotos da Mermaid Parade, o assunto não tem muita importância: há alguma variação na intensidade do decréscimo a partir dos itens mais populares e no comprimento

da cauda de pessoas que deram uma única contribuição, mas a distribuição básica de lei de potência é estável na maior parte do Flickr (e, na verdade, na maioria dos grandes sistemas sociais).

107 distribuição de lei de potência: Um bom guia para a onipresença e a importância interpretativa da distribuição de lei de potência é *Linked: The New Science of Networks*, de Albert-Laszlo Barabasi, Perseus, 2002. [Ed. bras. *Linked: a nova ciência dos Networks*, São Paulo, Leopardo, 2009.]

108 *A cauda longa*: *The Long Tail: Why Future of Business Is Selling Less of More*: Chris Anderson, Hyperion, 2006. [Ed. bras. *A cauda longa: Do mercado de massa para o mercado de nicho*, Rio de Janeiro, Campus.] Anderson, o editor-chefe da revista *Wired*, também tem um blog sobre o assunto em thelongtail.com.

111 Sobre fama: Esbocei essas ideias anteriormente nos ensaios "Communities, Audiences, and Scale", www.shirky.com/writings/community_scale.html, e "Why Oprah Won't Talk To You. Ever", *Wired*, ago 2004.

115 *The Wealth of Networks: How Social Production Transforms Markets and Freedom*, de Yochay Benkler. (New Haven, Connecticut, Yale University Press, 2006), associa economia a teoria política e jurídica, esboçando a visão de um mundo em que se permite à "produção entre pares baseada em um bem comum" ("commons-based peer production") florescer.

117 Sobre supressão e restauração na Wikipédia: O trabalho de Martin Wattenberg e Fernanda B. Viégas sobre a visualização da história das edições da Wikipédia, "History Flow", está em www.research.ibm.com/visual/projects/history_flow/.

119 Sobre controvérsias entre Seigenthaler e essjay: Os artigos da Wikipédia sobre a controvérsia em torno do verbete John Seigenthaler (en.wikipedia.org/wiki/John_Seigenthaler_Sr._Wikipedia_biography_controversy) e das referências fraudulentas de essjay (en.wikipedia.org/wiki/Essjay_controversy) são surpreendentemente bons, uma vez que se poderia esperar que wikipedistas se contivessem. Vale a pena também ler Nicholas Carr sobre o assunto; escrevendo em roughtype.com, Carr é o mais arguto e incisivo dos críticos da Wikipédia. Um de seus posts sobre a controvérsia de essjay que merecem ser lidos é "Wikipedia's credentialism crisis" (http://www.roughtype.com/archives/2007/03/wikipedias_cred.php).

120 O santuário xintoísta em Ise: A primeira vez que Howard Mansfield apontou a relação do método de construção do santuário com a recusa da Unesco a designá-lo como prédio histórico foi em *The Same Ax, Twice: Restoration and Renewal in a Throwaway Age* (Hanover, New Hampshire, University Press of New England, 2000).

6. Ação coletiva e desafios institucionais (p.123-37)

123 *Boston Globe*: A história dos abusos de Geoghan foi relatada primeiro por Matt Carroll, Sacha Pfeiffer e Michael Rezendes; suas matérias, bem como outros aspectos do escândalo dos abusos, incluindo artigos sobre o caso Porter em 1992, foram

reunidas pelo *Boston Globe* em uma seção chamada "Spotlight Investigation: Abuse in the Catholic Church" em www.boston.com/globe/spotlight/abuse/.

124 Sobre Voice of the Faithful: A história do Voice of the Faithful é apresentada por: Muller, James e Charles Kenney em *Keep the Faith, Change the Church*, Emmaus, Pensilvânia, Rodale, 2004.

129 Survivors Network of those Abused by Priests: A SNAP pode ser contatada na internet em www.snapnetwork.org. No final de 2007, eles tinham sedes locais em 44 estados, bem como no Canadá e no México.

135 "comunicação ponta a ponta": A ideia da comunicação ponta a ponta é um dos conceitos centrais de design da internet. O argumento técnico original está exposto em "End-to-end Arguments in System Design", de Jerome Saltzer, David Reed e David Clark, disponível em web.mit.edu/Saltzer/www/publications/endtoend/endtoend.pdf. O argumento foi repetido em muitos lugares; duas versões notáveis (e notavelmente inteligíveis) são "Rise of the Stupid Network", de David Isenberg (www.hyperorg.com/misc/stupidnet.html), e "World of Ends: What the Internet Is and How to Stop Mistaking it for Something Else", de Doc Searls e David Weinberger (www.worldofends.com).

135 a companhia telefônica travou árduas batalhas legais: Empresas de telecomunicações ainda estão lutando para manter seus clientes sob controle, uma luta que remonta ao memorável caso Caterfone. Em meados dos anos 1950, Tom Carter, um empresário, inventou um dispositivo que unia redes de rádio e telefone. A AT&T declarou que o dispositivo era ilegal; Carter moveu um processo contra ela e, em 1968, ganhou. A Federal Communications Commission arrolou as condições sob as quais os cidadãos poderiam ligar dispositivos à rede telefônica, decisão que abriu caminho para o uso de modems e o acesso do público geral a serviços de internet. A National Public Radio tem uma boa cronologia sobre a decisão Carterfone e a relevância que ela continua tendo até hoje em www.npr.org/templates/story/story.php?storyId=12344564.

7. Cada vez mais depressa (p.138-59)

138 "As conspirações são punidas à parte": Juiz Richard Posner, Illinois, United States Court of Appeals for the Seventh Circuit. Apelação n.02-2241. *U.S. v. Wei Min Shi*. Também em www.projectposner.org/case/2003/317F3d715.

139 "informação em cascata": Susanne Lohmann, "The Dynamics of Informational Cascades: The Monday Demonstrations in Leipzig, East Germany, 1989-91", *World Politics*, vol.47, n.1, out 1994, p.42-101.

141 *Flash mobs*: A descrição que Bill Wasik fez das *flash mobs* que promoveu e da crítica que pretendeu fazer aos participantes foi publicada como "My Crowd" na revista *Harper's* (março de 2006) e na internet em www.harpers.org/archive/2006/03/0080963. Links para fotos de várias das *flash mobs* na Bielo-Rússia podem ser

encontrados em community.livejournal.com/by_mob/; fotos do protesto no *Nasha Niva* estão em freejul.livejournal.com (ambas as páginas estão em bielo-russo). Os eventos foram levados para a blogosfera de língua inglesa por Veronica Khokhlova, de Global Voices, em "Belarus: Ice Cream-Eating Flash-Mobbers Detained" (www.globalvoicesonline.org/2006/05/15/belarus-ice-cream-eating-flash-mobbers-detained/).

146 *Brave New War: The Next Stage of Terrorism and the End of Globalization*: John Robb, Hoboken, Nova Jersey, Wiley, 2007. Robb também escreve em http://globalguerrillas.typepad.com. Embora haja uma crescente concordância entre estrategistas militares de que a mídia social amplia o poder de "atores não estatais" (todas as forças no cenário mundial não vinculadas a países, inclusive movimentos de guerrilha e protesto), há algum desacordo sobre como caracterizá-los. Para uma visão alternativa à de Robb, ver: Thomas P.M. Barnett, *The Pentagon's New Map: War and Peace in the Twenty-first Century*, Nova York, Putnam Adult, 2004. Barnett também escreve em http://www.thomaspmbarnett.com.

151 Kate Hanni: A Coalition for an Airline Passenger's Bill of Rights mantém um blog em strandedpassengers.blogspot.com, bem como um site com links para material complementar e o abaixo-assinado on-line em www.flyersrights.com.

153 Sobre o conflito HSBC/Facebook: À medida que a história ia para a gráfica, o caso recebeu ampla atenção; a cobertura pelo jornal britânico *Guardian* foi particularmente boa. Os detalhes essenciais foram narrados em um par de matérias: "Now It's Facebook vs. HSBC", 25 ago 2007, em money.guardian.co.uk/creditanddebt/studentfinance/story/0,,2155696,00.html; e "Facebook Campaign Forces HSBC U-turn", 30 ago 2007, em money.guardian.co.uk/saving/banks/story/0,,2159132,00.html.

8. A solução de dilemas sociais (p.160-79)

161 Robert Axelrod: Ver *The Evolution of Cooperation*, Basic Books,1984. [Ed. Bras. *A evolução da cooperação*, São Paulo, Leopardo, 2010.] Essa extraordinária obra de Robert Axelrod foi responsável, quase sozinha, por transformar um simples jogo psicológico em todo um campo de pesquisa; seu livro foi um dos primeiros exemplos de verdadeira ciência social feita com simulações de computador. Seu livro seguinte sobre o mesmo assunto (*The Complexity of Cooperation: Agent-Based Models of Competition and Collaboration*, Princeton, Princeton University Press, 1977) é um registro de algumas outras questões relativas à cooperação suscitadas pela obra original (embora seja muito mais técnica que ela).

163 *Bowling Alone: The Collapse and Revival of American Community*: Robert D. Putnam, Nova York, Simon and Schuster, 2000.

166 No ano da fundação do Meetup: Para ter uma ideia da abrangência e diversidade dos grupos do Meetup.com, o melhor lugar para começar é www.meetup.com/browse/.

170 Club Nexus: "A social network caught in the Web", de Lada A. Adamic, Orkut Buykkokten e Etyan Adar, da revista on-line First Monday, jun 2003 (disponível

em firstmonday.org/issues/issue8_6/adamic/index.html). Adamic e Adar pertenciam ao notavelmente fecundo Information Dynamics Lab dirigido por Bernardo A. Huberman na Hewlett Packard (www.hlp.hp.com/re-search/idl/people/huberman/).

9. Adaptando nossas ferramentas a um mundo pequeno (p.180-97)

182 Sobre redes de Mundo Pequeno: Duncan Watts, *Small Worlds: The Dynamics of Networks between Order and Complexity*, Princeton, Princeton University Press, 1999. Essa obra é a dissertação de Watts em forma de livro; ele cobriu o mesmo material com menos densidade matemática e mais exemplos do mundo real em *Six Degrees: The Science of a Connected Age*, W.W. Norton and Company, 2003. [Ed. bras. *Seis graus de separação: a evolução da ciência de redes em uma era conectada*. São Paulo, Leopardo, 2009.]

184 *O ponto da virada*: Malcolm Gladwell, *The Tipping Point: How Little Things Can Make a Big Difference*, Little Brown, 2000. [Ed. bras. *O ponto da virada*. Rio de Janeiro, Sextante, 2009.]

189 campanha presidencial de Howard Dean: A campanha de Howard Dean em 2003-2004 assinalou o uso máximo da internet na política nacional, e muitos de nós a observamos com atenção (e em geral com entusiasmo) na época. O desempenho real de Dean, quando enfrentou eleitores de carne e osso, foi tão catastrófico que compreender o que aconteceu tornou-se uma tarefa essencial. Escrevi dois ensaios sobre a implosão eleitoral da campanha no início de 2004: "Is Social Software Bad for the Dean Campaign?" (many.corante.com/archives/2004/01/26/is_social_software_bad_for_the_dean_campaign.php) e "Exiting Deanspace", referência a uma ferramenta social usada pela campanha (many.corante.com/archives/2004/02/03/exiting_deanspace.php).

190 capital de ligação e de ponte: Robert D. Putnam suplementou seu livro de 2000, *Bowling Alone*, com *Better Together: Restoring the American Community*, que escreveu em coautoria com Lewis Feldstein e Donald J. Cohen (Nova York, Simon & Schuster, 2003). *Better Together* expande as ideias de capital social de ligação e de ponte no debate sobre o declínio do capital social no contexto dos EUA e sobre o que fazer a respeito.

190 Sobre redes sociais e divisões na estrutura de classes americana: Essas observações apareceram pela primeira vez no ensaio de danah boyd: "Viewing American Class Divisions through Facebook and MySpace" (www.danah.org/papers/essays/ClassDivisions.html). Embora boyd tenha o cuidado de observar que está oferecendo um relato sobre a manifestação das divisões de classe no MySpace e no Facebook, e não uma análise quantitativa, seu ensaio desencadeou uma enorme (e enormemente importante) discussão sobre os modos como nossas novas ferramentas sociais são submetidas às fraquezas dos usuários que as ocupam.

191-5 Sobre #joiito e #winprog: O Internet Relay Chat (IRC) é uma ferramenta social incomum pois não há bom acesso pela web a seus canais (diferentemente da Usenet ou das listas de discussão). O IRC requer que se baixe e instale no computador um software especial; muitos antigos grupos de IRC, porém, também mantêm páginas de internet. Informações sobre #joiito podem ser encontradas em joi.ito.com (onde mais?); informações sobre o grupo #winprog estão em winprog.org.

195 "The Social Origins of Good Ideas": Ronald S. Burt, *American Journal of Sociology*, 2004, e em web.mit.edu/sorensen/www/SOGI.pdf.

10. Fracassos de graça (p.198-219)

198 Fracassos de graça: Essa discussão apareceu pela primeira vez na *Harvard Business Review* (fev 2007) sob o título "In Defense of 'Ready.Fire.Aim'".

204 Os softwares de código aberto: Há uma grande quantidade de material tentando explicar o que é software de código aberto, e a maior parte é medíocre. A mais rigorosa visão geral do tópico é *The Success of Open Source*, de Steven Weber (Boston, Harvard University Press 2004), que fornece uma descrição detalhada do desenvolvimento do Linux, bem com uma excelente análise teórica sobre o que faz projetos de código aberto funcionarem.

206 "The Cathedral and the Bazaar": Como foi observado no Capítulo 1, o ensaio seminal que Eric Raymond publicou em 1998 sobre softwares de código aberto, "The Cathedral and the Bazaar", está em www.catb.org/~esr/writings/cathedral-bazaar/. Mais textos de Raymond sobre softwares e outros assuntos estão em www.catb.org/~esr/writings.

207-8 SourceForge: O SourceForge, em sourceforge.net, é a maior coleção de projetos de código aberto; a lista de projetos classificados por "atividade" (um padrão de medida composto de vários diferentes aferidores de envolvimento de programadores e usuários) está disponível em sourceforge.net/top/mostactive.php.

210 *Wikinomics: How Mass Collaboration Changes Everything*: Don Tapscott e Anthony D. Williams, Portfolio, 2006. [Ed. bras. *Wikinomics: Como a colaboração em massa pode mudar o seu negócio*. Rio de Janeiro, Nova Fronteira, 2007.]

213 "Existe um mito": Os comentários de McGrath podem ser encontrados no artigo publicado por Robert Jaques em 2005 na VNUnet, "Linux Security Is a 'Myth', Claims Microsoft", em www.vnunet.com/vnunet/news/2126615/linux-security-myth-claims-microsoft.

214-5 Sobre o Groklaw: A declaração de propósitos do Groklaw está em www.groklaw.net/staticpages/index.php?page=20040923045054130; nele, Pamela Jones observa: "Estamos aplicando princípios do código aberto à pesquisa na medida em que eles se prestam a isso. Nossa comunidade inclui os que têm formação técnica, e advogados e assistentes jurídicos, bem como jornalistas, educadores e muitos usuários finais que se preocupam com seu sistema operacional preferido o suficiente para trabalhar em sua defesa." A SCO, a companhia que vem tentando até hoje processar a IBM, ficou tão frustrada com o trabalho que o Groklaw estava fazendo que acusou Jones, a fundadora, de ser financiada pela IBM. Jones negou categoricamente essa acusação e invocou a ideia de motivação não financeira em sua resposta à SCO: "O Groklaw é um trabalho de amor. A SCO parece achar difícil acreditar que eu faria isso de maneira voluntária. Mas faço. Ela não compreende o desejo de reunir conhecimento e ponto final; é um pouquinho antiquada em sua maneira de pensar." ("Letter to the Editor: No IBM-Groklaw Connection", news.zdnet.com/2100-9595_22-5170485.html.)

216 Sobre SARS: O lamento do dr. Yang Huanming sobre os obstáculos ao trabalho dos pesquisadores pode ser encontrado traduzido para o inglês no periódico *YaleGlobal*: "Chinese Scientists Say SARS Efforts Stymied by Organizational Obstacles" (yaleglobal.yale.edu/display.article?id=1745). Martin Enserink tem uma análise mais ampla do desempenho chinês em "SARS in China: China's Missed Chance", *Science*, v.301, n.5631, 18 jul 2003, também disponível em www.sciencemag.org/cgi/content/full/301/5631/294).

11. Promessa, ferramenta, acordo (p.220-47)

226 "a sabedoria das multidões": James Surowiecki, *The Wisdom of Crowds: Why the Many Are Smarter Than the Few and How Collective Wisdom Shapes Business, Economies, Societies and Nations*, James Surowiecki, Doubleday, 2004. [Ed. bras. *A sabedoria das multidões*. Rio de Janeiro, Record, 2006.]

234 "correspondência por igualdade": A ideia de correspondência por igualdade (e outras formas arroladas de participação social) vem do livro de Alan Page Fiske *Structures of Social Life: The Four Elementary Forms of Human Relations: Communal Sharing, Authority Ranking, Equality Matching, Market Pricing*, Nova York, Free Press, 1991. Fiske também faz uma breve exposição dessas ideias em "Human Sociality", em www.sscnet.ucla.edu/anthro/faculty/fiske/relmodov.htm.

237 *Sluggy Freelance*: Jessica Hammer cursava pós-graduação em 2002 no Interactive Telecommunications Program da Universidade de Nova York quando fez essa pesquisa.

238 Sobre a Usenet: A Usenet foi um dos três experimentos notáveis em ferramentas sociais antes da invenção da web (os outros dois foram as listas de discussão por e-mail e comunidades virtuais como WELL e ECHO). Em 1994, no auge de sua popularidade, a Usenet era o núcleo da experiência de internet da maioria dos usuários. (Embora ainda ativo, seu declínio subsequente decorreu tanto de um deslocamento para a web quanto do fato de não incorporar defesas contra o spam, uma tragédia do terreno comunal.) A Usenet está organizada em "grupos de notícias" (entre aspas porque a maioria deles não se dedica a nada que poderia ser chamado de notícia), frouxamente categorizados por assunto (comp.lang.perl, por exemplo, é sobre a linguagem de computador Perl). A maneira mais fácil de

se ter acesso a esses grupos de notícias é por meio de groups.google.com, que fornece uma interface baseada na web para os grupos.

239 Sobre programas ciclísticos urbanos: Curiosamente, muitos relatos do fracasso do programa Bicicleta Branca original inclui uma acusação infundada de que as bicicletas foram confiscadas ou jogadas nos canais pela polícia. Essas histórias geram a impressão de que o compartilhamento livre de bicicletas teria tido sucesso não fosse essa intervenção das autoridades; mas é difícil entender essas histórias à luz do fracasso de programas livres em épocas subsequentes. Pode-se ter uma ideia da universalidade do problema do roubo dando uma olhada nas instruções antirroubo em sites de programas atuais de bicicletas comunitárias, como o ibike (www.ibike.org/encouragement/freebike-issues.htm#TRACKING).

243 Sobre o envio de amendoins e flores: A campanha para salvar a série de TV *Jericho*, que incluiu o envio de amendoins para a CBS, foi coordenada em jericholives.com. O protesto foi um eco à resposta de uma só palavra – "*Nuts!*" [em inglês, palavra que serve tanto para as nozes, como o amendoim, quanto para "maluco"] – que o general Anthony McAuliffe deu ao ultimato alemão para que as forças americanas se rendessem durante a Batalha das Ardenas na Segunda Guerra Mundial. (O engraçado é que o NutsOnline também hospedou uma página da campanha: www.nutsonline.com/jericho.) O protesto antiguerra com flores em Michigan foi uma maneira de fazer "algo positivo para comunicar nossa mensagem", como disse um dos ativistas ("Flowers Used to Protest War", em www.statenews.com/index.php/article/2006/04/flowers_used_to_protest). De maneira semelhante, as flores enviadas ao Departamento de Estado dos EUA foram muitas vezes chamadas de Ghandigiri, o que significa "no espírito de Mahatma Gandhi" ("Say It with Flowers: Gandhigiri for US Green Cards", em in.news.yahoo.com/070710/48/6hwnn.html). Em todos esses casos, a entrega de objetos reais desempenhou uma função tripla: a entrega física aumentou a atenção despertada, a natureza do objeto sublinhou a mensagem (oposição com os amendoins, não violência com as flores) e o custo da remessa do objeto denotou real envolvimento por parte do remetente.

245 Sobre a revolta do Digg: Kevin Rose fez seus comentários no blog oficial do Digg em "Digg This: 09-f9-11-02-9d-74-e3-5b-d8-41-56-c5-63-56-88-c0", em blog.digg.com/?p=74.

Epílogo (p.248-71)

257 falácia da "porção de trabalho": A falácia da porção de trabalho é bem-descrita (e eviscerada) por Paul Krugman em "The Accidental Theorist", em web.mit.edu/krugman/www/hotdog.html.

261 "junto às portas do banheiro": Josh Tyler escreveu sobre isso em "*Sicko* Spurs Audiences into Action", em www.cinemablend.com/new/Sicko-Spurs-Audiences-Into-Action-5639.html.

Agradecimentos

Ninguém sabe melhor do que eu que um livro é a obra de um grupo, que os agradecimentos que posso fazer serão ao mesmo tempo incompletos e inadequados à dívida.

Em primeiro lugar, devo agradecer a Red Burns por me recrutar para o Interactive Telecommunications Program na Universidade de Nova York; ela criou um ambiente maravilhoso não só para ensinar como para pensar. Dan O'Sullivan, o diretor associado, e meus colegas Tom Igoe e Nancy Hechinger ofereceram apoio e comentários vitais. Devo agradecer também a muitos de meus ex-alunos, que sempre fizeram perguntas argutas e exigiram respostas claras. Jessica Hammer, em particular, foi uma coconspiradora ideal, e ver Dennis Crowley e Alex Rainert construírem o dodgeball foi uma revelação. Outros alunos especialmente incisivos sobre temas sociais foram Mouna Andraos, Jake Barton, Michelle Chang, John Geraci, Elizabeth Goodman, Christina Goodness, Sam Howard-Spink, James Robinson, Matty Salin, Nick Sears, Mike Sharon e Shawn van Every. A cuidadosa leitura de Alicia Cervini melhorou tanto minhas ideias quanto a forma de expressá-las no primeiro esboço.

Minha área tem uma tradição de pensar em voz alta. Chris Anderson, Andrew Blau, Stewart Brand, Lili Cheng, Esther Dyson, Hal Levin, Bob Metcalfe, Jerry Michalski, Richard O'Neill, Tim O'Reilly, Peter Schwartz, Andrew Stolli e Kevin Werbach forneceram observações e plataformas públicas para o desenvolvimento deste trabalho. Artigos de Chris Anderson para a *Wired* e de Thomas Stewart para a *Harvard Business Review* fizeram o mesmo.

Conversas prolongadas com muitos colegas forneceram material e inspirações para este livro. Esta lista é a mais longa e incompleta dentre todas. Os pesquisadores, do mundo acadêmico e do empresarial, que forneceram achados decisivos incluem Yochai Benkler, danah boyd, Elizabeth Churchill, Susan Crawford, Richard Hackman, David Johnson, Valdis Krebs, Frank Lantz, Beth Noveck, Paul Resnick, Linda Stone, Jon Udell, Fernanda Viégas, Martin Wattenberg e Ethan Zuckerman. Outros escritores e pensadores com quem tive conversas iluminadoras incluem Cate Corcoran, Cory Doctorow, Ze Frank, Dan Gillmor, Adam Greenfield, Bruno Guissani, Jeff Howe, David Isenberg, Joi Ito,

Xeni Jardin, Steven Johnson, Matt Jones, Quinn Norton, Danny O'Brien, Kevin Slavin, Alice Taylor e David Weinberger. Colegas de ofício que forneceram tanto observações quanto teorias de dinâmica social mediada incluem Marko Ahtisaari, Stewart Butterfield, Tom Coates, Rael Dornfest, Greg Elin, Caterina Fake, Seth Goldstein, Marc Hedlund, Scott Heiferman, Tom Hennes, J.C. Herz, Sara Horowitz, Ray Ozzie e Joshua Schachter. Meus companheiros de blog no Many-to-Many foram excelente companhia: Ross Mayfield, Seb Paquet e, em especial, Elizabeth Lane Lawley.

Meu agente John Brockman ajudou-me a esclarecer o que eu queria dizer, Vanessa Mobley e Scott Moyers da Penguin e Kate Mohahan da ITP ajudaram-me a dizê-lo, e Janet Biehl contribuiu com uma esplêndida edição.

Por fim, é claro, vem Almaz Zelleke, minha maravilhosa esposa, que me olhou um dia do outro lado da mesa de jantar e disse: "Está na hora de você escrever um livro." Desde então, ela tem mantido uma paciência infalível com o processo e tem sido uma leitora inestimável do produto.

Obrigado a todos vocês.

Índice remissivo

FSC
www.fsc.org
MISTO
Papel produzido a partir de fontes responsáveis
FSC® C019498

A marca FSC é a garantia de que a madeira utilizada na fabricação do papel deste livro provém de florestas de origem controlada e que foram gerenciadas de maneira ambientalmente correta, socialmente justa e economicamente viável.

Este livro foi composto por Letra e Imagem em Dante Pro 11,5/16 e impresso em papel pólen 70g/m² e cartão triplex 250g/m² por Geográfica Editora em dezembro de 2011.